国际信息工程先进技术译丛

基于大数据的商务智能分析

[美] 伯特·布瑞吉斯（Bert Brijs） 著
费 岚 段世惠 肖春虹 王玲芳 等译
刘丽晓 校

机 械 工 业 出 版 社

本书涵盖商务智能（BI）项目所需的概念、工具和背景知识，描述了如何使用商务智能提升分析人员的分析效率。本书概述了如何开发适合组织结构战略的数据模型和解决方案的框架；解释了如何避免常见的陷阱，说明了如何使用连续改进方法来创建战略性的知识组织结构，以此建立具有竞争性的优势。

本书适合于企业管理领域的学生、专家/学者以及实践人员，尤其适合商务领域中工作在一线的商务分析人员。

译 者 序

商务分析是一门实践性很强的学科，组织商务智能（Business Intelligence，BI）基础设施与战略过程保持一致，不仅会提升分析人员所在组织对改变做出响应的能力，而且也会为其BI基础设施和发展投资增加重大价值。市场上常见的是行不通的理论，经不起实践的检验。本书作者独辟蹊径，公开共享了有关可操作的真实实践经验，以宏观视角开始讨论BI，并逐渐地将讨论范围缩小到真实世界的建议、模板和讨论材料，这些正是BI分析员需要知道的。

本书涵盖BI项目所需的概念、工具和背景知识，描述了如何使用商务智能提升分析人员的分析效率。本书概述了开发适合组织结构战略的数据模型和一个被证明了的解决方案的框架；解释了如何避免常见的陷阱，说明了如何使用连续改进方法来创建战略性的知识组织结构，以此建立具有竞争性的优势。本书采取自顶向下的方法：从战略层次，通过功能性层次，直到运作层次。本书分成6部分：引言、商务智能的宏观观点、商务分析和管理领域、商务分析和项目寿命周期、商务分析人员的工具箱和附录。

第一部分是第1章，描述了撰写本书的缘由、BA4BI的概念、结构和各章简述；第二部分是第2~6章，分别讲解了提高周期的增长速度及其规律、平衡战略管理的5个“P”、将BI适应于组织机构的配置、理解4个“C”和商务智能的商务案例；第三部分是第7~11章，论述了BI与成本结算、财务管理、运营管理、营销管理以及人力资源管理的关系；第四部分是第12~15章，讲述了如何开始一个BI项目、管理项目生命周期、精通数据管理和精通数据质量；第五部分是第16章，描述了商务分析人员的工具箱；第六部分为附录。

本书由王玲芳负责第1~4章翻译、全书统稿和审校工作，费岚负责第5~8章的翻译工作，肖春虹负责第9~10章的翻译工作，段世惠负责第11~16章和附录的翻译工作。本书在翻译过程中，李虹、潘东升、李冬梅、吴秋义、王弟英、吴璟、游庆珍、李传经、王领弟、王建平、张武、肖芝树、姜占云、李睿、吴昊、王灵芹、王青改、李倩、陈军、许佳林等同志也参加了部分的翻译工作，在此表示感谢。同时感谢机械工业出版社的编辑和相关同志。

需要指出的是，本书以及书中引文的内容仅代表作者及引文作者个人的观点和见解，并不代表译者及其所在单位的观点。另外，由于翻译时间所限，疏漏错误之处在所难免，敬请读者原谅和指正。

译者

2016年初 北京

原书前言

从商务智能的观点看，运作一家商务公司，就像建立研究战略以便接受或拒绝假设、偏见或广为接受的理论，精化和改进模型，以行动和事例来形象地说明和实施这些模型以便建立基础，在此之上形成该公司的战略。

线性捷径

由于缺少时间、预算或其他原因，我们倾向于构造“线性捷径”并将我们自己的讨论限制在经验主义的、基于规则的商务智能上。即使在那种水平上，事情也可能出现严重的问题。也许图 F.1 中的图示比语言更好地说明了这点。深色椭圆是线性捷径，忽略了（或更坏的情况是否定了）其他起因的存在，并仅抓住问题和解决方案的一部分。以 0.65 的相关系数 R 表达的解释性力量，满足了管理层的要求，但却不具备将极限轮廓进一步推进的复杂性水平。一个方向是在模型中得到更根源的起因，增加 R；另一个方向——如果不是更重要的话，那也是同等重要的——是在连续的基础上监测根源的起因，因为没有什么是比基于事务的分析结果更短暂的，其中依据组织机构的范型对事务进行维度处理、聚集和排序。

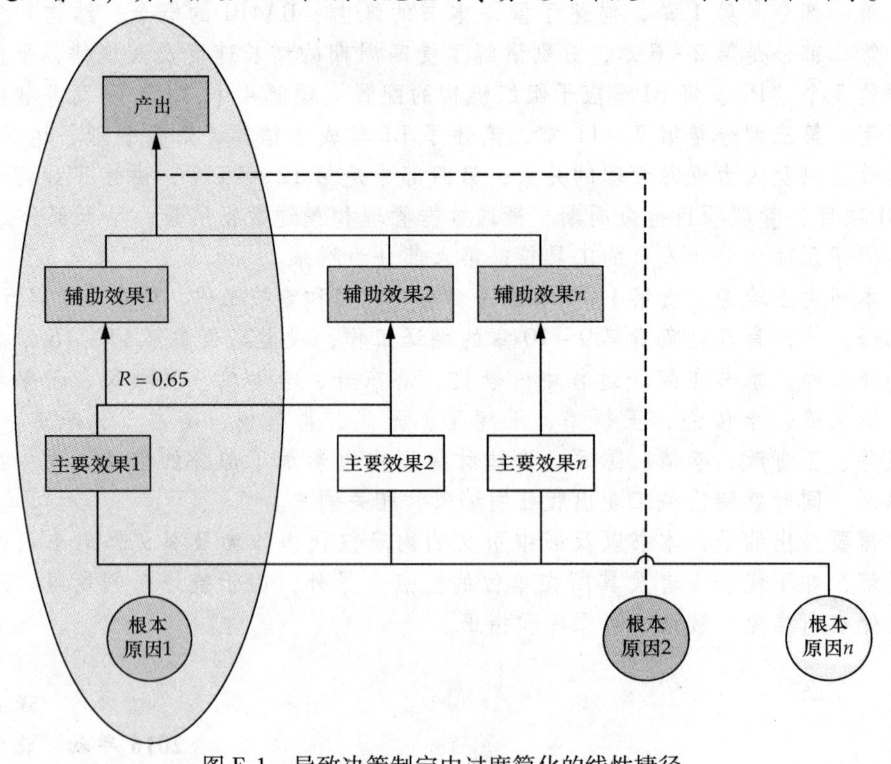

图 F.1　导致决策制定中过度简化的线性捷径

这些线性捷径是因果链，是容易与组织机构沟通交流的。因此，管理层剥夺了自身透彻的和方法论的商务智能方法和系统，而正是这些方法和系统利用“水平性的”方法，形成它的成功或失败的驱动因素。因为决策制定者正在寻求一个令人满意的产出，而不是最佳的可能，所以他正在付出机会性成本，这在书籍中是看不到的，但可能导致组织机构的夭折。许多伟大公司崛起和衰落的历史，显示了其行为中的一个常量：促成其成功的战略模式、手段和态势，同样导致了其衰落，原因是他们死抱住他们的线性捷径。这些线性捷径低估了商务智能的潜力，而作为结果，则是低估了组织机构的战略潜力。

在 BI 中没有银弹[⊖]

我不认为已经找到了将会产生终极的商务智能模型的银弹。我可向读者做出的唯一承诺是，他或她会发现使组织机构的信息管理与其战略过程相一致的复杂性。我的希望是，组织机构的信息管理将形成商务智能的更宽视角，比信息技术（IT）方面要宽，比商务方面要宽，且比这两者的相互作用要宽，这将带来战略执行的更佳的性能，这对组织机构的生存是至关重要的。

随着商务智能变得日渐渗透到各方面，竞争优势将到达实现和开发商务智能的那些组织机构，这与其特定的文化和战略过程是密切协调的。当我读到 Tom Davenport 的文章（2006）时，我才恍然大悟。Davenport 描述了 20 年前我在一个大型德国邮购公司所做的工作。远在互联网之前，我们就宣传“有一天所有营销将是直接营销”，意指在所有方面我们将能够在产品、价格、促销、成本和利润上个性化（individualize）我们的客户关系管理。因为更科学的和分析性的方法，我们可以具有我们的实体竞争者、一般商店梦寐以求的信息。现在，我们的信念正成为现实，即使对于较小型的组织机构也是如此，且分析的力量和技巧正成为新的竞争前沿。让我带你踏上这样的旅程，激发你将你的组织机构转变为一个分析型的竞争者。

⊖ “Silver bullet”，这里用来比喻“杀手锏”、“绝招”，译者注。

目　录

译者序

原书前言

第1章　引言 ………… 1

1.1　为什么写这本书？ ………… 1

1.1.1　ICT已经长大 ………… 1

1.1.2　一种实践方法 ………… 1

1.1.3　手头的争议、问题和方法 ………… 2

1.1.4　数字不能解释所有事物 ………… 3

1.1.5　“商务智能”指的是什么——从决策支持到信息民主 ………… 3

1.1.6　一个定义 ………… 4

1.1.7　本书的范围 ………… 5

1.2　BA4BI做什么 ………… 5

1.2.1　定义“商务智能的商务分析人员”的概念 ………… 6

1.3　本书的结构 ………… 11

1.3.1　主要方面 ………… 11

1.4　本书各章简介 ………… 17

1.4.1　商务智能的宏观观点 ………… 17

1.4.2　商务分析和管理领域 ………… 18

1.4.3　商务分析和项目寿命周期 ………… 19

1.4.4　商务分析人员的工具箱 ………… 19

1.4.5　附录概述 ………… 21

第2章　提高增长的周期速度及其定律 ………… 22

2.1　引言 ………… 22

2.1.1　增长是有代价的 ………… 22

2.1.2　三个Delta ………… 22

2.1.3　商务分析方面有争议的问题 ………… 24

2.2　第一条定律：知识、增长和战略过程的三角关系 ………… 24

2.2.1　知识交换过程 ………… 26

2.2.2　度量回报 ………… 27

2.2.3　商务分析有争议的问题 ………… 28

2.3　第二条定律：你在两个选项之间的无奈选择 ………… 28

2.3.1　聚焦 …… 29
2.3.2　征服 …… 29
2.3.3　衰退 …… 30
2.3.4　重新部署 …… 31
2.3.5　战略连续体 …… 31
2.3.6　商务分析有争议的问题 …… 32
2.4　第三条定律：任何组织都优化两极 …… 33
2.4.1　再论价值链 …… 35
2.4.2　商务分析有争议的问题 …… 35
2.5　第四条定律：做力所能及的度量和权衡，除此之外…… 36
2.5.1　试验 …… 37
2.5.2　商务分析有争议的问题 …… 38
2.6　第五条定律：总是存在一个主导源 …… 39
2.6.1　战略顶点层 …… 39
2.6.2　功能管理层 …… 39
2.6.3　运营层 …… 40
2.7　第六条定律：IT 不可或缺 …… 43
2.7.1　IT 可创建竞争性的优势 …… 44
2.7.2　调整运动 …… 44
2.7.3　商务分析有争议的问题 …… 45

第 3 章　平衡战略管理的 5 个“P” …… 47
3.1　引言 …… 47
3.2　5 个“P”及其相互作用 …… 48
3.3　管理战略 …… 49
3.3.1　三种战略管理风格 …… 49
3.3.2　战略管理风格和计划 - 模式 - 策略 …… 51

第 4 章　调整 BI 适应组织的状况 …… 53
4.1　引言 …… 53
4.2　明茨伯格的构型 …… 53
4.3　明茨伯格就商务智能方面的教训 …… 54
4.3.1　商务分析有争议的问题 …… 55

第 5 章　理解 4 个“C” …… 57
5.1　引言 …… 57
5.2　将 4 个“C”方面应用到功能上 …… 58
5.3　4 个“C”：平衡计分卡的基础 …… 59

5.3.1 商务分析有争议的问题 …… 60

第6章 商务智能的商务案例 …… 61

6.1 引言 …… 61

6.2 信息经济学基础 …… 62

6.3 采用一个商务案例形象地说明 IE …… 62

6.3.1 从一个过程到一种营销文化 …… 63

6.4 商务智能的通用优势 …… 67

6.4.1 改进的通信有效性 …… 67

6.4.2 改进的数据质量 …… 67

6.4.3 可用数据的较好理解 …… 68

6.4.4 数据的智能抽取和交换 …… 68

6.4.5 商务过程的更好理解 …… 69

第7章 BI和成本结算 …… 71

7.1 使用 BI 建立一个 ABC 系统 …… 71

7.1.1 汇集成本登记的所有来源 …… 71

7.1.2 确认一致性 …… 71

7.1.3 以一种有意义的方式分配各来源 …… 72

7.1.4 表述假设 …… 73

7.1.5 沟通结果并现场确认结果 …… 74

7.1.6 ABC 的优点和缺点 …… 74

7.2 近距离地考察 ABC 源系统 …… 75

7.2.1 会计系统 …… 75

7.2.2 企业资源计划系统 …… 75

7.2.3 产品数据管理系统 …… 76

7.2.4 预算系统 …… 76

7.2.5 时间登记和门禁系统 …… 76

7.2.6 工资表系统 …… 77

7.2.7 仓库管理系统 …… 77

7.2.8 存货管理系统 …… 77

7.2.9 文档管理系统 …… 77

7.3 在数据仓库中建立 ABC 分析 …… 77

7.4 小结 …… 79

第8章 BI和财务管理 …… 80

8.1 有关财务 BI 可交付物的基础知识 …… 80

8.2 使你的 SOX 保持打开状态！ …… 80

8.2.1 数据家族 …… 81

8.2.2　双向调整 …… 82
8.2.3　理解商务过程流 …… 82
8.3　财务报告的商务分析 …… 83
8.3.1　会计报表 …… 83
8.3.2　所要求的报表 …… 84
8.3.3　慢变维度的特别关注 …… 86
8.3.4　展示选项的特别关注 …… 87
8.3.5　商务分析有争议的问题 …… 87

第9章　BI和运营管理 …… 89
9.1　关于运营管理的基础知识 …… 89
9.1.1　用户订货点 …… 89
9.1.2　预测 …… 89
9.1.3　供应链的优化 …… 91
9.1.4　质量管理 …… 91
9.1.5　建立外包分析 …… 92
9.2　生产管理和信息架构 …… 92
9.2.1　MRP Ⅱ软件 …… 93
9.2.2　容量管理软件 …… 94
9.2.3　网络规划软件 …… 94
9.2.4　面向生产管理的IS基本概念 …… 94
9.3　测量内容 …… 95
9.3.1　第一个实例：物理货物运输 …… 95
9.3.2　第二个实例：库存管理系统 …… 97
9.4　基本供应链报告需求 …… 98
9.4.1　介绍 …… 98
9.4.2　整个周期和优化变量代价 …… 99
9.5　使用BI的预测系统的构建 …… 101
9.5.1　一般的建议 …… 101
9.5.2　定义预测系统的KPI …… 102
9.5.3　预测的代价调整 …… 103
9.6　商务分析问题 …… 106
9.6.1　总体评论 …… 106
9.6.2　需要进一步解决的疑问和问题 …… 107

第10章　BI和营销管理 …… 108
10.1　简介 …… 108
10.2　我们借助“CRM”达到什么目的？ …… 108
10.3　我们借助“行为分析”达到什么目的？ …… 109

10.4 我们能从过去的失败中学到什么？ …… 109
10.4.1 当运营主导一切时 …… 110
10.4.2 当财务领导一切时 …… 110
10.4.3 当过于复杂的销售模式成为规则时 …… 110
10.4.4 错误地使用BI的时候 …… 111
10.5 BI如何对市场营销有贡献 …… 112
10.5.1 市场研究 …… 113
10.5.2 亲和度分析 …… 113
10.5.3 直接产品利润 …… 114
10.5.4 产品开发 …… 114
10.5.5 销售 …… 115
10.5.6 销售推广 …… 116
10.5.7 客户服务 …… 116
10.5.8 销售渠道管理 …… 116
10.5.9 零售市场营销 …… 117
10.5.10 行业市场营销 …… 117
10.5.11 专业服务市场营销 …… 117
10.5.12 快速消费品市场营销 …… 118
10.5.13 消费者投资商品市场营销 …… 118
10.5.14 医药市场营销 …… 119
10.5.15 商务分析问题 …… 119

第11章 BI和人力资源管理 …… 124
11.1 人才战争是怎么输掉的 …… 124
11.1.1 战略规划过程——能力管理的隔离 …… 125
11.2 管理缺勤 …… 126
11.2.1 简介 …… 126
11.2.2 缺勤衡量 …… 126
11.2.3 BI如何有帮助 …… 127
11.2.4 商务分析问题 …… 130

第12章 启动一个BI项目 …… 131
12.1 综述 …… 131
12.1.1 一个迭代的过程 …… 132
12.1.2 映射商务分析问题的处理阶段 …… 132
12.2 创建需要 …… 133
12.2.1 期望：寻找商业价值 …… 134
12.2.2 资助商务智能项目 …… 135
12.2.3 探索动机 …… 136

12.2.4　整个项目中期望上的焦点 …… 136
12.2.5　客户想要的正式的事务 …… 137
12.2.6　客户想要的非正式的事务 …… 138
12.2.7　处理队列 …… 138
12.2.8　关闭循环 …… 139
12.3　收集信息 …… 139
12.3.1　研究地形 …… 139
12.3.2　你需要知道谁 …… 140
12.3.3　你需要知道什么 …… 140
12.4　分析决策程序 …… 141
12.4.1　介绍 …… 141
12.4.2　工作上的决策，团队和小组 …… 141
12.4.3　机构组织的变化 …… 149
12.4.4　明茨伯格的管理神话 …… 150
12.4.5　结论 …… 151
12.4.6　商务分析问题 …… 152
12.5　产生文档 …… 152
12.5.1　项目方向文档 …… 153
12.5.2　访谈总结 …… 153
12.5.3　商业需求 …… 153
12.5.4　商务案例 …… 153
12.5.5　项目章程 …… 153
12.6　验证结果 …… 154
12.6.1　“我想要绩效!” …… 154
12.6.2　“为什么我需要全部客户?” …… 154
12.6.3　“现在我看到了结果…” …… 154
12.6.4　检查商务案例 …… 155
12.7　支持和维护 …… 155
12.7.1　验证 …… 155
12.7.2　愿景支持 …… 155

第13章　项目生命周期管理 …… 156
13.1　商务分析与项目规划 …… 157
13.2　商业需求收集 …… 157
13.2.1　访谈CEO …… 158
13.2.2　用户组调查 …… 159
13.2.3　访谈与研讨会 …… 159
13.2.4　需求挑战 …… 160
13.2.5　坚持它 …… 163

13.2.6 维度建模 …… 164
13.2.7 BI 应用说明（规范） …… 169
13.2.8 商务分析及增长——维护 …… 171

第 14 章 掌控数据管理 …… 178
14.1 数据管理的主要组成部分 …… 178
14.1.1 概述 …… 178
14.1.2 主数据 …… 178
14.1.3 来源分析 …… 180
14.1.4 数据剖析 …… 180
14.1.5 源到目标的映射 …… 181
14.1.6 商务分析人员的元数据管理 …… 182
14.2 数据管理框架 …… 183
14.2.1 DUBLIN CORE（都柏林核心） …… 183
14.2.2 Zachman 框架 …… 185
14.2.3 结构化写作 …… 186
14.2.4 三个部分如何互动 …… 186

第 15 章 掌握数据质量 …… 189
15.1 哪种质量? …… 189
15.2 数据质量的投资回报率（ROI）方法 …… 190
15.2.1 源系统数据质量 …… 190
15.2.2 数据仓库系统数据质量 …… 191
15.2.3 建立商务案例 …… 192
15.2.4 数据质量检查单 …… 195

第 16 章 商务分析人员的工具箱 …… 197
16.1 概述 …… 197
16.2 项目方向的文档模板 …… 197
16.2.1 导言 …… 197
16.3 文件记录内容 …… 198
16.3.1 项目背景 …… 198
16.3.2 项目语境 …… 199
16.3.3 商务案例 …… 199
16.3.4 项目定义 …… 199
16.3.5 项目组织结构 …… 199
16.3.6 项目方法 …… 199
16.4 访谈总结模板 …… 199
16.4.1 背景信息 …… 199

16.5　商务案例文档模板 ………………………………………… 200
16.5.1　导论 ………………………………………… 200
16.5.2　效率经济学 ………………………………………… 201
16.5.3　收入提高 ………………………………………… 201
16.6　战略机遇 ………………………………………… 202
16.6.1　你的顾客信息价值 ………………………………………… 202
16.7　商务分析成果模板 ………………………………………… 203
16.7.1　简介和概述 ………………………………………… 203
16.7.2　成果概述 ………………………………………… 203
16.8　项目章程文档模板 ………………………………………… 219
16.8.1　概述 ………………………………………… 219
16.9　最佳实践分享模板 ………………………………………… 223
16.9.1　概述 ………………………………………… 223
16.10　一般性访谈指引 ………………………………………… 226
16.10.1　引言 ………………………………………… 226
16.10.2　一般访谈列表 ………………………………………… 226
16.10.3　一般性问题 ………………………………………… 227
16.10.4　最后 ………………………………………… 227
16.11　每一功能领域的访谈指南 ………………………………………… 228
16.11.1　战略决策制定 ………………………………………… 228
16.11.2　财务和控制 ………………………………………… 229
16.11.3　市场营销 ………………………………………… 230
16.11.4　销售 ………………………………………… 230
16.11.5　物流与运营 ………………………………………… 231
16.12　元数据检查单 ………………………………………… 231
16.12.1　元数据集成 ………………………………………… 231
16.12.2　元数据转换 ………………………………………… 232
16.13　通用商务对象定义 ………………………………………… 232
16.13.1　概述 ………………………………………… 232
16.14　定义组织的主要资产：客户 ………………………………………… 233
16.14.1　引言 ………………………………………… 233
16.14.2　客户分类 ………………………………………… 233
16.14.3　客户的通用定义 ………………………………………… 234
16.14.4　客户的具体定义 ………………………………………… 234
16.15　组织，一个有意义的概念？ ………………………………………… 235
16.15.1　组织的多种定义 ………………………………………… 236
16.16　职员还是伙伴？ ………………………………………… 236
16.17　产品 ………………………………………… 237
16.18　疆域 ………………………………………… 238

16.18.1 疆域的地理方位 …… 239

附录 …… 240

0 概述 …… 240

0.1 你如何成为一个 BA4BI? …… 240

附录 A 在你的工作面试中，问什么 …… 242

附录 B 从 1960 年至今的商务智能 …… 243

附录 C 数据仓库的基础知识 …… 245

附录 D 一个采购部门的 BI 项目调研 …… 251

参考文献 …… 253

第1章　引　言

1.1　为什么写这本书?

有关管理和信息技术的书籍最大热销期为6个月。时尚和风尚在快速浪潮中相互追随，且留不下多少印象，这就像真实的波浪一样。所以为什么还要多此一举呢？为什么要经历花费更多的时间撰写一本书的烦恼，而它将遗落在书店的书架上呢?

也许是因为我希望解释将战略转换为商务智能（Business Intelligence，BI）架构的一些通用道理，而且当然是因为我没有遇到任何课程、书籍或咨询人员，曾真正地在成功的BI项目这个至关重要的方面投入深度的关注。当人们在进行商务分析（Business Analysis，BA）时，只要可能，讨论的焦点都在数据模型、处理容量和工具这些必要的检查单上面。即使比较坚韧的人，他们曾尝试将商务分析有争议的问题推进到极限，他们也经常错失问题背后的关键点，原因是这些问题是抽象的，丢失了组织机构的语境及其对战略形成和实施的影响。

几乎没有商务分析人员展示出战略处理及其与信息管理相互作用的深厚知识。而本书的价值论点正是如此：开发理解这种相互作用的潜力。

1.1.1　ICT已经长大

信息和通信技术（Information and Communication Technology，ICT）已经达到一个成熟阶段。迹象是清晰的：绝大多数组织机构不再将信息技术人员看作解决商务所产生问题的“管子工”。越来越多的组织机构将ICT作为一项战略资产，不管它是支持决策制定或产生盈余收入（surplus revenue）、重新定义市场条件、重新定义过程和系统，还是甚至重新定义游戏规则。

无论何处，一名ICT专业人员使ICT出现在一家非ICT公司的董事会（board）上。对将战略开发和实现转换为一种合适的商务智能环境的一种方法性方法的需求，正在日渐增长。本书目标是为这项需求有所贡献。

1.1.2　一种实践方法

首先，我不是一名“管理科学家”，因为我不认为存在如“管理科学”这样的事物，这是由于在研究对象和研究人员之间不像物理学或其他实证科学那样存在距离。“管理科学家”经常将他们的研究结果呈现为详细说明、技巧、算法和控制手段。有关战略、组织机构行为和信息管理的组织机构方面的少数真正的科学研究，经常是对已存在事物的“重新发明”，但他们的理论从来就没有进行日常实践，原因是在实践过程中往往需要将不同的语境添加到各理论之中。

将理论变为实践的失败的另一个原因是仍然未受到质询的理论中的瑕疵，因为“管理科学家”太过忙于推销他的理论和向商务共同体宣讲，以致没能处理诸如证明其理论可行的这种琐事。我记得从一名直销权威处获取教程的经历，他自己却运作着在商务上最不成功的邮购公司。

失败的最后一个原因在于这样的事实，即许多理论构造是针对马克思·韦伯（Max Weber）定义中的理想情况（das Idealtyp），定义为最优条件下的所有特征的组合，因此不适合于在日常管理中应用。

1.1.3 手头的争议、问题和方法

我不会拿行不通的理论来烦读者。我首选与读者分享有关可操作的实践的真实经验，这些经验在各个部门都证明了其价值，这些部门包括银行业和金融、工业环境、物流和零售等。本书为商务分析人员提供了一个框架，他们负责将战略管理转换为信息管理战略。本书也为资深管理人员提供了信息技术战略潜力的深入理解。并且要记住：正是你才能用你的组织机构的语境中来解释这些实践并丰富它们。

在合适之处，我会讨论商务分析争议，不是为读者提供大量的检查单，而是以建议问题的方式开始一段会话来做到这点的。商务智能的商务分析，是由该主题深厚的实践知识支持的良好结构会话的艺术。检查单确保飞机起飞或你的汽车维护是完备的，但它们不会得到商务智能的商务分析所需的有意义的信息分析型沟通方法。

在本书的附录中，我们确实有一个检查单式的问题表，但这仅服务于准备访谈人员的目的。因此，他会得到这样的印象，当他准备好访谈时他控制了访谈过程。在提取信息时，顶级访谈人员将留给被访谈人员这种感觉：此时她甚至不知道她正在分享信息。不要忘记，对一些人而言，商务分析访谈承载这样的消息“你瞧，改变正在发生！”。本书不能帮助你穿透你的被访谈人员将使用的防御屏障、技巧和战术。我建议你阅读有关访谈技巧的许多好书，这会帮助你处理那个问题，比如 Michael Porter（1980）、Henry Mintzberg（1989）和 Peter Senge（1990）等作者为我提供了可操作的概念和框架。

我的战略过程方法，为那些希望获得商务智能的商务分析更多知识的人们提供了理论的一种兼收并蓄的背景。无论从哪个方面说，我并不伪称这个背景是完全的或自创的。一些作者和文章不是首次提出一种想法或一种理论的，但他们相比其他人却更能推销他们的思路。我也尝试扩展这个理论背景，方法是引入非英语共同体国家的作者们的工作，但由于缺乏翻译，我们仍然不甚了解他们的工作。

有人曾说过：“咨询人员因为答案得到报酬；科研人员因为问题得到报酬”。作为一名咨询人员，我寻求差异，并将在同一水平上的问题-答案这个两难问题看作鸡和蛋的问题。本书是我作为一名非学术实践人员的尝试，即专注于提出答案，以便尝试与学术界开始一种会话，他们就战略和信息管理提出了有意思的问题。本书不会有所有答案，但我希望它提出了所有正确的问题。

1.1.4　数字不能解释所有事物

本书不是你的经典管理手册，这样的手册会满是最优答案。我本人就组织机构为什么会成功或失败方面发现得越多，就越坚信古老的格言“你能度量什么，你就能管理什么”（what you can measure，you can manage），尽管这句话目前在西方组织机构中不再是完全的真理。有关一个组织机构的表现，存在先验性的无法计量的方面。Henry Mintzberg 尝试在思想体系方面对其分类，是部分有道理的。我曾经尝试将西方的组织机构成熟度映射到 Abe Maslow 的旧金字塔（Maslow，1943），但也不能解释所有事物。这种缺乏解释性的能力是否就使我们解脱了尽我们所能进行度量和管理的义务了呢？当然没有。我希望本书对该主题更加充满活力的和更加完全的争论有所贡献，如果在 www. ba4bi. com 上收到你的评论，我将是心怀喜悦的。

1.1.5　“商务智能”指的是什么——从决策支持到信息民主

让我们回顾一下我的前辈们的一些定义，他们是在 20 世纪 90 年代做出奠基性贡献的 Bill Inmon、Ralph Kimball、Sean Kelly 等人。令人惊奇的是，大多数作者们仍然在频繁地使用数十年前的术语：DSS（决策支持系统）和 M/EIS（管理/实施信息系统），这揭示了在后二战时代各种规划学派的中心式决策、控制和战略开发的范型，当时正是他们为实施商务智能系统、传播智能企业奠定基础的时代！这有点像经典技术开发的例子：

- 早期的影院模仿戏院；
- 早期的电视模仿影院；
- 第一批汽车看起来像一辆四轮马车。

一个决策支持系统为用户们提供信息，使他们可分析一种情况，并做出决策和实施时段。对于“信息”，先驱们意指“为查询而组装并预格式化的数据”，含有大量“事前建模”的意思。换句话说，早期 DSS 具有隐性的世界观，包括一些数据源并出于各种原因而忽略其他源：它们没有看到或它们不能利用没有多少结构的数据，这囿于（当时的）技术约束。

这种方法的最新和较迷人的版本是性能管理监测软件，其中组织机构采用其（推测的）因果关系对战略图进行建模，并定义关键的成功因素和接下来的关键性能指标，以便支持他们的世界观。

所以，Inmon 和其他先驱们严重依赖于具有深化功能的管理概要报告，以便支持行政部门寻找沿途的更多细节。今天这种概念仍然是有价值的，但已经得到拓宽和丰富，这不仅仅是因为良好的技术，而是因为我们已经了解到，在精化我们的战略方面，战略信息的这种形式不会使我们走得更远（在一些情形中，它只会加速使公司走向破产的边缘）。但是，他们有关管理层想要什么的假定仍然是合理的（Inmon，1992，第 163 页）：

- 管理层的关注点是永恒变化的；
- 这种变化是处于一种随机模式的；
- 管理层总是希望立刻得到信息；
- 在数据方面，管理层也希望将数据集成在内。

术语“商务智能”最早是 1996 年 9 月开始使用的，当时一项 Gertner 集团（Group）的报告写道：

到 2000 年，信息民主将出现在有远见的企业，商务智能信息和应用广泛地可为雇员、咨询人员、顾客、供应商和公众所用。在一个充满竞争的市场中兴旺发达的关键是站在竞争的前沿。依据准确的和最新的信息，做出合理的商务决策需要更多的直觉。数据分析、报告和查询工具可帮助商务用户艰难地跋涉在数据海洋之中，以便从中综合有价值的信息——今天这些工具整体上归类称之为“商务智能”。

术语“信息民主”是这项描述中最重要的一个术语，原因是它抛弃了 DSS、MIS 和 EIS 体系及其基础观念的中心观。

1.1.6　一个定义

今天，一个常见的定义看起来是这样的：

商务智能是采集、存储、分析和提供对数据访问的应用与技术的一个大类，可帮助用户们做出更好的商务决策。BI 应用包括决策支持系统、查询和报告、在线分析处理（Online Analytical Processing，OLAP）、统计分析、预测和数据挖掘等的活动。

商务智能应用可以是

- 对一家企业的运作，是任务关键性的和不可分割的，或是为满足一项特殊要求起重大作用的；
- 企业范围的或局部于一个部门、科室或项目；
- 中心式发起的或由用户需求驱动的。

这个定义尝试从技术和亚类中做出抽象，无论如何，这些技术和亚类也许都将随时间而收敛或改变。

商务智能是数据的系统性的收集和准备，目的是将意义的信息提供给管理部门、雇员和其他干系人，同时与组织机构的语境丰富的知识相结合，改进组织机构战略过程的有效性。

商务智能有四个重要方面，对应于具有经典管理层次的变化重点（changing accentuation）。一种控制论、辩证的、综合的方法以及一种探索性的方法是有关运作、战术的或功能性的以及战略层次的一种混合做法的组成部分。掌握这种混合方法的商务分析人员将最大限度地利用BI的潜力。

1.1.7　本书的范围

存在这样的图书馆，充满了有关企业战略的管理文献，而另一方面，也存在有点小的房间，满是有关商务智能和数据仓储、任何BI系统基础的书架。本书将这两者结合起来，为C-层次的行政部门在其战略过程中定位其现有的或新的BI倡议提供一个路线图，或相反：通过促进更好的BI系统而改进他们的战略过程。它独立于数据仓库体系：无论你是Inmon、Kimball学派的内行，还是Linstedt学派的内行，本书都可帮助你在行政部门管理和信息管理的鸿沟间架起桥梁。

有关数据仓储和BI方面，有许多好书，但多数这样的书都将商务分析处理为提出一些问题，并从答案中提取事实和特征，如果你仅关注于在一个BI项目中交付一项BI产品，这还是不错的。在战略过程中对以这样一种深入的方式嵌入商务智能，以使它成为一项竞争性的区分因素，存在客观需求。这是BI的BA试图填充的鸿沟。

1.2　BA4BI做什么

什么是商务智能的一名商务分析员（Business Analyst for Business Intelligence，BA4BI），如何成为一名BA4BI？在这个行业工作17年之后，我仍然对不成熟的概念、工作描述和成功BI项目以及过程的贡献者方面的培训课程感到惊奇。过去项目的经验表明，在一个BI系统中50%以上的缺陷是由不能产生正确的需求、不能提供充足的语境和不能交付引导BI团队取得成功的项目章程所导致的。

所以，本节有一个目标：定义BA4BI工作、项目中他或她的角色，并为希望在这个学科中成为卓越的候选者指出一条学习和发展路径。我们也推荐阅读附录，其中解释所需要的技能和在你的工作访谈中要问的问题，原因是我们认为没有哪位在毕业时就可以是一名BA4BI。

如果你在一个著名的搜索引擎上输入“business analyst”（商务分析人员）搜索其定义时，你不能得到问题的答案，得到的无外乎非常模糊的表述，例如“分析部门的运作，以便开发出解决方案来解决其问题的人员。”问题？部门？一名商务分析人员坐在其办公桌后面等待问题出现，并仅在问题是部门性的时候才做出响应吗？

明显的是，当通用术语“商务分析人员”定义不佳时，各组织都在努力构造

“商务智能的商务分析人员”的一个清晰概念。本章是提供候选BA4BI的某种清晰性和发展路径的一种努力。

1.2.1 定义“商务智能的商务分析人员”的概念

一名商务分析人员识别相关的商务问题，并寻找答案。这些答案可能受限于一个IT解决方案，但它们也存在于过程设计、组织结构、组织行为、组织文化、组织规划和控制过程，以及组织战略过程等。一名商务智能的商务分析人员研究所有这些方面，因为他了解它们间的相互作用，并能够对找到一个解决方案的必要分析步骤排出优先级。

各项任务可位于三个类别层次：运营性的、战术性的和战略性的。范围可以窄到数据分析，也可以宽到架构和监管咨询。所以在这个定义中，有两个范围维度：水平范围和垂直范围。水平范围研究分析工作的作用领域，从信息分析到分析战略过程。垂直范围研究任务的内容，从数据分析直到数据架构和数据监管。

我没有尝试寻找一个将经受得住时间考验或学术界审查的定义。且较好的方式是首选画出一张图，之后解释其中有什么。分析人员热爱模型，难道不是吗？让我们遵循水平范围：从“如何”通过“哪里”到“什么-何时-为什么”，整体上谈谈模型，如图1.1所示。

考虑到这个模型也是来自丰富现实的一个抽象，这至少带来工作描述、广告招商方面存在的语义混乱的某种结构，并带来IT和商务人员思维方面的存在的某种结构。在方案纲要（schema）的左侧是知识域和活动的构造块，这些构成了与一名商务智能商务分析人员有关的战略过程的主要部分和方面。三个箭头描述一名商务分析人员的工作可包括的深度和广度。

各箭头提出一种线性方法，但这仅是出于方便的原因。一种真正的表示将像一个分形（fractal），形象地说明一名商务智能的商务分析人员总是在研究整体语境，即使当她深入查看一个微小细节（例如一个实体的一个属性）时也是如此，此时模式保持相同。相反：当她遇到高层次战略表示时，她知道这个PowerPoint讲稿如何与包含源数据的事务系统以及组织所使用的当前报告和分析模型相关。

1.2.1.1 职业生涯道路是如何的

图1.2提出了一名商务分析人员的常见垂直生涯道路，这主要处理“如何”的问题，即“我们如何将商务争议、问题、威胁和机遇转换为一个可足以处理它们的BI系统？”

①他开始低层次数据分析，努力工作爬升到：②信息管理方面，像作为战略实施工具的主数据管理和数据质量。③他也许可忽略知识管理，原因是许多组织并没有为KM做好准备，但他将不得不形成一些KM技能，以便提出在这个领域中的改进。④他确定性地将介入到过程管理分析中的某种方式：过程是如何设计的？在这些过程步骤中产生什么数据？随着时间它们如何简化？现在是做出到一个更

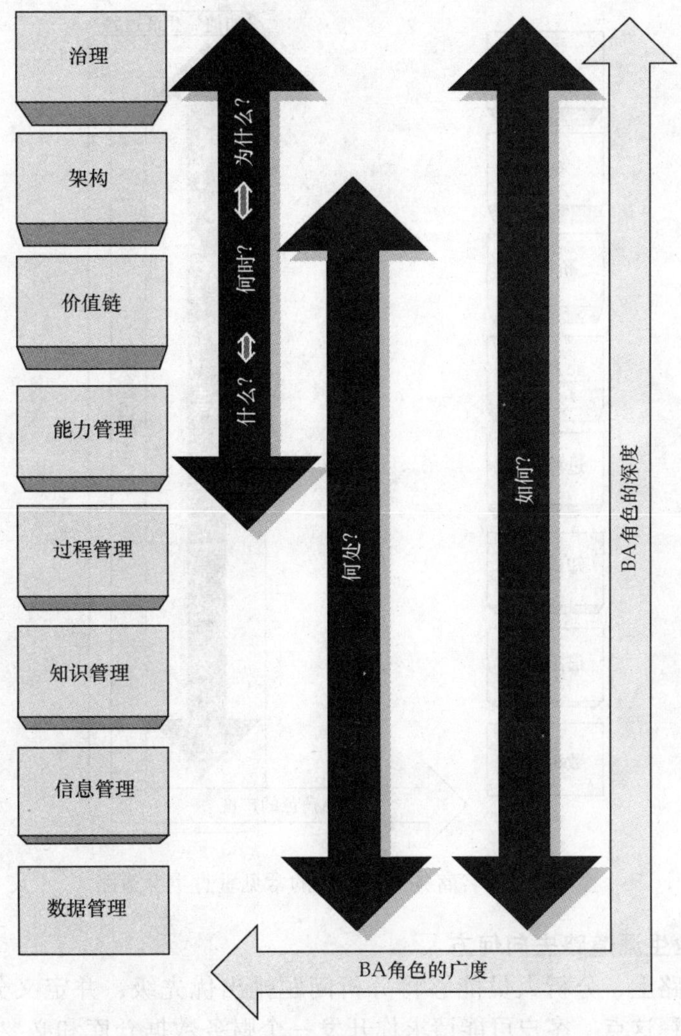

图 1.1 一名商务分析人员技能集的维度

高级角色的一次巨大生涯改变的时间。⑤组织的战略能力是什么？换句话说，物质资产和无形资产是什么，以及组织的竞争力是什么，这些方面会推进、延迟或阻碍我们的战略实现？⑥如果分析人员掌握了前面的构造块，则他将得到价值链影响和重要性的较好和较深理解，价值链作为组织如何实施其商务的基础结构。⑦现在是转向架构层次的时间了：商务的结构和对商务优先级的 IT 支持。配置 BI 架构必须拟合到整个 IT 图景，原因是有这些系统产生的源系统和服务深远地影响 BI 系统的有效性。⑧商务智能的（高级）商务分析人员也需要知道商务-IT 监管模型和如何实施该模型。当双方在一个 BI 项目或系统的内容、语境或方向有分歧（diverge）时，监管是润滑剂（lubricant）。

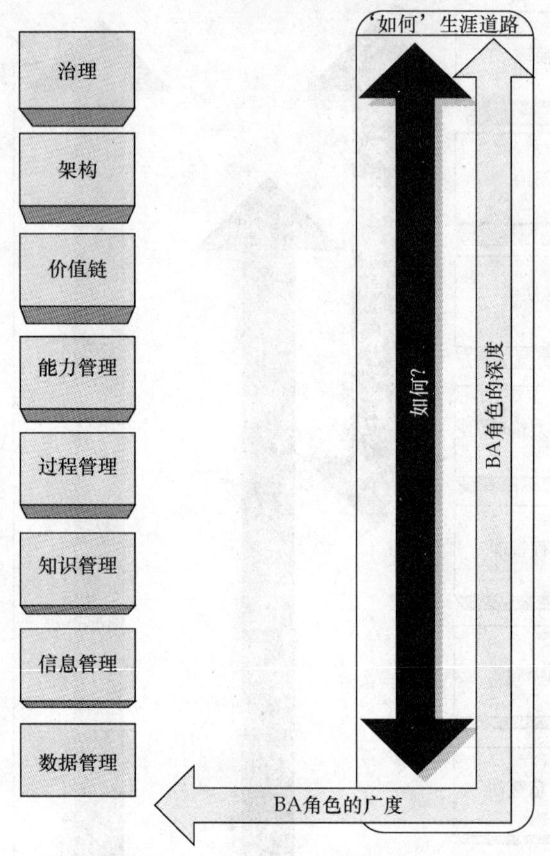

图 1.2　一名商务分析人员的常见垂直生涯道路

1.2.1.2　职业生涯道路去向何方

在这条道路上，分析人员能够将分析问题排出优先级，并定义分析方向。让我们简短地解释这点。客户可能请求你开发一个财务数据仓库和必要的报告环境。在这个层次上，你应该能够验证这是否是一项合法的和可行的客户需求。例如，如果成本登记系统有错误，你如何能够产生所销售商品的成本的可靠的分析数据？或者，如果客户数据是一团糟，你如何产生可靠的每顾客贡献的边际利润（contribution margins per customer）？如图 1.3 所示。

是时候将你的职业生涯转换到下一层次了。你已经知道如何无歧义地描述数据需求、信息需求。你已经将这些映射到产生数据的各种过程，你知道这些数据的语境，这些并不总是在系统中有文档记录的。你已经体验到组织能力对所期望 BI 功能的影响。且价值链概念与架构和监管选择一起，为你提供了足够的语境，为需求增加了意义，甚至提出新的需求，这为客户的期望增加附加值。所以，现在你知道如何将战略构造块转换为蓝图和概念数据模型、交付期望的和必要的功能的 BI 应用。观察清晰地表明一名熟练的 BI 分析人员和一名新手分析人员之间的

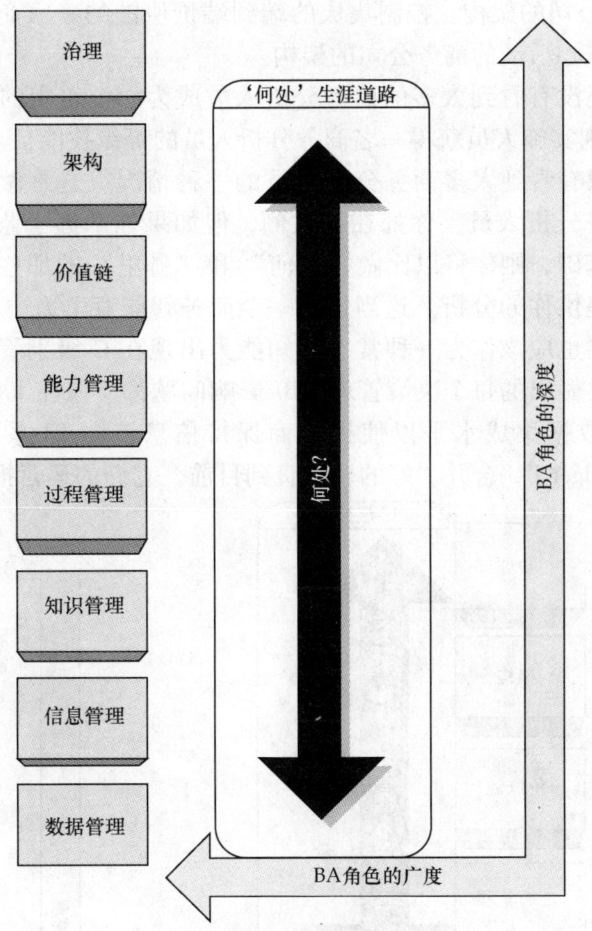

图 1.3 职业生涯道路去向何方

区别。新手将从他知道的入手：如果他有 DBA 背景，他将有解决数据需求、源到目标映射等等的机会。如果他是一名财务专家，则他将帮助定义财务报告等。资深商务分析人员将首先对分析周期将发生的顺序进行优先级排序。它主要是一个数据转换问题吗？或者我们必须使过程变得正确吗？新手将正确地做事，而资深人员将做正确的事情。

1.2.1.3 C-级别的职业生涯道路

C-级别职业生涯道路将商务分析带到下一层次：将战略转换成信息战略，或——在整体性的或联邦性的环境情形中——多项信息战略。这个层次是有关清晰地将管理世界观与信息架构沟通：商务架构、数据架构和应用蓝图（我们将功能方面和基础设施方面放在一边，原因是这些是由前面的决策派生出来的）。

通过开发一个因果关系管理用例（uses）来确定战略选择，可使管理世界观清晰起来。追求有机性（organic）增长的商务公司将有完全不同于持续追求采购

(acquisitions) 的公司的架构。控制集成的端到端价值链的一家商务公司给出一种不同于外包其非核心活动的商务公司的架构。

观察：我们还没有看到太多的商务分析人员成为一个组织的 CEO，但我喜欢看到更多的 C-级别实施人员获得一名商务分析人员的等级技能！

图 1.4 是我没有看到太多商务分析人员的一种情况。这是做出基础决策的位置。作为一名商务分析人员，你处在接收侧，但如果你掌握了监管、架构、价值链和能力管理的基础，则你将以比做“如何”和“哪里”的那些人高一个数量级的深度和语境，提供你的分析。这当然是一个商务智能竞争力中心（BICC）应该发挥作用之处，它也应该作为一种常态感知能力出现在 C-级别管理人员的日常工作日程上。对于要做出的每个决策管理，BI 影响问题都应该在工作日程上。好的，但我们有足够的数据集成水平以使提供商保持信息流向 BI 系统吗？让我们将 Wedgies BU 与 Widget BU 合并。好的，但直到目前，它们的运营报告还仅是在产品

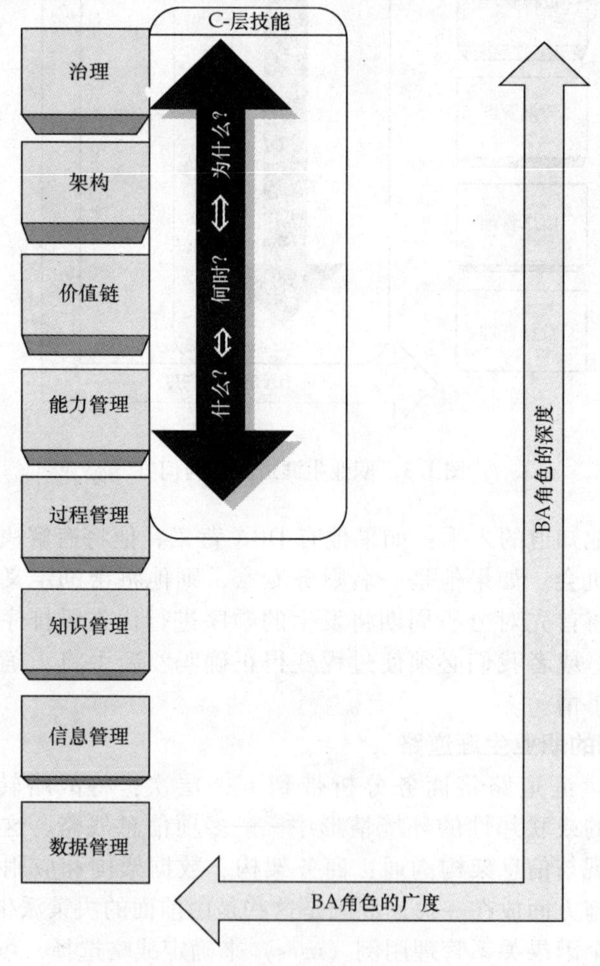

图 1.4 C-级别的职业生涯道路

群层次上统一的，在BU系统中它们保持最小的报告粒度。什么可使之在SKU和产品线层次上统一呢？让我们鼓励我们的销售代表在家里工作。好的，但销售报告将需要更多的语境，原因是销售代表将得到对数字的较少口头评述。

1.3 本书的结构

本书采取自顶向下的方法：从战略层次，通过功能性层次，直到运作层次。因为商务智能需要一种整体论的方法，所以我们处理组织机构、HRM、财务和ICT方面，以尽可能完备地产生一幅图景。鉴于商务智能不仅是一项ICT项目，这是组织机构在市场上运作和表现方式重大改变的开始。

商务智能的范畴远超一个ICT项目，它是在市场中组织工作和实施方式中深邃改变的开始。

1.3.1 主要方面

1.3.1.1 战略构想和形成

希腊人从一个自顶向下的方向定义了广义的“战略（strategos）”概念，这个词是从“军队（stratus）”和“领导（agein）”派生而来的。如今的深邃见解已经将战略概念扩展到一个组织的“完成事情的方式”，事情可以是正式的目标、个人日程、意外收获、可利用的机遇和其他意外发现的东西。战略的构想和形成是同一事物的两面：第一面处理规划和实施战略，另一面处理从过去观察模式，解释未来发展，之后加以增强或缓解。高性能战略总是将自顶向下和自底向上方面组合在针对组织的一种最优混合法之中。

管理组织的配置和这种混合法（由一个合适的商务智能架构支撑）之间的关系，是一名智能企业架构师的任务。合理的商务分析方法论是达到那种状态的第一步。

1.3.1.2 战略实施

清晰的是，多数ICT系统以专门的平衡打分卡（Scorecard）软件作为最终的管理平台（我称之为“战略规划、会计和控制”），支持规划的战略。从上文已经知道，我仅将这点考虑为一个非常复杂现象的部分解决方案。我为一个全面的商务智能本体组装各要素，该本体取代ICT各方面，并为要到来的数年提供管理的一个参考框架。有歧义？是的，但我们已经从替代方案中观察到结果：没有计划的IT补丁针对的是IT不能解决的问题。这项尝试是在信息经理请求高层管理严肃对待过程中的一项工作。

1.3.1.3 开发一项营销战略

营销是组织的动力源。如果没有市场、观众、公众甚至做苦役的人（如果使之合法的话），则没有组织可生存下来。在我所研究的商务智能的所有商务分析过程中，由于所有原因（我这里不做讨论），在财务和运作后面是顾客。在我的思想中有这种观察作为支持，我尝试在财务、运作、HRM和所有其他主题领域，介绍顾客观点。

现代营销战略内嵌于整个组织。但是，如果在定位为运作和甚至为财务的分包单位找到营销部门痕迹的话，不要惊奇！怜悯他们，并给予他们你所能提供的最佳服务。也许来自你的顾客信息系统的深邃理解，某天将帮助它们改进它们的位置。

1.3.1.4 财务观点

财务管理人员对组织中的所有材料（specimens）都是最有预见性的。所以这就是为什么许多BI项目是以财务迭代开始的首要原因：快速制胜！财务欣赏在上个月中所发生的及时的、快速的和准确的报告，这是从数个良好描述的视角、在公众域可找到信息的：一项输入声明、一种贡献方法或一项审计踪迹（audit trail）。财务观点可被用作BI项目成本合理性判断的一个重要要素。它将揭示在其他部门、观点或BI项目要处理的功能中的问题。

至少其中一个问题是得到组织中各种成本激励驱动要素的一种较好理解。财务和运作的交集能够产生几乎对任何BI项目的有益信息。

1.3.1.5 运作战略

在整个时间上，容量使用、资源管理和库存管理是BI中可直接处理的运作问题。成本分析和资产管理处在与财务的交集之中，并要求商务分析人员采用学科交叉的思想。

1.3.1.6 HRM和BI

管理旷工率和管理竞争力是人力资源管理（Human Resource Management，HRM）实践的主要BI域。虽然对于多数组织而言，HRM不是处于最高优先级，但它可本质上改变组织在市场中运作的方式。

1.3.1.7 商务智能框架

一个企业商务智能系统的结构需要如下方面的清晰描述：

- 商务智能产品：所涉及每个人或概要的交付物是什么？
- 商务智能服务：每项BI交付物为每个人或概要提供什么服务？
- 商务智能职业：在企业BI项目中所涉及每个人或概要应该能够做什么，基于哪项BI知识？
- 商务智能知识本身的分类。

由此，我们准备好了描述商务智能过程和一个商务分析项目的过程流。

1.3.1.8 引入一个BI项目

在对BI的热衷多年之后，我们剩下了三种类型的BI组织：大失所望的、成功的和刚刚起步的组织。

大失所望的组织，即使20世纪90年代早期的受挫折的革新者们，对技术都投入巨大预算，但没有为他们投入的金钱真正得到任何 BI 价值。成功的组织一定正确地做了如下事情：优化顾客期望、预算、生产率时间（throughput time）和实际的 BI 交付物。它们是角色模型（role models），热衷于对其 BI 智慧保密，不允许外部的窥探。刚刚起步的组织是较小型的公司，随着基础设施价格急剧下降，他们可支付得起 BI。

数据库厂商将一个 BI 套件作为免费的赠品（add-on），且存储和处理容量持续地降低了性价比。但最难压缩的部分是 BI 咨询服务。所以对于心存疑虑的初创组织和大失所望的组织，在组织对一项投入实施预算之前，如果事情走向反面而没有任何挽回价值的话，绝对有必要构造一个信心建立项目初始阶段（见图 1.5）。

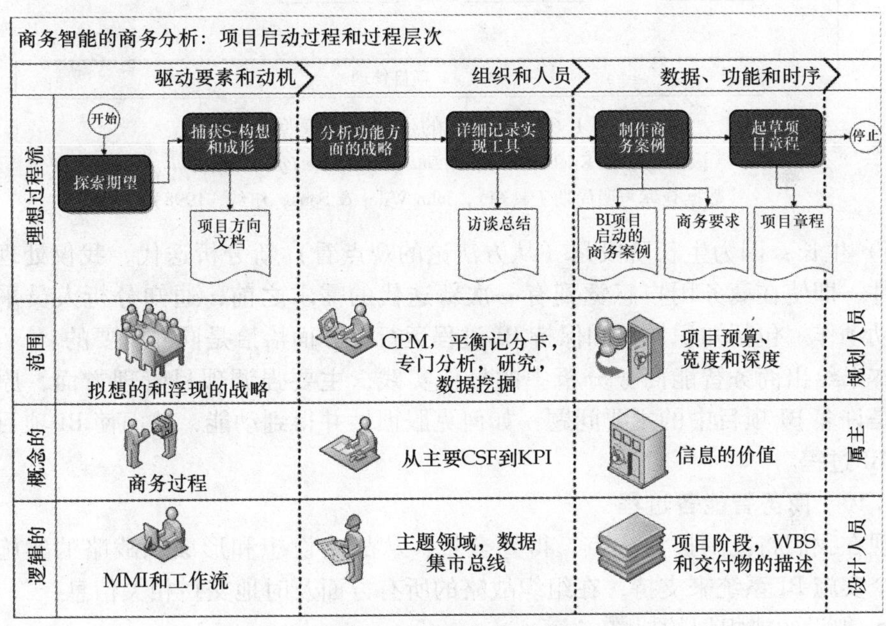

图 1.5 项目初始过程

1.3.1.9 一个典型的商务分析项目流

Ralph Kimball 的生命周期模型（见图 1.6）提供了一个可靠的基础。商务分析方面将焦点放在模型加上的项目管理方面中 12 个阶段的 5 个阶段上。

1）项目规划：本书不提供问题“我如何按步骤计划一个 BI 项目？”的答案。但它为规划者提供有价值的输入。

2）商务需求定义：本书提供工具、概念和直接问题，以此增强需求的质量，这是本书的重点。

3）维度建模（dimensional modeling）：有关维度建模有许多不错的书籍，但就将商务分析问题连接到建模问题都可提供某方面的帮助。

4）BI 应用规范：同样，诸如 Kimball、Nigel Pense 和许多其他人就这方面发表了大量内容。BI 工具类型的高层次定位，为工具选择阶段提供了一个方向。

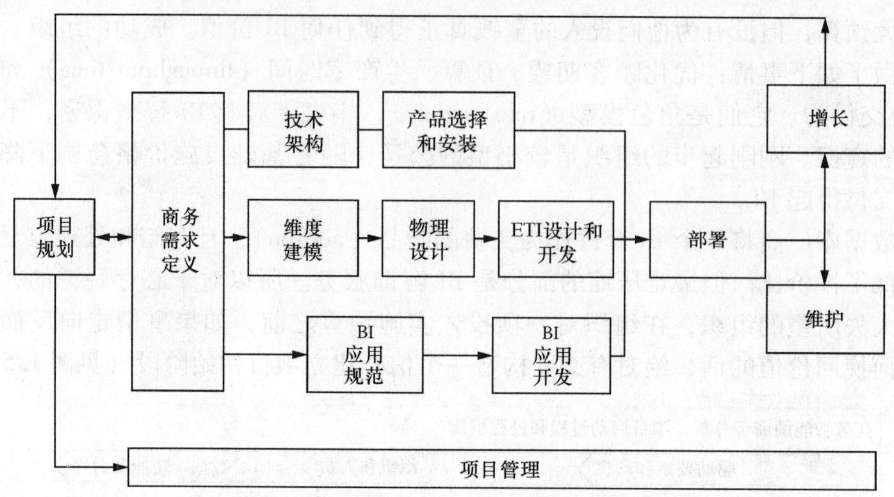

图 1.6 Kimball 的生命周期模型

（该图属于 R. Kimball 等，*The Data Warehouse Lifecycle Toolkit*（数据仓库声明周期工具箱），John Wiley & Sons，纽约，1998）

5）生长：因为生长阶段是（从方法论的观点看）新分析迭代，我仅处理这样的事件，即使在商务用户感觉到有一次新迭代的需求之前，通知分析人员采取一次主动动作。包括知识转移和保持 BI 过程运行等方面恰恰是同样重要的。

本书给出商务智能商务分析中的最佳实践，主要强调项目管理方面，原因在于这是许多 BI 项目中的主要问题：如何克服惯性并得到动能，从而使 BI 项目成为一个 BI 过程。

1.3.1.10 商务智能各过程

现在我们将范围扩大一点，得到全景：从战略设想和形成到战略的实施，都由一个实施 BI 系统来支持，在组织战略的所有方面及时地交付相关信息：

- 拟设的或规划的战略；
- 出现的或偶然出现的战略；
- 已实现的战略。

表 1.1 的“依据方面的阶段”矩阵表明，在 9 种组合的每种组合中 BI 的贡献。每项的一个简短解释可能为这个矩阵带来一些清晰性。

表 1.1 特征（Aspect）矩阵的阶段

阶段/特征	拟设的	出现的	已实现的
构想	KPI 报告、环境扫描、 探索性数据挖掘	顾客和竞争性分析 特别查询	KPI 报告
形成	基于过程的 BI KPI 报告	异常报告	基于过程的 BI
实施	基于过程的 BI，KPI 报告	用户日志文件和查询监测	KPI 报告 e-学习和知识管理

KPI（Key Performance Indicator，关键绩效指标）报告：这是均衡计分卡、执行仪表板、企业性能管理或执行信息系统的一个主要部分。当管理层已经定义了各KPI时，当管理层希望控制战略过程时，在战略过程的所有阶段都要检测并给出这些KPI。

环境扫描：这是从私人和公众源处的有结构和无结构信息的收集、分析和编辑，这些源如Dun和Bradstreet、经济合作和开发组织（OECD）或通过报刊剪报或甚至街头流言得到的其他报告。任何潜在的重要信息片被组装、验证并分发到管理层。多数BI工具不支持这种情报采集。带有增强功能（plus）的文档管理系统或知识管理系统支持这项功能方面要好得多。

探索性数据挖掘：这也许有点赘述，但我是有意这样使用的，因为在市场中有关数据挖掘存在大量困惑。一些作者将数据挖掘定位为自发地检测被记录事件之间因果关系的艺术。这是有点太乐观了。数据挖掘是基于虚假设（被接受或拒绝）测试的分析无结构数据的学科。它也给出数值或图形模式中的趋势，并提示进一步的研究方向。

用户日志文件和查询监测：虽然这对战略过程本身没有贡献，但它指明在组织中BI的接受水平和所问的问题。

基于过程的BI：这是商务过程管理和企业性能管理之间的结合产物。它尝试将控制论、辩证法和内嵌于过程监测中BI的探索形式组合起来。

专门（Ad hoc）查询：这个BI方面帮助用户们就在其他报告中观察到的现象深化他们的知识。它有助于寻找“为什么”问题的答案。经常使用的另一个术语是OLAP（在线分析处理）及其各种架构：废弃的DOLAP（桌面OLAP）、ROLAP（关系型OLAP）、MOLAP（多维OLAP）和HOLAP（混合OLAP）。我们建议参考词汇表了解更多信息。

顾客和竞争性分析：BI可为管理层赋予对顾客行为的更深的洞察力，方法是从与顾客的首次接触到上次订单的所有事务进行分析。终身价值管理（lifetime value）是一个邮件-订单概念，自20世纪90年代以来获得主流商务组织的认可。由于各种原因，竞争性分析是有大量困难的：必要的信息总是不可用的，且多数可用信息是有偏见的。竞争性分析需要外部信息，例如收入证明和资产负载表（balance sheet）、市场份额或调研。这些源或者是难以解释的（因为它们是为包括财务报告在内的财政原因而准备的）或者它们不适合一个分析模型（因为它们使用不同的KPI或相同KPI但有不同定义）。内部源有时出于不佳的质量，原因是我所称的“凯撒效应（Caesar's effect）”⊖。任何不得不做出一份损失报告的销售人

⊖ 凯撒写过他的De Bello Gallico：Horum omnium fortissimo sunt Belgae，即“在所有人［Gauls版］中丹麦人是最强壮的”。他这样做时，没有报告事实，而是对他征服丹麦部族的胜利做装饰而已。〈原书注〉

员，将被诱惑将竞争描述为比事实所允许的多少有点强势和力量强大的。

E-学习：这通过结构型的学习模块使从 BI 系统得到的教训为更广大的受众使用。一些公司使用这种方式达到全方位（full extent），管理他们的“学生们”参加测试的注册，产生认证科目并监测其学生们的学习努力程度。这是 BI 领域中一个被低估的方面（或学科）。如果 BI 产生信心，我们如何确保这个信息的所有方面都得到描述且在这个信息所（极可能地）影响的组织的每个层次上都得到理解？E-学习可产生额外的推动力，确保战略信息被转换为战略行为。

知识管理（Knowledge Management，KM）：在前 KM 时代，我曾为一家 Heineken（喜力）啤酒厂的一个项目工作，这里所有的酿造统计数据都张贴在所谓的“统计数据室”（stats room）。酿造主管们（master）在这个房间中小憩，并讨论张贴的信息，因此交换知识并增强这些统计数据的价值。我所为之工作过的项目没有几个对这种想法是开放的，这遗留下一个重要的和有价值的 BI 潜能未加以开发。

1.3.1.11 建议、技巧和工具箱

在合适之处，各章以挖掘你的客户组织中有关 BI 的事实给出一些建议作为结语。在本书结尾处，是产生一个高质量商务分析产品的模板和指导方针集合。在附录中，为那些不熟悉数据仓储学科的读者，增加了数据仓储技术方面和这个学科历史的简短介绍。

1.3.1.12 BI 系统

本书使用一个 BI 系统的蜂窝比喻，如图 1.7 所示，其中所有部分是相互作用的。作为一名商务分析人员，你将必须形成一个所有部分正确使用的一致性视图，其中特别涉及在这幅图中没有画出的单个最重要部分：用户。

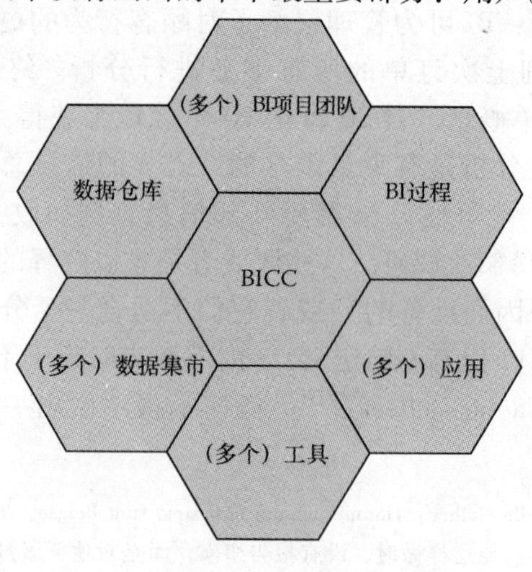

图 1.7 BI 系统

1.4 本书各章简介

1.4.1 商务智能的宏观观点

1.4.1.1 提高增长的周期速度及其规律

因为本书旨在为战略过程和要解决的商务分析争议及问题之间建立联系，目的是产生较佳的一致性（alignment），所以形象地说明主要战略争议就是至关重要的，这些争议催生了一种良好的分析方法的必要性和商务价值。

- 第一条定律：知识、增长和战略过程的三角关系。
  - ■ 这个定律表明，当增长是战略旅程的目的地时，那么知识是驱动你的组织奔向其目的地的动力。
- 第二条定律：你在两个选项之间的无奈选择（narrow choice）。
  - ■ 观察告诉我们，各组织总是在优化当前战略方法或将当前战略方法转向别处（这极大地中断了当前战略）之间做出选择。
- 第三条定律：任何组织都优化两个极端。
  - ■ 经济规模和成本差异之间的分歧长时间地统治着（且仍然统治着）许多组织。采用IT，这种分歧消失了。
- 第四条定律：做力所能及的度量和权衡，除此之外……
  - ■ 本节将分析人员的注意力吸引到一个BI系统所产生的典型度量外的其他方面。
- 第五条定律：总是存在一个主导源。
  - ■ 这个重要小节帮助分析人员确定组织的权力基础所在位置：战略制高点、功能管理或运作核心。
- 第六条定律：IT不可或缺。
  - ■ 好消息是IT（Information Technology，信息技术）最终在董事会会议室得到接受，这是选择战略方向的地方。坏消息是IT和商务之间的联盟并不总是最优的。因此，一些针对分析人员的争议在所难免。

1.4.1.2 平衡战略管理的5个“P”

本章提出战略管理实际是什么的最佳通用描述，即计划（Plan）、模式（Pattern）、手法（Ploy）、态势（Posture）以及将所有这些方面定位（Positioning）在管理层的观点之中。与管理风格相组合，它可帮助商务分析人员确定一项商务智能战略发展的引力核心所在，并调整BI适应组织的配置状态。

HenryMintzberg（1991）的组织配置状态的观察得到这样一个框架，这激励商务分析人员寻找其分析的另一个重要锚点：什么是（隐性地或更显性地）驱动BI项目的主要力量。

1.4.1.3 调整 BI 适应组织的状况

HenryMintzBerg（1991）的组织状态配置为分析人员提供了项目方向的最初认知。这一短小的但重要的章节，为分析人员发现——远在顾客感觉到之前——项目将走向何方的有用建议。

1.4.1.4 理解 4 个“C”

真正的商务智能的基础在于理解 4 个“C”，它们与环境要素一起，决定一个组织可选择的战略方向。顾客（Customer）、成本（Cost）、竞争者（Competitor）和竞争能力（Competence）是管理层可同时解释和施加影响的基本驱动力和杠杆。理解这些基本动力学特性是希望得到战略管理之 BI 解决方案语境的一名商务管理人员的必要条件。

1.4.1.5 商务智能的商务案例

在项目整个过程中要进行开发和细化的第一批交付物之一，是商务案例，因为没有 BI 项目是没有商务案例的。本章为分析人员给出 BI 开发一个商务案例的实践处理法和指导方针。

1.4.2 商务分析和管理领域

1.4.2.1 BI 和成本结算

本章给出建立基于活动的成本计算法的 8 个步骤，并讨论成本要素的潜在数据源，从而使分析人员知道从哪里开始分析。

1.4.2.2 BI 和财务管理

虽然财务报告是非常直接的，但本章还是指出一些方法，这些方法可有助于改进分析的质量，且它也指明与其他主题领域的关系。许多 BI 项目以一次财务迭代开始，一些项目不做一点前瞻工作，失去了改进的机会。在阅读本章之后，你将不会卡在中间位置。

1.4.2.3 BI 和运营管理

预测、供应链优化和外包分析是运作管理中的三个主要主题领域。本章讨论商务分析有争议的问题。

1.4.2.4 BI 和营销管理

商务智能的市场营销目的有两个起点：来自一个顾客关系管理（CRM）系统的过程数据和来自网页点击、观测、调研等的行为数据。当这些数据项目组合以及与其他源组合时，可得到战略市场营销改进的巨大潜力。本章讨论 BI 对主要营销活动和营销学科的贡献，提出正确的问题和有争议的问题。

1.4.2.5 BI 和人力资源管理

在本章讨论两个主要的主题领域：与工作和顾客需求有关的管理技巧，以及降低旷工率和振荡情况。

1.4.3 商务分析和项目寿命周期

1.4.3.1 启动一个 BI 项目

许多组织有失败的 BI 项目，原因是 BI 概念本身是以一种意外事件（happenstance）方式被引入的，而期望没有以它们应该被管理的方式加以管理。本章将焦点放在管理的动机和期望方面，但也给出分析客户组织中决策过程的概念。

1.4.3.2 项目生命周期管理

BI 项目生命周期需要商务分析人员以不同的强度进行干预，这取决于阶段和外在要素，在本章我们将进行讨论。来自项目生命周期的 5 个要素得到特别关注，因为它们与分析人员是相关的：项目规划、商务需求定义、维度建模、BI 应用规范和增长。

1.4.3.3 掌控数据管理

一旦存在一个项目的商务案例，则必须解决数据管理有争议性的问题，因为这是 BI 中最佳实践的一个基础方面。本章给出数据管理的一个框架，并讨论要由商务分析人员解决的实践方面有争议性的问题。

1.4.3.4 掌握数据质量

对于数据质量，存在同样的情况：从一开始就解决有争议的问题，是值得的，因为 99% 的所有数据质量问题都必须在源系统中加以解决。

问题列表提出要解决的过去、当前和未来数据质量方面有争议的问题，原因是这些问题可能对商务智能项目和该项目拟交付的 BI 产品具有严重的影响。

1.4.4 商务分析人员的工具箱

1.4.4.1 项目方向文档模板

项目方向模板是项目的高层介绍文档，用来从管理层得到一项分析预算，以便准备项目章程（charter）。一些实践人员称之为快速浏览或可行性分析，但后者对于这项管理产品来说有些言过其实。这个文档的结果应该是这些决策之一：停止项目，进一步详细研究，或准备一个项目章程。项目方向文档模板是在商务智能中使用的典型增量方法。

1.4.4.2 访谈汇总模板

这个模板帮助分析人员提供对面谈人员的有意义的反馈，评估访谈的质量，并从访谈得到有关被访谈人员对 BI 项目的愿景和输入的真实承诺。

1.4.4.3 商务案例文档模板

这个模板作为分析人员的记忆辅助，提出一项商务案例中分析人员协助商务人员，这项案例将在整个项目过程中得到细化。

1.4.4.4 商务分析可交付物模板

为保障对状态的完全概览（overview），定义了不少于 13 项的交付物：

1）高层状态分析；

2）BI 项目的目的；

3）干系方（stakeholder）矩阵；

4）商务需求；

5）项目管理约束；

6）产品范围；

7）数据需求；

8）展示方法；

9）安全需求；

10）其他需求；

11）项目规划和任务列表；

12）文档；

13）词汇表。

该模板为一个项目章程提供足够的输入，接下来项目章程作为一项合同的输入。

1.4.4.5 项目章程文档模板

针对项目的连续性，项目章程将商务需求清晰化为商务需求。一些顾客发现这是启动项目的一个坚实充分的基础。其他顾客会要求一份合同，这在本书中不做讨论，因为在不同国家法律方面的要求是不同的，且这个主题超出了分析人员的职责。一个良好规划的项目章程将形成一份不错合同的基础。

1.4.4.6 最佳实践共享模板

当项目结束时，团队将解散，留下的文档将不涵盖得到的教训和最佳实践。为确保这些信息在整个组织传播，我们为最佳实践的所有人提出一个具体的访谈模板，确保不丢失什么东西。

1.4.4.7 通用访谈指南

通用的访谈指南作为一项记忆辅助，并作为你与被访谈人员谈话的介绍。如果你提前将这个指南发送给你的对话人，则被访谈人员将做较好的准备，并在提供最佳可能信息方面有一个更高效的过程。访谈指南也包含一个元数据检查单，这从项目开始就构造对更好的元数据的感知能力。

1.4.4.8 通用商务目标定义

任何 BI 系统将在数据库中至少有这些对象中的一个或多个对象：

顾客；

组织；

雇员；

产品；

边界（territory）。

为使讨论得以进行，我们形成一些通用定义，因为我们已经证明，没有什么比在组织中使每个人对诸如上面列出的概念达成共识更困难的了。我们在本章中也证明，对形成均码型（大家都认可的）定义没有强烈要求，原因是在一个组织内观点是会发生变化的。

1.4.5　附录概述

附录 A：在你的工作访谈中要问什么问题

确保你知道在这两个极端组织之间所处的位置。一些组织将他们的混乱带到你面前，而其他组织是如此高度结构化的，以致他们将对改进的任何倡议都会烦恼不堪。

附录 B：从 1960 年到现在的商务智能

BI 的简短历史形象地说明了这个学科所进行的快速演进，并帮助分析人员更好地理解当前状态。

附录 C：数据仓库的基础知识

本附录是为非 IT 读者撰写的，他们需要一个 BI 系统基础的数据仓储方面的快速介绍，但他们不希望被大量技术的迷惑人的做法所压垮。

附录 D：一个采购部门的 BI 项目调研

我们将概述放在工具箱外面，原因是它不是 BI 项目中的共性实践。尽管如此，因为它可能激励读者，我们在附录中增加一项调研范例。

第2章 提高增长的周期速度及其定律

2.1 引言

2.1.1 增长是有代价的

存在起作用的通用定律，强迫组织对环境适当地做出反应。构想和实施战略是基于及时的、准确的和一致的信息的一个进行中的过程，同时它是一种管理愿景，引导这个过程对出现的机遇和不同的动作及意见仍然保持开放的态度。

增长是任何商务公司的终极目标，且增长的附属目标形成一个菜单，组织从中服务较小的或较大的部分：创新；效率增加；生产率增加；市场（份额）增长；顾客忠诚度增加；市场、价格和或成本主导地位；产品附加值；质量管理；经济附加值；以及风险降低。所有这些目标都支持增长。且所有这些都要求充分的信息以构想形成目标，并提供成功的措施。

2.1.1.1 有用的PLC使用期限

历史证明，产品生命周期（Product Life Cycle，PLC）不会比它们过去的要短，但它们当然有一个较小的机会窗口。换句话说，由于比较快速的全球通信信道和方法，竞争者快速地对新的技术发展作出响应，且在基础平台改进的情形中，他们发起生死之战，以得到市场中的领导地位。倘若在早些年的轿车制造商数量与全球移动通信系统早些年的移动手机生产商数量进行比较，论证就变得清晰了：较少的但较大型的组织更能导致市场中的比较快速的变化。

随着周期的速度随时间而增长，对环境变化的响应时间剧烈减少，这项减少的首要原因在于组织增长本身，其中最初的事必躬亲的战略制定者从运作舞台走开了或被“以金钱为目的的人”替换了，或更委婉地说，被“专业管理人员”替换了，他们带来他们的MBA模型和方法，但缺乏观念方面的激情和奠基者们的激情。第二个原因可能发生在被太迟注意到的环境变化之中，出现这种情况是因为人们有这样一种倾向，即认为明天将与今天一样。

2.1.2 三个Delta

增长是有代价的，且管理方面的增长考虑到我所观察到的五个基本定律，与一种对时序的灵敏感知相结合，并知道何时你了解得足够了以便可以采取行动。

数年前，我参加了规划方面的权威之一Igor Ansoff的一门硕士生课。Ansoff一直是“管理科学”中的计划倡议人，在包括波音和 NATO 的巨型组织中介绍他的概念，但我有这样一个印象，即他不再热心地坚持他的观点。在硕士生课的过程中，我们开发了规划的一种连续性（contingency）方法，这种方法不再因为没有取得计划的目标而遭受大量指责，而是将之用在计划方程中。

我们概要地给出如图 2.1 所示的图，它代表所收集数据和信息的形状、可识别能力（recognizability）和预测价值。在动态的环境中，信息是碎片化的、不一致的和稀疏的。我们偏离稳定的可预测环境越远，则在现实组织（field organization）中我们需要规划就越少，我们需要充分的响应机制就越多。

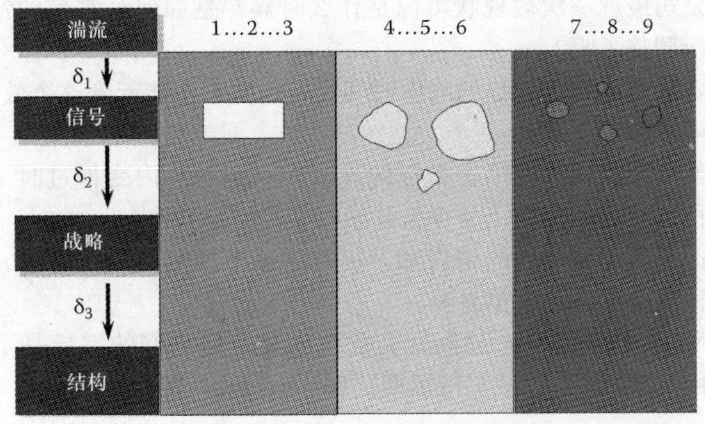

图 2.1　规划—响应时间两难状况

明显的是，图的左侧代表更稳定市场（例如博物馆或流程式（processed）食品生产）的情况，右侧说明创新型公司（例如生物公司或稳定的市场，其中颠覆性技术进展正在剧烈地改变游戏规则）的情形。

2.1.2.1　核心性的战略要素——时间

同样清晰的是，随着公司增长，在环境中信号的发生与其记录在案之间的时延过程变得较长，原因是信息要通过更多的管理层次和过滤（filter），往往将信号迁就他们的日程安排。所以除非你的组织有时间等待整个图景完全显现，否则你要面对严重的潜在危险。这就是你的战略过程中的第一个 Delta。

第二个 Delta 表示解释信号和规划一次充分的战略更新的时延。在这个过程期间，需要额外信息来确认战略替代方案。在一些情形中，组织会订购市场或专家研究（报告），寻求额外的风险降低，并建立对其计划的支持。企业家直觉为调查所替代，因为对于董事会和股东而言，要完成某种估算（reckoning）。

第三个，也是最大的 Delta 是使组织适应新战略所需要的时间。包括必须计划资金投入，进行融资，并集成到组织，必须形成技能，且学习曲线开始时处在高的每单位成本等级上。产生新的规程，并导致与现有程序、流程和结构的冲突。

有时，人员会变得冗余，因为他们不能适应新的现实，或在新的结构中对于他们的技能集合没有用武之地。无须说，这对待在董事会的人具有负面影响，尽管我看到过这样的情况，当人们被裁员时，他们如释重负："总算解脱了"。

2.1.3 商务分析方面有争议的问题

在整个访谈和评估中，你应该分析这些 Delta 之间的时延的历史例子和最近的例子。

涵盖这个有争议问题的开放问题如下：

- 何时公司不得不调整它的计划，处理其未预见的事件?
- 你的公司最近一次被现状震惊是什么时候？是如何被震惊的？不得不快速地重新调整了吗?
- 什么要素有助于加速你的响应时间？什么要素不能起到这个效果?

你也可展望一下未来：

- 假定你用来实现你的销售指标的技术在一到两年内变得过时了，你如何准备这种预见到的变化，从今天开始?
- 假定你今天正在使用的销售和营销方法逐渐地变得不再有效，你希望立即为这种演变准备什么信息?

依据你所工作的情境，上述问题会发生变化，但它们的宗旨是不断完善适用性程度和可用信息资源，以便支持远期（far-reaching）的战略决策。

2.2 第一条定律：知识、增长和战略过程的三角关系

许多文献作者已经说明了知识和增长之间的关系。经济学鼻祖亚当·斯密（Adam Smith，1723—1790）假设增长是一个必要条件，所以人可献身于教育和科学。如果你看到过非洲的孩子们用掉他们数天时间走数英里为他们的家庭获取饮用水，由此失去了教育，而教育可使他们脱离这种旧时代的贫穷繁重工作，那么你就明白了亚当·斯密先生的观点。哈佛大学的本杰明·弗里德曼（Benjamin Friedman）声称，繁荣是与容忍相伴的，后者接下来又与民主相伴。

研究中国近代史和当前发展的任何人将明白这些伴生关系。奥地利经济学家约瑟夫·熊彼特（Joseph Schumpeter，1883—1950）以一个简单的和不可避免的真理论证了增长的合理性：如果在政府公债上的积蓄比股票产生更多利息，那么金钱就会奔之而去。熊彼特认识到造成颠覆性变化的技术创新的价值，它创造并摧毁财富。

芝加哥大学的保罗·罗默（Paul Romer，目前在斯坦福大学教学）研究了知识和增长之间的关系，并在其论文"内生的技术方面的变化"构造了内生增长理论。依据其 1990 年的文献，知识是在小型的可控过程中增长的，并是经济增长的一个主要驱动要素：

这里给出的模型本质上是带有技术方面变化的单部门新经典模型，注入新的内容（augment），给出技术方面变化来源的一个内生解释。从这个模型得到的最可靠的福利方面的结论是，因为研究项目以当前成本交换未来的收益流，所以技术变化率对利息率是敏感的。虽然所有研究都体现在生产资料中，直接补偿增加实施研究的刺激力度，对实体生产资料积累的补偿可能是直接补偿的一个非常差的替换物。在缺乏可行政策（可消除对研究的社会和私有回报之间的分歧）的情况下，次佳政策将是对总体人类生产资料的积累加以补偿。该模型的最令人感兴趣的积极隐含意义是，具有人类生产资料的较大型总积累的一个经济体将经历比较快速的增长。这个发现表明，自由国际贸易可发挥作用，加速增长。它也给出理解在二十世纪有关发达经济体所发生情况的一种方式，其间容许在人类历史中无前例的人均收入增长率。该模型也表明，人类生产资料的低水平可有助于解释为什么在封闭的发展中经济体中没有观察到增长，以及为什么有非常多人口的不太发达的经济体仍然受益于与世界其他地方的经济一体化。

纽约大学的威廉·鲍莫尔（William Baumol）在《自由市场机器（The Free Market Machine)》(2004）中宣称，在寡头垄断公司之间的（技术）战争是创新的引擎，因而也是增长的引擎，空客、英特尔或美国辉瑞制药会持反对意见。让我们以帕特里克·欧洛克（Patrick O'Rourke）在《吃掉富人（Eat the Rich)》(1998）中的轻快笔触来结束知识、增长和战略过程的这个争论：

我们对经济有一个基本问题：为什么一些地方繁荣昌盛，而其他地方仅仅处于糟糕透顶的状态？这不是大脑的问题（a matter of brains)，地球上没有哪个地方的人比另一个地方的人更迟钝。比如在俄罗斯，国际象棋是一项比赛运动，可他们的生活水平却不高；教育也不是原因，美国学校系统中的四年级学生知道避孕套是什么，但不确信 9×7 等于多少；自然资源不是答案。非洲有钻石、黄金、铀，你可以列举很多，而斯堪的纳维亚半岛除冰冻世界外几乎一无所有，可二者之间的差距可谓天壤之别。文化也许是关键，但诸如本地购物中心的富裕地区，也由于缺乏文化而闻名。

西方民主国家的政治家们固执地坚持并强调创新的知识经济——并扩展到信息和教育——作为经济增长的主要原材料。几篇会议论文强调知识对世界经济增长的价值，包括“确实，如已经解释过的，知识是和平未来的公众产品，对绝大多数人而言是更好的生活，和平未来和更好的生活这两样无论哪个都是文明社会不可或缺的”（Verlaeten，2002）。

战略管理的最终目标是有利润的增长，摆脱尽可能多的风险，自 20 世纪 60 年代晚期开始的生态学争论以来，越来越多的商务领导人将形容词“可持续发展的”添加到他们的增长目标。

为什么管理人员非常擅长管理资金、资源、技术、人员和人们可想象到的所有其他资产（除信息和知识外）？确实，每家公司都有一个客户关系管理（Customer Relationship Management，CRM）系统，但有关数据质量情况如何呢？我曾为一家跨国软件公司工作，它销售 CRM 软件，它有 6 年以上没有清理它的商务数据了。何况保持数据质量的基本水平仅仅是开始，你在诸如这样的消息“我们有三个月没联系了，所以这里是你不能拒绝的提议：在你的下一个订单上有 30% 的折扣”中注意到有多少家公司高于营销复杂性的基本水平呢？最好的情况下，组织从其企业资源规划（Enterprise Resource Planning，ERP）系统中得到一些有关其成本的想法，并可基于这些数据大致形成增长-成本影响的场景。

这些是最低层次分析战略信息的两个例子：成本和客户信息。诸如其他两个“C”（“竞争对手（competitor）”和“竞争力（competences）”）的较高层次信息已经相当难以在多数商务智能系统中找到痕迹了，更别提涵盖 5 个“P”［定位（position）、状态（posture）、前瞻（perspective）、规划（plan）和部署（ploy）］的综合信息。

2.2.1 知识交换过程

为确保战略过程的最大有效性，在所有干系方间的知识交换是极端重要的。但是，在我的咨询经历中，我很少遇到将知识交换作为企业文化组成部分的组织。那些成功的组织有民主的领导层，几乎不与多少外部各方有关系。他们没有干系方（原因是他们不需要从外部筹措资金），他们没有压力团体方面的麻烦（因为外部的人没有谁真正理解在公司内正在做什么（虽然这经常是压力团体推动他们的筹措资金—行动主义—公共关系机器）的一个良好原因），且他们能够将他们的雇员的个人日程与公司的日程同步。但这些是罕见的例子，例外则是常态，常态是大部分的较大型组织恰恰没有准备好进行知识交换。

许多因素阻碍这个知识交换过程，且多数组织架构采取“勿管闲事（none of your business）”谚语而存活下来。在较大型组织内达到知识交换涅槃的主要障碍是股票持有人、领导层（board of director）、执行管理层、功能管理层、劳动力、劳动联盟、政府、压力团体等日程同步的不可能性。但我们如何度量一个组织中知识交换的程度呢？

如何度量仅在交换过程中和有时相实体化的较晚的、隐藏在过程结果中的事物？有关暗数字、未被处理的可能潜力（untapped potential）的情况如何？我高兴地发现至少有一名研究人员在系统地处理这个问题。

依据 Karin Moser（2002）的说法，知识协作可定义为“协作工作人员自愿并付诸实践，将自己了解的知识贡献于商务过程以及和他人共享来相互支持，哪怕这样做并不会给自己带来直接的利益”。通过扩展，这为战略过程提供了大量事实依据。在同一篇文章中，Moser 给出了知识协作的三个前提条件：互惠性，对雇员和组织的一个长期远景，以及打破层次结构障碍。我仅部分同意这三个条件，接下来将对此进行分析。

2.2.1.1　互惠性

我是在实施 CRM 系统过程中以艰难的方式了解到互惠性的。从一名不情愿的销售代表处得到良好信息的唯一方式，是为她提供比她自己可能想到的更多和更好的信息，同时将得到的那个信息都归功于 CRM 系统。

2.2.1.2　长期远景

不管是个体发展计划还是商务的未来以及其在分支机构中的位置，我对于这个前提条件有自己的疑问。如果它属实，那么为什么有如此多“la guerre des flics”或“警察战争”的悲哀范例？我们知道这发生在丹麦、法国、美国和其他国家。这些是 Moser 教授的准则的示例性组织：在其分支机构中他们有一个主导地位，且他们为其雇员提供从摇篮到坟墓的发展观。当你认识到知识被用作警力的所有主要过程中的一个原材料时，该图景会更加可怕。或者，想象一下在跨学科研究的创业公司的知识共享中非常短期的成功会是什么样子的？根本没有定位和长期发展观，只有建立企业的热情和活力。

2.2.1.3　较少的层次结构

Moser 也强调协作工作人员（co-worker）高度自治、参与到决策以及扁平层次结构和较低的公司内障碍的需要。非常重要的是，最后一个条件要发生，并澄清论据。我知道许多组织将“在所有层次结构各层间交换”解释为，将信息从一层传递到另一层，其中源作为接收方的一个过滤器。而且那个交换过程更接近于走形式，而不是知识协作。

2.2.2　度量回报

Moser 的知识协作愿景拒绝将机械官僚主义（machine bureaucracy）[⊖]作为信息交换的障碍，且隐含地作为高性能信息管理的路障，其中以商务智能基础设施作为做出决策的一个里程碑。在其知识协作清单中，她对个体、组织、团体和知识协作心态和实践做过透彻的研究，以便为知识管理定义就绪程度。

在竞争能力的各要素间，详细计划动机和自我激励（self-starter）方面，组织要素包括对基础设施、财务方面和感知到的回报（perceived reciprocity）的满意程度。团体方面讨论对知识管理（KM）有效性、对职业未来的信任和组织中自治程度的期望。

在知识管理的 24 个驱动要素间，Amrit Tiwana（2000）总结说，5 个组织驱动要素和 4 个员工要素支持这样的思路，即机械官僚主义与复杂的商务智能和战略发展的知识交换是不相容的。

⊖ 机器官僚主义是 Henry Mintzberg 在其著作，诸如《组织结构》（179）、《Mintzberg 有关管理的研究》（1989）等中定义的组织原型之一，其中由运作核心主导组织行为。简言之：主要过程主导准确决策和采取决策的方式。〈原书注〉

2.2.2.1 组织驱动要素

Tiwana（2000）区分出了功能性聚合、出现以项目为中心的组织结构、由撤销管制规定所带来的挑战、由于全球化导致的公司不能与竞争变化保持同步以及产品和服务的聚合，作为组织驱动要素。以项目为中心的组织的出现，支持我对 Moser 的长期观作为知识交换开端的批评。对一个短期项目紧迫性的感知会像任何驱动要素一样功能强大！

2.2.2.2 员工驱动要素

Tiwana（2000）总结了广泛传播的功能聚合、支持有效的跨功能协作、团队移动性（mobility）和流动性的需求以及处理复杂企业期望的需求。其他多名作者（Leliveld 和 Vink，2000；Davis 和 Newstrom，1989）则支持这样的思路，即基于回报的知识交换仅发生在将其全部蓝图呈现给其雇员的组织形式中，该组织形式保持同事间的距离以及公司的愿景、目标、客户等，而且组织尽可能小。

我不是一位在项目规划（projection）技术和深度访谈方法中得到训练的心理学家，而且即使我提出相关的和重要的数据，有关实际实施方法的问题会仍然存在。我们的回报度量是基于组织方面的假定的，即人员和组织之间的相互依赖是产生回报的主要因素。

2.2.3 商务分析有争议的问题

表 2.1 中非常简单的问题表可帮助你定位回报的水平。在 5 个点的李克特量表（Likert scale）上，一个有代表性的雇员样本表达了他们感知到组织中的相互依赖关系。平均值越靠近 5 个点，则对信息交换的相互依赖和需求就越大。

表 2.1 规模经济学的优势和劣势

问题：你如何达到你的目标？		
1：依靠个人努力	3：依靠同事的协同努力	5：依靠来自其他部门的协同努力
问题：所交换信息的本质是什么？		
1：针对我的工作描述的信息	3：也针对邻近功能或部门的信息	5：交叉学科信息
问题：如何做决策？		
1：由个人做	3：在小型团队中做	5：组织范围的咨询和反馈循环
在合适之处，你可添加如下问题：		
问题：资源、资金和资产是如何分配的？		
1：依据来自顶层的任意决策	3：在咨询组织中的各种专家之后	5：依据双向调整过程

2.3 第二条定律：你在两个选项之间的无奈选择

战略的选择取决于各种因素，例如组织的生命周期阶段、资源的市场条件、对组织中变化的抵制水平等，综合起来可归结为两个：

- 优化现有状况，原因是它以最小风险产生最大增长；
- 改变当前状况，原因是它将导致负增长、较高的风险或甚至灾难。

在我近 30 年的商务实践中，我观察到，市场份额越大，组织就变得越封闭。就好像这些组织将大的市场份额看作市场控制的一个同义词，而实际上不是的。以他们的观点，相比对顾客投入更密切的关注而言，内部改进倡议产生更好的结果。一个商务公司的自然发展和增长通过四个连续阶段：聚焦—征服—衰退—重新部署。让我们详细地研究这四个阶段，并考察一下在每个阶段中组织做出的主导战略选择。

注释：我强调自然发展，因为许多组织是通过合并、转行（turnaround）运作或我所谓的"项目商务公司（在互联网泡沫中我们看到过大量的这种现象）"的方式创建的。各 CEO 从一个前 - IPO 转到另一个前-IPO，将公司带到纳斯达克，之后转到下一个猎物。他们的薪水和红利经常是由受骗的私人投资者支付的。

2.3.1　聚焦

一家商业公司是如何成形的呢？高科技环境中的奠基者或奠基团队都具有成功前景的一种特定技能。通过聚焦在这项技能上，商务公司证明其生存能力并实现增长。相比竞争对手，通过卓越服务和产品，将大量焦点放在更好地服务市场，是早期成功的关键。随着它的增长，通过雇佣专业人员、与咨询商签协议和内部开发，获取新的技能。

对顾客服务过程中低效率的容忍度变小了。出现对标准化、全质量管理的需要，且组织从一个使命型（missionary）组织转变为一个更加规范化的组织。我们建议参考 7-S 模型由 Robert Waterman Jr.，Thomas Peters 和 Julien Philips 在他们的文章《结构不是组织（Structure is not organisation）》（1980）中描述的，用来描述随着商务公司的增长而发生的变化：

- 随着对管理控制需求的增长，来自系统（System）的"S"接管来自风格（Style）的"S"。
- 当权力斗争被传递到商务单位、工作描述和薪水尺度（标准）时，来自结构（Structure）的"S"接管来自高等级（Superordinate）目标的"S"。
- 保持相对没有改变的是战略（Strategy）、员工（Staff）和技能（Skill）。那就是虽然一家商务公司的构造可随时间而发生变化，而其文化演化要慢得多的原因。因为导致组织增长的价值和理念可追溯到早期，所以它们仍然根深蒂固在这三个"S"中。

2.3.2　征服

随着公司对内部事务得到足够的控制，由此经常可消除异议，它逐渐地将其注意力投向增加所服务的细分市场数量和在这些细分市场中得到最大份额。战略发展基本上正在以一种增量方式优化现有过程，从而战略控制正基于平衡计分卡的企业性能系统被引入。在我们的第四定律中，我们更详细地讨论这些度量系统。

因为对于一个商务公司而言，增长是至关重要的，所以它是以不同风格呈现出来的。乐观主义，或针对顶层管理层、绝大多数股票持有人的固有红利计划，或风险资本家（希望以最大的P/E比（价格/收益比）得到保证（bail out））也许是低质量增长的原因。但即使高质量增长也有人们不希望的副作用，这导致公司衰退。

2.3.3 衰退

组织的增长所导致的一些副作用，也许会将商务公司偏离其原始聚焦点。原因是明显的：

- 股票持有人期望每年都有增长的回报，从而季度报告占上风（相信我，在引入平衡计分卡的组织中也发生这种情况!）。
- 边际效用递减定律，迫使公司开发新的提案和新的产品/市场组合（是风险较高的）。
- 公司利润吸引新的竞争对手，他们来抢夺利润空间。

在其有重大影响的书籍《大国的兴衰（The Rise and Fall of The Great Powers)》（Paul Kennedy，1987）引入了“帝国过度膨胀（overstretch）”的概念，并在20多年前就预测到美国作为领先世界强国的相对衰落。其论断的一个多少有点简单化的版本可容易地迁移到市场领导者：因为来自过去的战略责任，当新的挑战者进入市场时，一家商务公司会遇到麻烦。想象一下，像福特或通用汽车这样的公司，它们在80多年前就开发了他们的分销系统，现在遇到来自一家基于互联网的轿车销售公司的挑战，该公司交付在你家里的救护车维修服务。在不伤害其现有分销系统的条件下，通用汽车和福特对这次威胁如何响应呢？在金融部门我们看到类似情况，其中“传统实体”银行在它们成为“结合在线电子商务和传统零售渠道的营运策略”之前，对首批互联网银行的反应是不佳的，仅以相比纯粹的互联网玩家较高的成本吸引浮躁的、对促销敏感的顾客。

除了分销情况（configuration）外，这些职责从技术的联合风投到变得过时的资本投资等等。最后但毫不减重要性的是：社会责任。特别在西欧，社会责任对一家商务公司施加一项繁重的负担。以丹麦为例，当成为冗余人员（被裁）时，有5年服务历史的一名白领工人要领到一年的薪水或更多。每个人都记得，Volkswagen Brussels（大众布鲁塞尔）的重组导致冗余支付高达每名工人10万欧元。包括税和社会捐献，这项成本可能达到惊人的19万欧元。这使你就在丹麦再投资进行重新思考。但大众集团这样做了，原因是劳动力的技能水平较高。但毫不夸张地说，在账面未显示破产迹象的情况下，一些公司仍然破产，原因是如果他们重构适应新的现实，则他们支付不起裁员的代价，所以就继续遭受损失。

2.3.4　重新部署

虽然在前一阶段，管理层正寻找新的角度和视野来重新部署公司的资产。为识别机遇，商务智能基础设施是具有战略重要性的。哪里有新的收益机遇？我们从成功的部门可学到什么？重新部署商务意味着重新定义使命、重新定位和重新定向组织的技能。BI 系统开发得越好，则这个过程就越具有智能且越平滑。在这四个阶段过程中，组织在计划的优化或改变、定位、态势、角度和策略间做出选择。在下一章给出有关这 5 个“P”的讨论。

2.3.5　战略连续体

图 2.2 中的流向图形象地给出当一个组织追求一项增长战略时可遵循的路径（多条路径）。改变和优化是一个连续体在当前战略选择的战略转变、获得新生和效率改进间的边界。

图 2.2 建议“异或”选择，但这是这些描述性术语的一种误解，对战略方向进行分类。我们可完全地分类马和驴，但我们也知道一头种马和一头母驴可繁殖骡子。以相同的方式，你应该将这种方案解释为剧烈变化和稳定性之间混合形式的一个连续体。

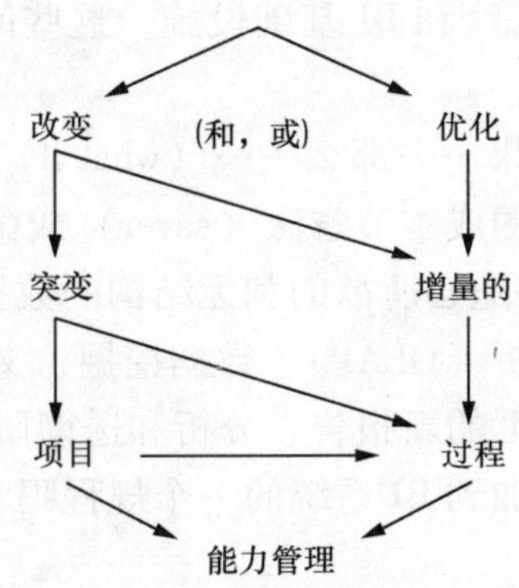

图 2.2　作为一条路径的战略连续体

极端情况发生是罕见的，多数时间，出于各种原因，管理层忙于强调战略方向：新雇员进入组织，进入新的细分市场，或开发新产品，这里仅列出几个而已。所有这些战术行动可影响组织的战略，所以管理层不得不采取行动，在对 i 画点和对 t 画叉之间变化，并调整战略方向的一些外部方面（例如“所服务的顾客”、“优先级重置”等）。

如图 2.3 所示，变化和优化是一个连续体在战略转向和稳定性之间或恢复有效性和效率增长之间的极端情况。一名好的商务分析人员应该能够捕捉到一个组织中的主导战略方向。

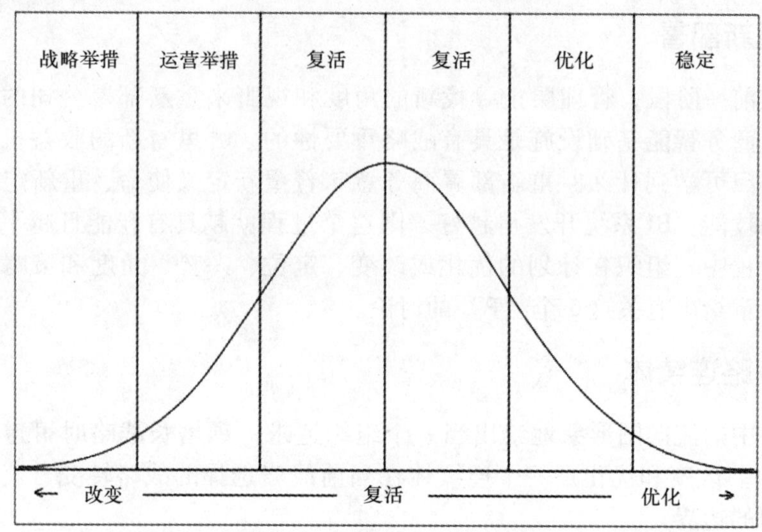

图 2.3　战略连续体和总的方向

2.3.6　商务分析有争议的问题

为检查公司适应改变的态度和 BI 基础设施，这些问题也许会引起一场有趣的辩论：

- 你如今如何实施“如果……那么……（what if）”分析呢？
- 你能够规模推广微小的成本节省法（saver）或微小的收入源吗？
- 你的 BI 基础设施允许随心所欲的和无结构的数据探索吗？如果是这样，则我们正在讨论在线分析（OLAP）、数据挖掘、文本挖掘吗？
- 在你的组织中产生数据的新报告、分析和透彻研究的过程是什么样的？
- 存在将新的数据源添加到 BI 系统的一个规程吗？如果有，那么接受或拒绝变更的准则是什么？
- 假定一个新的前端（front-end）工具可能将以一个较大系数扩展你的现有数据。你倾向于哪个场景：
- ■ 实施新工具的（基本而具有深远意义的）爆炸式引入，替换陈旧的前端工具。
- 测试并寻找足够“成熟的”用户使用新工具，将陈旧的工具留给其他人。

当破冰之时，稍微深入地进行探查。不要在李克特量表上使用一个检查单或询问意见（point），除非你可实施一项公司范围的匿名调查。当你实施时，你将仍然需要访谈，寻找语境和打动人的故事，这为针对变更的态度的文化概图增加亮点。

- 在你的组织中，你认为什么是重要的？
- 清晰的目标和规程；
- 任务导向；
- 每个个体都为其自己的成就负责；
- 在组织中可接受批评和评论；
- 在讨论思路和达成一项结论时，我们期望所有各方都支持讨论的结果；
- 如果用于证明一个观点对组织是有益的，则异议是被允许的；
- 团队工作优先于个体出众；
- 每名工作人员可与高层管理沟通；
- 在同事间存在高度信任；
- 在出现与工作有关的问题情形中，同事间相互支持；
- 变更被看作商务的组成部分；
- 一个良好的气氛比满足如今的目标更重要；
- 满足月目标比工作满意度更重要；
- 我们以顾客为第一要务（确保你有范例，因为每家公司都对这个口号有自己的解释）；
- 企业精神优先于接受命令（acceptance of orders）；
- 工作安全性与低工资结合的方法优先于较高薪水与无工作安全性的结合。

2.4 第三条定律：任何组织都优化两极

多年以前，我为之前有关多数政治家科学本质情感认知的一个问题的科学论断所折服：一个组织的规模是在经济规模和异质性成本之间的优化。无可否认的是，Alesina 和 Spolaore（2003）是为国家层面形成这个论断的，原因是他们工作在政治经济学领域，但当商务公司内部地表现出相同机制时，类似的说法是清晰的，当然在经济和政治领域，商务公司是重要角色。

像 Michael Porter 描述的那样，将这个理论应用到价值链和通用（generic）竞争性战略，你会得到一个非常有趣的和实用的参考框架。但在我们应用之前，让我们列出两个极端的优势和劣势，见表 2.2。当 Michael Porter 撰写他的《竞争性战略（Competitive Strategy）》（1980）时，还没有互联网，90% 的所有美国零售销售都通过传统方式的分销渠道，而其他零售销售通过邮件订单。所以他将他的三种通用竞争性战略表述为三个独立的实体是符合逻辑的。

图 2.4 仍然为我们提供了一个参考框架，例外情况是如今的公司能够以几乎没有代价的情况下在这三个战略间跨越清晰的障碍（crisp barrier），这是由于信息和通信技术（ICT）导致的。ICT 将这个图颠倒了。大批量定制（mass customization）使之在超过 5000 种组合的情况下提供一种轿车型号成为可能。扩展的企业商务模

型使之在拓宽及形成差异化的产品和服务时，比以前的进入成本更低。

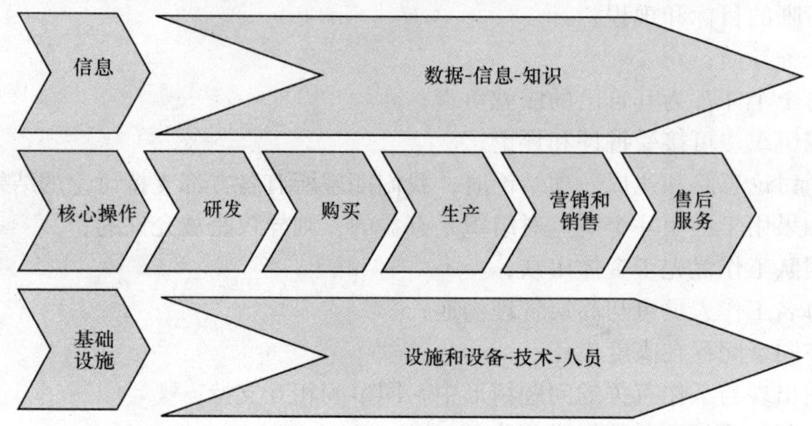

图 2.4　价值链的一个经现代化处理的版本，集成了价值链的信息方面

尽管如此，类型学（typology）仍然是相关的，所以从一名分析人员的观点看，就有必要将这些战略转换为技能和资源以及组织需求（像 Porter 那样），将特定的 ICT 技能添加为这些战略的第三维度。因此，人们不再像 Porter 描述的那样“卡在中间”，而是具有组合三个世界中最佳方面的可能性。Henry Mintzberg（1989，1991）指出，观念学可以是相反战略中的性状位点法（trait d'union）（例如差异化和成本主导）；我们认为 ICT 有利于这种思想黏合剂（ideological binding agent）。

表 2.2　异质性的优点和缺点

规模经济	
优　势	劣　势
成本主导战略的基础	一旦市场成熟，则顾客留给你的是更复杂（解释为：多样化的）产品
为迎面到来的竞争制造进入壁垒	为侧向的（翼侧）竞争和有新技术的新进入者打开可能性，原因是资产到规模经济的承诺（commitment）可以是庞大的
在市场撇脂（skimming）战略中作用巨大	
在逐渐成形的市场中作用巨大	在一个未成熟阶段可诱发一项技术和营销“锁定”（lock-in），当市场成熟时这需要代价高昂的纠正措施
异质性	
多样化竞争和风险分散的基础	分散的资源太弱了
在成熟的市场（其中多样性是作为一个自然演化出现的）中为竞争，制造进入壁垒	为侧向的竞争和有新技术的新进入者打开可能性，原因是资产到规模经济的承诺可以是庞大的
当顾客以多样化产品范围展开时，顾客终生价值增加	固定成本由较小的收益基数所吸收

（续）

异　质　性	
如果相比竞争，绝大多数异质产品或商务单元较好地覆盖它们的细分市场，则这种战略产生高的边际效益	

2.4.1　再论价值链

20世纪80年代由Porter引入的另一个强大的概念是价值链（见图2.4），在一个公司中将增值活动分解，将原材料转换为产品和服务，服务顾客。Porter在主要过程（产生产品和服务）和支持活动（例如人力资源管理（HRM）、财务和设备管理）之间做出区分。越来越多的这两类活动类型正由ICT支持，产生了一种得到控制的感觉。像Henri Saint-Simon、Henri Fayol和Frederick Taylor等有关管理的陈旧理论一样的，陈旧理论证据和控制范型重新进入管理实践。采用作为最终战略财务会计（accounting）系统的均衡打分卡，管理层正重新点燃管理科学的实证主义图像，并产生控制那些不可控方面的虚假感觉。

将这个价值链看做是构造块的组装体，这些构造块不再需要采用中心方式加以管理。将全部过程外包给专业公司，与竞争对手的共包过程（co-sourcing），并将过程推到自服务客户，这些通过ICT都成为可能。

结论：在现代商务环境中规模经济和异质性之间没有分歧，提供ICT基础设施得以有效地实施。世界最著名的例子是Amazon. com，它使用ICT在后台办公室（back office）产生规模经济（支持成本优先的战略），同时在前台办公室使用CRM、较佳目标定位的商务智能和经济地利用甚至市场中的最小可盈利市场来支持差异化战略。对于有短时记忆的人们而言，让我们不要忘记的仅是因为在互联网泡沫过程中由投资者提供的宽松货币（easy money），是Jeff Bezos能够从其错误中得到教训，并在相当长的时间上建立了这个巨大的营销机器。如今在2012年，没有投资者将给他那么多的时间来学习，那么多的钱来烧。

2.4.2　商务分析有争议的问题

2.4.2.1　是什么定义了总体的成本主导战略？

请见表2.3。

表2.3　成本优先的后果

普遍要求的技能和资源	共性组织需求	ICT需求和系统
可持续的资本投入和获得资本	严格的成本控制 频繁详细的控制报告	资产管理支持系统、成本监控和报告

（续）

普遍要求的技能和资源	共性组织需求	ICT 需求和系统
过程工程技能	有结构的组织和职责	技能管理、e-学习、HRM 系统、过程管理支持、ERP
劳力的密集监管	基于满足严格定量目标的激励措施	制造自动化、门禁控制系统和时间登记

当与管理人员讨论战略时，你可从表 2.4 中三种观点中的一个或多个来商讨这个主题。

表 2.4 差异化的后果

普遍要求的技能和资源	共性组织需求	ICT 需求和系统
强大的营销能力 产品工程化 有创造性的才能 强大的基础研究能力	在 R&D、产品开发和营销中各功能间强大的协同能力	客户关系、配置管理 群件、项目管理
质量或技术领先地位的企业声誉	主观的度量和刺激，而不是定量的措施	质量管理、过程管理和 ERP 系统
工业中的悠久传统或从其他商务公司汲取的技能的独特组合	吸引高技能劳动力、科学家或有创造性的人员的福利设施	知识管理
各渠道的强大协作	一种利润共享的文化	合作伙伴关系管理系统

2.4.2.2 是什么定义了差异化？

是什么定义了焦点？

在 Porter（1980）的术语中，是上述策略的组合指向特定的战略目标。对于 ICT 系统，情况相同。这些系统的规模和深度取决于组织的可盈利能力以及组织中系统性过程和结构的水平。后一种准则取决于增长可能性：细分市场有增长潜力或它将保持一个边际细分市场吗？如果细分市场是非常有前景的，则我们将看到较大型的组织将焦点放在这个细分市场，作为步向一个主流市场中一个细分市场领导者或一个大众市场中的一个成本领导者的一个转换阶段。在那种情形中，组织和 ICT 需求将具有差异化组织或成本领导者的特征。

2.5 第四条定律：做力所能及的度量和权衡，除此之外……

除了做力所能及的度量和权衡，不要忘记管理是不可度量的。如在本书前面所述，管理层有合理性的长期存在的来源，其定位在得到最大效率。Eldorado 将这种效率表述为最小可度量成本的最大可度量利益。每个人都知道这个格言“你不能度量的东西，你就不能管理（What you can't measure, you can't manage)”，但我担心，要变成真正成功的管理人员，我们将必须比仅知道这句格言要做得更好一些。企业家成功的历史满是这些人们的故事，他们没有有关 MBA 内行所崇拜理论的线索，但通过持久地学习和调整，他们变得非常成功。我最喜欢的故事之一是 Ben & Jerry 的故事，他们在新泽西（新泽西是美国比较冷的州之一）开始经营他们的第一家冰淇淋店，并在为一家比萨饼联合公司撰写的一项商务计划的 Word 文档中完成以“冰淇淋”替代“比萨饼”的“寻找和替代”书，得到一笔银行贷款。

我了解比较清楚的是 Janssen 制药公司的例子，这是一家由 Paul Janssen 博士的激情、天才和魄力驱动的公司，这种激情、天才和魄力弥漫整个公司。相比任何其他制药公司，该公司不仅在每次试验中发现更有用的分子，而且他们也是早在 1980 年就在中国进行了首批投资，当时没有人看到“沉睡巨人”的巨大潜力。像这些的例子强调了承诺、员工管理、寻找数字背后的事实并在机会在数字中出现之前抓住机会的重要性。

在我为 Robeco（荷兰鹿特丹投资公司，西欧最大的资产管理公司之一）工作时，我遇到 Gerard Wolfs，他是一名分析人员，曾说过“总是寻找数字背后的故事”。Wolfs 所指的是，数字仅是真实的抽象，仅管理这些数字就像通过大声地读出一幅地图上的名字来描述普罗斯旺（法国一地区）一样。所以我的建议是：去普罗斯旺，并使用地图作为记忆辅助。而且，不要总是信任你的地图。

许多心理学试验证实任何管理人员直觉上知道的那些内容：人们将其行为调整适应其平级人员或高级人员所观察到的行为的组成部分。从这点得到一些教训：

- 避免冗余的度量。
  - 例子：一名销售人员花费在每名顾客上的时间。
- 避免不一致的度量。
  - 例子：有效的机器小时数和序列的平均成本。
- 避免准度量
  - 例子：同行评审的结果
- 避免一维度量体系。
  - 例子：仅将焦点放在成本上

确保你的度量传递有关公司任务的正确信息，并给出由雇员所提出问题“其中我关注的是什么?”的一个答案。

2.5.1 试验

在明茨伯格（Henry Mintzberg）所写的“有关‘脏话效率’的一个注解”章节（1989，330-334 页）中，用一次 MBA 课上的一个实验，说明效率是与可度量数据有关的。我将这个试验扩展到 ICT 专业人员的一个不同的目标组。就四个简单问题，他们被询问进行表态：

- 你认为一个高效的餐馆是什么样的?

- 你认为一个高效的房间是什么样的？
- 什么时候你认为你正在高效地工作？
- 用1～7的分值来表示效率，你为你的一般状态打几分？

2.5.1.1 结果

这次实验总共访谈了85名ICT专业人员。80%以上的回答人员以可度量的生产率和产出来定义效率：

它是这样一家餐馆，在订餐之后短时间内就能服务我想要的。

它是这样一个房间，具备我需要的所有功能：吃饭、睡觉、学习。

清楚的是，ICT人员是在客观的数字方面受到过培训的，他们熟悉使用数字来评估像一个房间或一家餐馆的中等复杂的现实。想象一下，将这种简约思路应用到像具有800名雇员、15个部门和至少20个干系人类型的中等规模组织一样复杂的某事物会是什么样子。

几乎没人谈及不太有形的但同样重要的方面，例如感到舒适、自在或温馨。多数ICT专业人员认为他们自己是相当高效的（平均分4.2），并以达到目标来定义效率，以我们的术语说，即当他们的计划得到满足时的情况，而不管在取得这些计划的道路上发生什么情况。

2.5.1.2 结论

商务智能比在一台台式机上呈现整洁的数字含义要广。它还涉及提供现实情境，使数字有意义，而且以强烈的动机倾向于丰富这些数字。这些不可度量的方面，相比反映在这些数字中的直观事实，对公司做出决策的行为具有更强烈的影响。

2.5.2 商务分析有争议的问题

尝试在公司中发现有关商务智能的心态。它是控制论的、辩证的、综合的和探索性方法的一个健康的混合体，还是仅仅锁定在增加战略过程的效率而不是增加其范围呢？其中采用的方法是引入在没有商务智能的情况下，组织从来就没有考虑过的替代方案。

BI架构是对更多控制需求的结果吗？或者它允许创造性的整体思考来增长分子而不是持续地减少分母吗？

来自商务智能系统的结果被用来投入进一步的思考、头脑风暴和探索，而不是给出有关组织的公认的事实吗？

在不确定性情况下，管理层对做出决策的容忍度有多大？

来自BI系统的结果导致形成这样的假设吗？在与组织中各种人员讨论后由管理层确认或拒绝。

系统对新模型的开发或现有模型的改进有贡献吗？

2.5.2.1 一些建议

询问你的被访谈人员，询问他们对管理的定义。如果你得到规划—组织—协调—控制的陈词滥调，则你可归属到一个成功的 BI 项目，但你却远离于一个成功的战略过程。不要忘记检查他或她对效率的观点，这将澄清许多信息。

让我们以阿尔伯特·爱因斯坦的一句伟大的格言结束本节："不是每件重要的事情都可以量化，不是每件可以量化的东西都很重要"。

2.6 第五条定律：总是存在一个主导源

战略可出现在组织的所有角落和部分（仅依赖于其结构），你将不得不寻找其主导来源：

- 战略顶点层，即顶层管理建议、宣传或支配战略，这取决于企业文化和领导方式。
- 功能管理层，即领导部门发起战略过程，其他部门则如法炮制，或（我希望你的组织不在那种状态）在权力竞争中使用暗中破坏去掉一个内部竞争对手。
- 运营层，这一层——在最佳情况下——是正式团体，例如贸易联盟，或非正式团体，领导方向，引入战略问题，并采取新的倡议。

2.6.1 战略顶点层

取决于公司文化，呈现模式可能不同，但结果是同样的：带有细节层次的一个中心式开发的战略，削弱了中层管理的自由解释。像微软这样的公司具有强大的中心式领导制度，甚至给出运作细节。微软的全球顾客数据库物理上存储在美国办公地点。所以，一旦美国东海岸办公地点在早上启动他们的计算机，则在下午时间欧洲办公地点的性能就会下降。

2.6.1.1 探索替代方案和选项

领导层非常关注在组织的当前范围和心态之外寻找未被触及的领域和探索可能性。就一个 BI 基础设施可对探索贡献到什么程度，问题仍然存在。这个过程严重依赖于软信息和彻底的猜测，远远超出 BI 的范围。我们处在知识管理的领域，其中转换隐性的或战术知识的一个重要过程被转变为显性知识。这是当 BI 再次设定其职责的时候。

2.6.2 功能管理层

功能管理层经常是两个部门带路；当他们主导战略过程时，以联合方式（in conjunction）或处在激烈的对立面。在我的经历中，在改变组合方式中主要力量扮演的功能处在三种功能间：

- 营销对财务；
- 财务对运作；

- 运营对营销。

欲了解更多细节，我建议参考 BI 和财务管理（第 8 章）、BI 和运作管理（第 9 章）以及 BI 和营销管理（第 10 章）的内容。

在许多组织中，来自 Lingua Franca 咨询公司的我的同事，我与之一起工作过，说 CEO 主要扮演冲突处理的角色，缓和有理想的管理人员（当他们以他人的代价而优化他们所在部门的产出时）与其同事发生冲突时的影响。我记得的第一种情形，是一家邮购公司的情形，其中营销负责促销。当你临时地改变营销组合元素时，有多种方式提升你的销售：更大胆的广告、礼品、礼券和竞拍等，作为增值项打包销售，和最后但丝毫不减重要性的是，临时降价或面对面促销（TPR），就像在营销行话中所说的。在这家特定的公司，营销部门决定使用哪种促销战术，但由采购部负责产品定价。

结果如何？较好的做法是营销预算最大化 TPR，而不是使用更有创意的促销，原因是这些是以采购部的开支取得的。我记得一名行政人员说："我们都是非常具有利润的部门，但要分担公司的损失"。这可能是一个极端例子（在重组实施之后会得到好转的例子），但存在多种微妙的变形。

2.6.2.1 营销对财务

财务将焦点放在诸如成本会计、平衡簿记、审计轨迹、现金管理、资本预算等有争议的问题。当营销部提出没有涵盖购买市场份额的直接成本的定价战略时，则难以使财务部相信这是可行的方式。为确定谁是正确的，就需要复杂的数据分析。

2.6.2.2 财务对运营

财务和运营部门可能就机器和其他生产资料的投资发生争执（这些机器和生产资料可扩充产能，但也是有风险的，需要承诺，灵活性降低）。所有这些如何与低的单位成本相关并不总是清晰的。之后存在资产管理，这是一项资产的经济方面和技术方面的交集（intersection）。为开发有效的资产管理战略，则维修、运营、财务以及甚至销售数据的集成就是必要的，以便提供决策支持。

2.6.2.3 运营对营销

营销希望得到可能的最高服务水平，但运作不得不将库存水平降低到一个可操作的最佳状态，经常得到财务部的支持，因为他们都遵守"现金为王"格言。为确定营销和运营有效性之间的真实最佳值，需要复杂的数据采集和计算。

2.6.3 运营层

2.6.3.1 自底向上战略形成

在拥有高技能的工人或工匠、学术专家、咨询专家以及高层次知识、技能和经验（外行是不了解的（就像管理人员那样））的其他专业人员的组织中，运营由这些人实施，则战略形成过程也由他们控制。因为这些人员在学习和实施之间有非常短的反馈回路，所以管理层经常不了解正在发生的战略改变，且他们的 BI 系统不能检测和报告这种改变。

BI 可向管理层提供的唯一帮助是在商务的每个方面监测局外人，询问合适的问题。比如这些局外人是否是随机的或者他们是否是与某名股东或利益相关者有关系？我们可重复该事件吗？组织中的任何人知道底层过程吗？这是有关 BI 系统可涉及的内容。其他方面取决于在其与专业人员的交互中管理人员的人际间技巧。管理层的响应是在接受新的战略倡议并创造一个令人鼓舞的环境，或拒绝战略倡议并面临专业人员离开公司追求其梦想的风险之间的简单选择。

荷兰 BSO（Dutch BSO），由 Eckart Wintzen 创立，是一种有机增长管理风格的一个例子，在公司内保持高的潜能，并在这些管理人员的企业自由度和公司方向的共识之间进行平衡。他的思路是保持小型状态时进行增长。Wintzen 不想成为一个大型没有人情味的公司的 CEO，且当他的企业达到 50 名全时制雇员时，他将企业分成每个单元由 25 人组成的两个单元，所以第二个单元的管理人员将知道每名雇员的姓名，并为该团体承担责任。每当一个单元变得太大时，就将之大略地分成两半，所以在不到 10 年时间，Wintzen 就创建了有 10000 名雇员的一家 IT 公司。但当他离开公司时，新的管理层很快放弃单元增长思想，这证明了在战略设想和形成方面，个人领导方式可能是一个重要因素。

从“Eckart 的笔记”（Wintzen，2007）翻译的这段内容形象地说明了他通过单元分裂实现增长的看法：

让我们将所有烦人的理论放在一边：仅当每个人知道期待他做什么和当工作在团队中得以完成时，一家公司才会完美地运作。

对我而言，单词“团队”意味着，每个人都了解他的同事，知道其他人能做什么和不能做什么，并在没有抱怨或牢骚的情况下心甘情愿地完成其同事工作的一部分。所有这些都处在舆论及和谐的精神作用下。那就是方便地安排各单元的原因。家族式商务公司思想。但总体而言也是一个感情问题，你情不得已地自愿在一起。仅当存在适用场合，当你认为一起去喝啤酒（go for a beer together）是一个不错的想法时，那才会起作用。

因此在一个团队内的同事有权决定谁可加入单元，某个适合团队的人才行。除此之外，团队管理层最清楚哪种知识和经验比学位更重要或相反情况（机会很小！）。

由此比较实用的方法是让各公司本地招聘。应聘人将由他们未来的同事（同行访谈）详加考察，且这些同事将评估新雇用的人是否将适合团队。

通过人力资源部招聘的问题是，应聘人可能符合技术/学术“规格”，但同时却不适合团队。

顺便说一下，具有实际经验的一个“计算机迷”会比一名招聘人快 10 倍地判断一名应聘人的经历是不是真实的，或是他读过“在不真正懂得的情况下，如何在 IT 业混日子”这样的书籍，开个玩笑。

我们在其他地方见到过这种情况，就像一次婚姻，你不会由一名人力资源招聘人选择你的伴侣，不是吗？

2.6.3.2　控制反馈回路

在这种环境中，经常使用开车的比喻。商务智能系统为诸如运营、财务和营销（例如）的领域传递清晰的驾驶指令。做这项工作的关键假设是，所有商务规则是显性的和明确的，所有商务过程都有文档，必须执行这些过程的人员都理解其内容。

为实施这个反馈回路，必须度量所有有关变量，并记录日志。它们是否是显式给出的，取决于在商务过程和监管过程的规则中定义的例外等级和数量。最新的时髦术语是商务规则引擎（BRE），它在一个 SOA（面向服务架构）中与 BI 交互（相互作用）。

我们有三种变量：

- 控制变量：依据 4 个控制参数，它们为使过程成功定义准则，例如“做一次到卢森堡的旅行制定行程”：
  - ■ 目的地：卢森堡鲁德沃兹 2 号；
  - ■ 估计时间：从布鲁塞尔驱车两到三小时；
  - ■ 安全参数：遵守交通规则，特别是速度限制；
  - ■ 预算：每公里的标准开销是 1.09 欧元。
- 核心变量。在这个例子中，我们预知五个核心变量将帮助司机做出决策：
  - ■ 要走的公里数；
  - ■ 燃料量；
  - ■ 逝去的时间；
  - ■ 速度；
  - ■ 位置。
- 动作变量：这些定义决策的范围，例如基于对核心变量的观察，达到控制变量所需的动作：
  - ■ 打轮（左，右）；
  - ■ 刹车（刹车力量大小）。
- 加速（加速力量大小）。

清楚的是，商务智能的这幅图景是一幅非常狭义和机械的图景，在 1987 年秋季看到过股票交易所上（利用计算机掌握股市行情的）程序控制交易效果的人，将理解我的意思。尽管如此，这种 BI 应用水平的各项应用是值得仔细研究的。

在营销中可操作 BI 的例子

1）客户重新激活（reactivation）：在 6 个月时间没有订购一项物品的任何客户，接到一封电子邮件，带有特别目标，即针对她的一项销售（offer）。

2）客户潜力：基于客户数据和与类似客户的比较，计算得到客户潜力。

3）定制的赠券：基于客户的购买行为，在去超市之前或之后，他收到赠券。

4）一对一营销：积累的客户数据极大地改进服务以及服务和产品的个性化，由此通过增加客户的转换成本而提高了竞争对手的进入壁垒。

在财务中可操作 BI 的例子

1）信用额度计算：基于客户和会计数据，增加或减少信用额度。

2）自动现金管理：组合处理风险、可用性和利息返还等的历史会计数据、预测、预算和优化算法，系统准备必要的财务转账。

在运作中可操作 BI 的例子（供应链管理和制造）

1）自动库存清单填充：基于考虑到当前使用情况、预测和订货提前期等的算法，自动地发出库存订单。

2）需求预测：从简单的历史数据的平滑平均，到复杂的 BI 变种（可能是来自所有各种来源的海量数据的组合体），包括：

- 消费者信心的指标；
- 温度；
- 日照小时数；
- 不被雇用的数字；
- 代理销售数字；
- 销售流水线；
- 总的市场数据。

这些预测为员工规划、采购等提供输入。

在运营领域，这种类型的 BI 也称作“结构化的决策系统”。这些系统使用规程中的交易数据，规程是围绕清晰的规则完全形式化的和结构化的。库存管理系统、工资系统、发票、仓库管理系统和维修系统是典型的例子。这些系统有数量繁多的运作报告设施，并当事物超出控制时发出告警。诸如迟到交付或机器故障（或即将发生的故障）等事件以清晰的期限报告到关键用户。

2.7 第六条定律：IT 不可或缺

我对 IT（信息技术）的价值感兴趣开始于 20 世纪 80 年代，当时我是一家邮购公司的一名经理。这些人是非常了解 IT 的战略潜力的：顾客分析、锁定目标、研究、促销测试、发票和催帐；在德国的法兰克福的耐卡尔曼邮购公司，来自 Otto、乐都特、3 Suisses、西尔斯、大世界商店（great universal stores）以及其他公司的同事们，一直走在非直接营销人员的前面。来自荷兰耐卡尔曼子公司的 IT 经理成为总经理，不是巧合。20 多年以后，“常规”商务公司赶上了直接营销人员，并开始使用 IT 作为一个战略促进器，且在一些情形中，作为一个战略区分器。

2.7.1 IT 可创建竞争性的优势

"IT 可创建竞争性优势。"没有哪个经理会反驳这个格言，但存在（防止误解的）说明：时机的掌握是至关重要的，且预算要严格地加以管理。许多 IT 怪念头与竞争优势毫不相关，它们用光了可以更有生产力的预算。抱歉没有将其以时髦用语汇总在一起；我希望仍然讨论与厂商有关的术语，但看看你是对以下这些状况有所共鸣：

- ERP 的引入具有巨大前景，但很快变得清楚的是，1.0 版本是带有不兼容过程、没有元数据、弱报告功能以及对用户社团而言的一个陡峭的学习曲线等松散连接的孤岛式应用的大杂烩。
- 对于一项老旧的应用而言，平衡计分卡应用是一个不错的包（package）：与将各 KPI 相关联并揭示它们之间的关系做法不同，这个工具除了使用 Robert S. Kaplan 的图形表示（仍然是四个不相关联的报告）外，一点别的也不做。
- CRM 的引入将使所有销售过程成为透明的，并将得到较好的销售管理、较好的客户保留率和更大的营销有效性。这导致销售力量方面的混乱和客户数据中的混乱。
- 依据埃森哲（Accenture）的一项最新调查（2008），40% 的商务实施人员依赖于他们的直观感觉而不是 BI 做出决策。对 250 多名实施人员的调查是一个报告"采用商务分析进行竞争"的基础，该报告研究各公司为保持竞争能力而对分析的使用和投入。

但还有让我们将焦点放在正面的例子：

- 没有组织还需要以烟囱式方式接受信息，但在将一个快速的和实际的解决方案交付给商务公司，与监管架构标准和技术标准的一个严格章程之间，将总是存在紧张关系。
- 越来越多的应用是从可重用组件组装得到的。与"重新发明轮子"的做法不同，开发人员认识到，速度可能是决定性的成功因素。
- 组织的 IT 观点正从一种基于项目的方法转变为一种基于资产的方法。IT 已经像其他资产一样成为结构性的和普遍存在的，一个组织用之实现其战略。
- IT 离开了象牙塔，并拥抱诸如会计管理和商务调整管理等战略过程，而不是向用户销售一个 IT 解决方案，或更差情况，实施解决方案。

2.7.2 调整运动

我不知道是否可能存在一个官方运动的讨论，但我想使用阿洛·格思里㊀的定

㊀ Arlo Guthrie，美国民谣歌手，美国著名民歌大师伍迪·格思里（Woody Guthrie，1912—1967）之子。《爱丽丝的餐厅》是其代表作。〈译者注〉

义，正如他在自己 1966 年的歌曲《爱丽丝的餐厅（Alice's Restaurant）》中唱的那样：“你是否，是否能想象某天有 50 个人同时走进爱丽丝餐厅；在吧台边歌唱，随后离去，我的朋友？他们也许会认为这是一场什么运动”。我打赌，任何专业人员在其生态系统中都能找到至少 50 个人，他们将调整看作日程上的一个重要的和连续的话题。Henderson 和 Venkatraman（1993）写过一篇开天辟地的文章，后来 Weill 和 Ross（2004）为使 IT 监管形式化做过一个案例。他们认为 IT 监管是董事会和管理层的责任，并描述主要组成：领导权、结构和过程。

我从自己的 BI 实践中所学到的是逐步逼近一个 BI 项目，而不对尽可能快地产生结果的压力屈服，它激励我得出我自己的结论，并为 BI 项目产生一个派生矩阵。

图 2.5 给出了战略/BI 调整的自顶向下版本：C-级管理（包括 CIO），构想一个战略，并定义必要的战略资源（资金、竞争力、资源、伙伴关系和联盟等）。这些都会影响 IT 基础设施，并随之对 BI 基础设施有影响。接下来，BI 基础设施的产出将影响战略构想，并且也会首先影响战略形成过程。

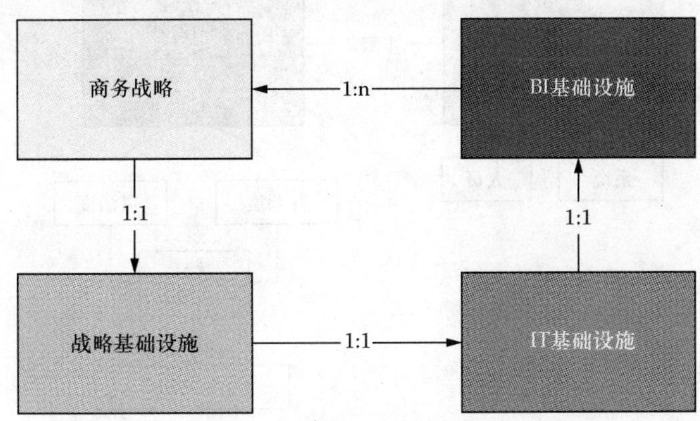

图 2.5　战略 BI 调整路线图

（得到 Henerson 和 Venkatraman 的启发，1993）

不幸的是，无论我多努力地尝试将这个理性的逐步转换过程施加到我为之工作的组织，我的经验都还是有点模糊不清的。在一次讨论会中为 CEO 演讲的一个 BI 工具，可将这个过程转变为工具选择的激烈混战，这使组织无所适从。一家著名的欧洲电信公司用了一年以上的时间测试至少 11 个前端 BI 工具。在版本 4.0 时，发现工具厂商 Z 在课上是最佳的，在版本 5.3 时，工具厂商 Y 胜过了 Z。不用提的是，花费在会议、暗斗、概念证明、软件租赁、机会成本和培训上的资金是足够实现至少两个完全不同的 BI 工具的。这将使至少两个派系满意，并使事物进入组织（在组织内引入新生事物）。

2.7.3　商务分析有争议的问题

“采用战略和投资回报率（Return on Investment，ROI）的方法，启动 BI 项目”

这样一个好的项目章程的重要性不能低估。但一旦项目完成，新的 BI 迭代应该成为日常工作。图 2. 6 给出了商务分析迭代过程的一个高层总图，焦点是 ROI 方面。欲了解更多细节，我们建议参看有关主要商务分析过程的章节。

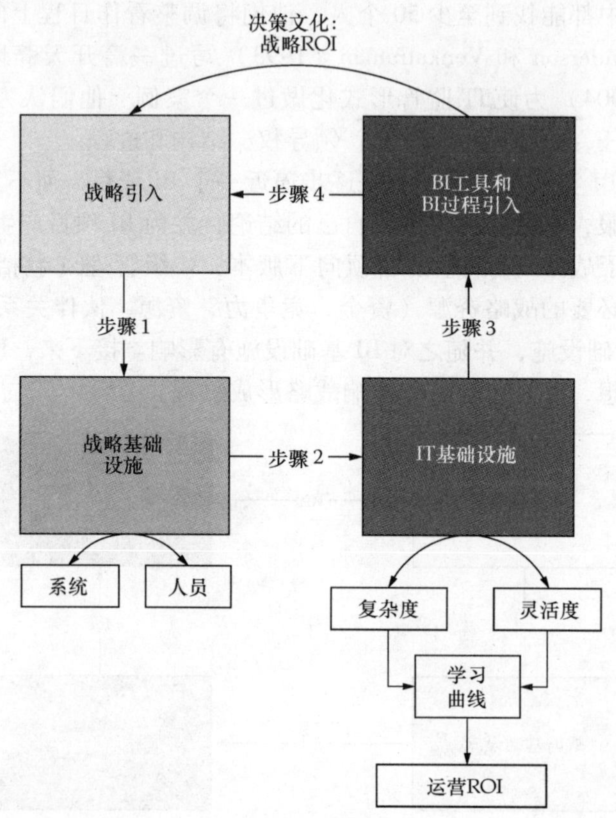

图 2. 6　BI 战略调整的迭代方法

这幅图给出 BI 过程中迭代的方法，焦点是战略和运作 ROI。随着这成为一项日常工作，为确定运作 ROI，分析人员将焦点放在战略基础设施层次的系统和人员方面，同时将焦点放在 IT 基础设施的复杂性和灵活性上。战略 ROI 来自于新的 BI 过程或新的可用信息对战略构想和作为一个整体的决策文化的影响。在那个层次上的主要问题是：“在多大程度上 BI 基础设施支持简明扼要的信息需求和模糊的、整体的概念性探索？”

第3章　平衡战略管理的5个“P”

3.1　引言

战略管理与军事战略有关，就像水果沙拉与一个苹果的关系一样。它有军事战略的要素，但它要远较丰富和微妙。相比军事战略，战略管理要丰富得多和复杂得多。在军事战略中，你战胜或战败，而在商务战略中，所有组合都是可能的：赢-赢，赢-输，或输-输。在军事战略中，它是一方对另一方，虽然联盟随时间而变化，但没有哪个军事战略可处理竞争性协作方的概念，例如7家日本电子公司、法国汤姆逊、飞利浦和时代华纳，他们共同开发用于DVD记录的电子格式以及使用这些格式的技术。

这是经理们喜欢将自己看作部队的总司令的一种概念性懒惰的形式吗？或者它是经理们在5岁时所玩战争游戏的孩童记忆呢？在本章中，我安排了组成商务战略的要素，并就商务智能（BI）对5个“P”的这种复杂相互作用的贡献得出重要结论，这5个“P”是由Henry Mintzberg（1989）定义的，我将它简化为商务智能各方面：

- 计划（Plan）：这是任何战略家所熟知的要素。军事计划，像Von Schlieffen计划，通过一条被认为不可穿越的道路入侵法国，在任何军事学院中都是共性知识。在商务中，计划组合了三个学科方面：描述你当然将实施的未来行动计划，处理某些未来事件的场景，以及描述不确定未来事件和行动的预测。
- 模式（Pattern）：这些与灵敏度有关，用之捕获来自战场的信号，并加以解释，响应的灵活性在军事战略中是相当简单的：处理这些模式是排级指挥官的工作。在商务战略中，它也应该是CEO的工作。
- 定位（Position）：这是描述公司的经济、财务和营销定位的一个概念。这是有关确定你的竞争性优势可持续多长时间的各要素的定位，这些要素包括经济规模、资产负债表和损益表比率、学习曲线、大脑定位（brain positioning）、预期份额（share of mind）、市场份额等。
- 态势（Posture）：这必须处理公司如何看待世界，并确定公司的行动方向和路线。它与企业文化、意识形态有关，且具有其最简单的形式，就是“我们处理周边事物的方式”。
- 策略（Ploys）：这可被看作微型战略（或像法国人所称的战略（*stratagèmes*））

或从“大战略”的短期偏离（diversion），以便欺骗敌对方或适应变化的状况。

既然我们定义了这5个“P”，则让我们考察一下它们是如何相互作用的以及娴熟的经理们如何将这5个P组合到一个大“P”：愿景（Perspective），这个大P会鼓舞整个组织。成功的经理们可将所有有关这些P的有争议问题、思路和分析放入愿景之中，从而组织可理解这幅宏伟蓝图。这可以而且也将给出BI项目的方向，前提是商务分析人员可将这幅宏伟蓝图逆向工程为对5个P有所贡献的BI要素。

3.2 5个“P”及其相互作用

图3.1所示的明细表（schedule）汇总了主要的战略设想和形成要素，以及它们是如何相互作用的。战略设想总是从环境中取得输入的：

- 趋势是什么？
- 我们的（潜在）顾客希望从我们这里得到什么？
- 他们是如何感知我们的增加值的？
- 我们的竞争对手追求的是什么？

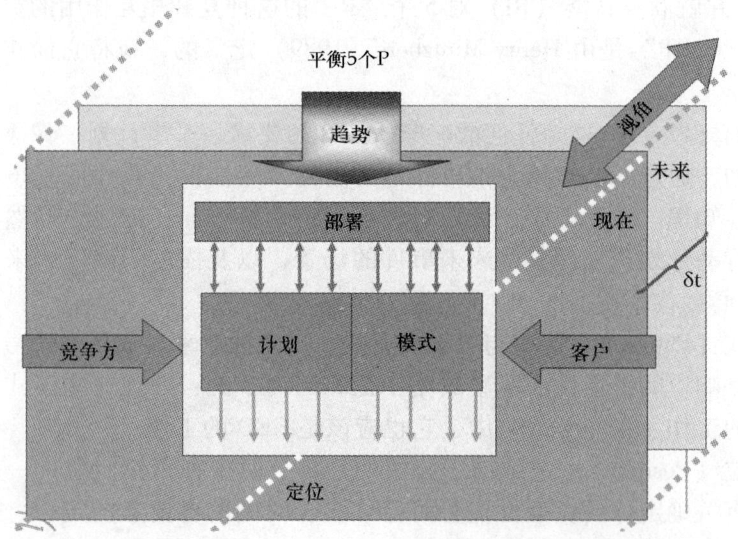

图3.1 5个P间的相互作用

定位得到公司希望对这些输入如何做出反应的陈述，可简单地将这些输入描述为攻击、防御或逃离现场。这得到三个相互作用的“P”：计划、模式和策略。

管理层面对的主要问题是将所有这些放入愿景目标，以一种清晰的、可理解的和可采取行动的方式做到这点，从而为组织提供方向的认知，并为要处理的多数问题产生做出决策的基础。一个组织将自己调整适应变化的愿景目标的速度（δt）确定战略构想、形成和执行的有效性。在所有“P”间加速这个学习回路是一个有效的 BI 系统的核心任务。

为进行一次深入的讨论，我高兴地引用 Peter Senge（1990）有关学习组织的文章。有足够证据可以说，许多成功的战略是在包装一个逐步学习过程（导致成功）的事实之后才成形的。

3.3　管理战略

前一节描述了管理战略的构造块。可是，它们是如何相互作用的？经理能够影响什么？她在何处必须适应状况、忍受事件（发生）或防止事情发生？他如何确保组织应对不可避免的风险？哪些部分仍然是系统性的不可上保险的风险？这些是大问题，且我惭愧地承认，我仅给出了这些问题的部分答案，原因是完整答案将导致完美或更差情况这两种极端：管理是门科学。

在我 30 年的商务经历中，我看到过战略管理的三种方法，这取决于组织的文化和 CEO 的领导风格：线性的、判断性的或交易性的。取决于战略管理风格，BI 系统将其焦点转换到不同方面。

3.3.1　三种战略管理风格

虽然许多 MBA 教授鼓吹线性风格，但我发现没有证据表明这种风格比其他风格得到较好的结果。我观察到的唯一区别性因素是组织准确学习的措施，即，反馈回路和将这种反馈集成到战略形成、构想和实施过程越短，则战略就越成功。

3.3.1.1　线性风格

如图 3.2 所示的经典或线性方法，是通过分析得到的结论，将结论提供给这样的人们，他们应该执行计划和策略，坚守岗位，并定期地向总部（HO）报告。这是我们被教的所有内容：战略作为分析、构想、执行和度量的一个按详尽说明书逐步骤的执行过程。但这个安排仅代表了部分的情况：可定义和执行计划好的或拟设的战略，但如约翰·列侬（John Lennon）所说“生命是在你正在制定其他计划时所发生的情况”，所以度量不能完全地与计划的产生相关。

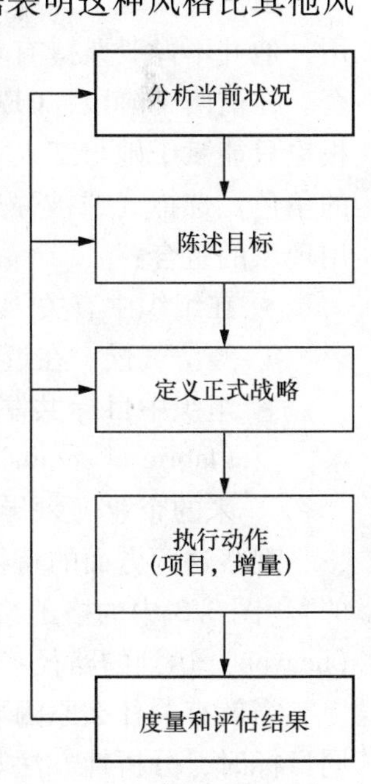

图 3.2　线性战略过程

3.3.1.2　评判性风格

在面临不确定性和不可预测的事件时，唯一可能的方法是判断，难以定义知识、洞察力、顿悟、连贯思考和直觉。直觉？难道这不是女性杂志或深奥讨论组的一个概念吗？不，如果分析是有关分解成显性知识的，则判断就是有关格式塔（Gestalt）式的，基于深度、近代科学出现前的、隐性的知识之上的整体方法。如果分析是纵向思考，那么直觉是横向思考，是模式的无意识组合，以一种未知的和人们所不了解的方式揭示它们与我们的相关性。判断也是处理环境中的悖论、不一致数据和模糊信号的艺术。

3.3.1.3　契约型风格

作为一个战略的交易风格有其优点，因为结果可以是这样的情况，组织中的每个人都介入，且战略过程本身被用来建立战略的愿景、目的和目标的一致性和更好的共享。在不公平地广义化风险下，我对遵守“圩田模型（Polder model）”的荷兰公司的经验，一般而言是正面的。这种圩田模型源于中世纪，当时人们不得不一起工作，以此克服对洪水淹没地面的自然威胁。它是基于建立一致意见的做出决策过程。主要劣势是耗时和耗费精力方面，但其最大优点是组织对方向的较佳共享的认知。一个成功的契约型风格的前提条件是完全的透明性，并将总体利益放在个人利益之前，否则我们将处在政治的中间位置（骑墙派），而不是为开放心胸的开放沟通渠道。

3.3.1.4　结论

这些管理风格的基础是什么呢？它可能是 CEO 的课程。人们可以想象一下，一名工程师倾向于分析型方法，而一名律师也许倾向于一种判断型方法，而一名社会科学家也许倾向于一种契约型风格。

虽然我发现了这些线索的一些确认信息，但我认为我们正赋予 CEO 太多的信用，他并不像股票持有者所认为的那样强大。战略管理是形成、构想和实施的组合。在前两个阶段，CEO 具有最大的影响，但在实施方面，即使最好的执行仪表板也只能赋予她与工人一样的战略控制假象，顾客和竞争对手将完全地扮演他们的角色。选择（或被强迫选择）这些战略管理风格之一的主要原因是两个相互作用现象的组合：

- 在组织中有关因果关系的确定性：因为竞争、我们的服务中的瑕疵、总的经济气候、在近年宣布的一种替代技术等，一名客户离开公司吗？
- 组织中目标共享的水平：我们正在查看一个松散捏合在一起的收购结构（fabric of acquisition）吗？或者我们处在另一个极端，查看一个有机生长起来的企业（领导们来自冲锋陷阵的日子）吗？

观察这两方面的特征，你将能够从真实特征区分出 PR 特征（这当然是分析性的）。图 3.3 中的格子给出四种做出决策的情形。箭头指明管理层希望在管理领域（heavon）达到的路径：分析性计算的决策表明对情况的理性和控制。

当就有关什么原因导致什么结构存在高度确定性且组织中的每个人都共享相同目标时，分析性方法显示出了其价值。当因果性较低，但组织知道它希望到达的目标时，判断法应该是主要的风格。我们经常在好转状况（turnaround situation）

或在企业环境中观察到这种情形。当因果性较低且没有为组织接受的清晰路径时，政治就开始发挥作用，战略管理就成为一场讨价还价的游戏。这是市场研究公司占有一个良好的机会进入一个令人感兴趣市场的地方。当他们提供信息时，讨价还价的游戏就变得更加令人鼓舞，而战略管理风格可能朝判断或计算风格进化，这取决于“令人鼓舞的战略”的结果。

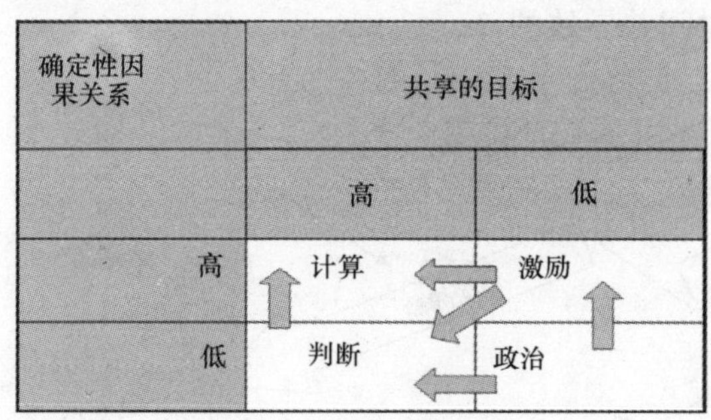

图 3.3 做决策的情况

3.3.2 战略管理风格和计划-模式-策略

在我们解决有争议的问题之前，让我们看看任何战略计划的产出。所有战略构想努力都开始于一张白纸，之后被填满状况分析、目标构想、行动计划和度量。简言之，股东们一般倾向于线性方法，这是因为这种方法是笛卡尔哲学逻辑：它避免歧义，且它赋予组织对方向的一种认知。之后是事实检验：与合作伙伴、分销商和顾客一起，在车间上计划的战略实现到什么程度？每个人都理解任务-愿景-目标的陈述吗？且竞争者和我们预期的那样做出反应吗？

虽然 Michael Porter（1980）对这个问题有一个不错的逻辑框架，但事实上并不总是那种情况。我们也许知道与我们的竞争对手正在沟通什么，且甚至在具有前雇员的内部信息（工业间谍）的情形中，我们仍然不清楚内在动机和意图，就我们的竞争对手有关其自己和业界的假定，我们当然处在黑暗之中。通过依据不充分的数据（例如财务报表）而给出信息，一些竞争对手分析使一个竞争对手为不可预测的。我记得一名客户，他一年又一年地给出告警资产负债表和损益表，但他却能够运作数百万美元实现新的项目，并启动新的产品。许多跨国公司有在资产负债表和现在被普遍称为“网络经济”中没有展示出的财务能力，这些网络可被良好地隐藏，仅在灾难或新的商务机遇的情形中揭示它们的威力。

最后但毫不逊色的是，感情也扮演其角色。丹麦人造奶油市场由具有历史纽带的两家公司所主导。来自其中一家的任何行动都导致来自另一方的即刻和强有力的响应，这并不总经得起经济检验。

你希望从一个商务智能系统中得到的最不想要的事情是产生虚假信息，这会导致错误决策。这带来表方面的一个有关问题：你如何确认和评估系统的战略价值？我们在第6章“商务智能的商务案例”中讨论这个内容。

图3.4形象地说明了这种简单方案的复杂性，其中基于负反馈，拟设的战略在战略控制的环境中发展壮大。这是一个牛顿型的（Newtonian）系统，寻求一个稳态模型的平衡和稳定性。作为战略分析的一个会计系统的平衡计分卡令人惊奇地适合这个生态系统，由此忽略真实性。其主要问题是处理真实和计划之间的分离，这是由这两者间的时间差导致的。

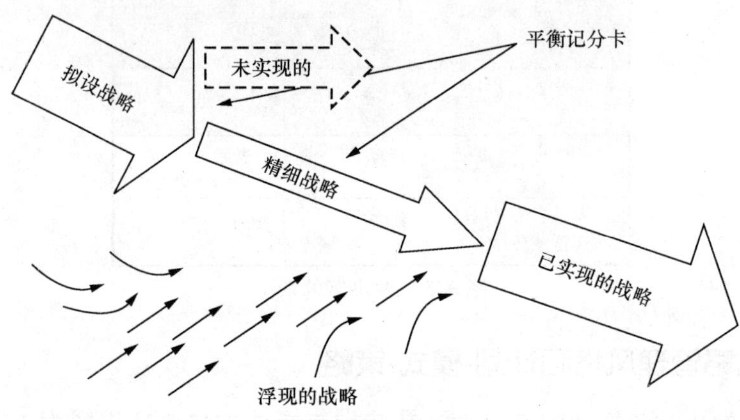

图3.4 两个输入之间的比较

正在成形的战略将焦点放在机会性地发现银弹方面。这些战略在正反馈的一个环境中成长，其中成功的战略经受住了同事们和市场的详细审查。其主要问题是一致性。被实现的战略仅是你想要度量的柏拉图幻想（Platonic image）。度量范围之外的概念将不影响未来战略计划过程，直到它们看来是“不可避免的”，且组织成为这项战略短视的受害者。

3.3.2.1 选择重心

战略构想中的每种管理风格影响引力中心，但因为针对所有方向都讨价还价时，讨价还价风格可导致问题。有时计划者获胜，有时可主导战略过程，而在较少情形中模式专家接管该过程。在这个环境中工作过的任何BI咨询人员将识别如下症状：范围移位、变更请求和大量未完成的任务。表3.1中给出的简单矩阵给出你的BI项目步骤的提示。在下一章我们描述为第一次迭代选择合适的起点，并给出保持项目在正确的道路上前进的一些建议。

表3.1 BI项目步骤的提示

管理风格/优先级	计　划	模　式	部　署
线性的	1.	3.	2.
判断性的	2.	1.	3.
讨价还价性的	1～3	1～3	1～3

第 4 章　调整 BI 适应组织的状况

4.1　引言

明茨伯格（Henry Mintzberg）花费了大量的学术研究时间在组织的研究以及它们如何适应（或没有适应!）环境方面。基于组织的协作机制以及在组织内和组织周边发挥作用的力量（force），他描述了 5 种一致的“理想构型”（Idealtyps）。在现实中，你将遇到混合变形和至多三种类型的组合形。通过指出组织类型的关键部分，明茨伯格就一个商务智能（BI）基础设施将看起来是什么样子（取决于这些状况）也为我们提供了提示信息。我重用一些明茨伯格的体系（scheme），有一点强烈说明：阅读和重读他的书籍和文章，并以你的客户的状态检查他的发现，从而得到明茨伯格真正所说的深入理解。另一种做法是不用心的拘泥于言辞，这会将你的 BI 项目带入歧途。

4.2　明茨伯格的构型

取决于组织驻留在哪些关键部分和何种协作机制占主导地位，明茨伯格于 1989 年描述了 5 种构型和两种（我这样称之）变型：企业型组织、机械型组织、专业型组织、多种经营型组织和创新型组织（见图 4.1）。

我将其看作临时组织形式或变型的有任务型组织和政治型组织。从 BI 的观点看，这两种与商务智能无关；它们关注于证明一个点和任何事物只能做成那个样子。如果任何人对我的假设（即任务型和政治型组织，相比其他组织形式，具有较高的欺诈发生率）进行研究表示关注，我将高兴地随时进行讨论。尽管如此，任何组织类型或多或少地由意识形态捆绑在一起，或由政治搞得四分五裂，但作为一个“理想构型”，这些是简单的，部署我们在盈利组织中需要的那种构型（见表 4.1）。

表 4.1　盈利组织的构型

构　　型	主（Prime）协调机制	组织的关键部分	去中心化的类型
企业型	直接监管	战略顶点	垂直的和水平的
机械型	工作过程的标准化	技术结构	有限的水平型
专业型	技能的标准化	运作核心	水平型去中心化

（续）

构　　型	主（Prime）协调机制	组织的关键部分	去中心化的类型
多种经营型	输出的标准化	中间路线	有限的垂直型去中心化
创新型	双向调整	支持员工	选择的去中心化
任务型	规范的标准化	意识形态	去中心化
政治型	无	无	无

来源：“明茨伯格论管理（Mintzberg on Management）”1989

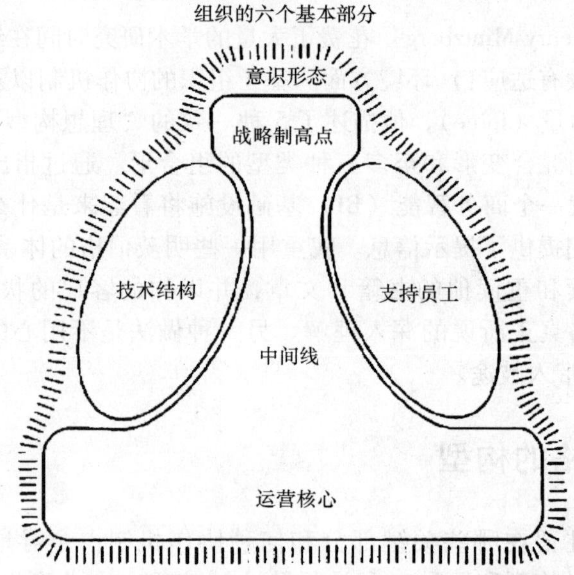

图 4.1　这些是一个组织的关键部分要素：意识形态将组织笼在一起，战略顶点具有强的影响力引导、给出方向，中间线具有分裂削弱和产生小型王国的影响力，运作核心具有专业化、增长其工作能力的影响力，技术结构具有理性化的影响力，而支持员工具有协作的影响力。在图中没有给出但经常都存在的是政治势力，它将组织四分五裂

4.3　明茨伯格就商务智能方面的教训

组织的“理想构型”具有主导的商务案例主题，这来自于他们看待世界的方式和他们应该如何适应——或如一些人所想的控制——环境。企业型组织的领导权对组织的扩展（实现企业家的梦想）具有强烈关注力。BI 应该像企业家提供其战略方向的真实性检查，原因是企业领导人经常不会接受来自其下属们的批评。一个 BI 系统，给出事实，可治愈企业长期游离在理性之外的弊端。Mike Saylor，微战略（Microstrategy）的企业家和奠基人，一家主要的 BI 工具厂商，在其公司的早期日子里曾经说过：“战略就是坚持不懈”。我同意，但当坚持不懈已经转变为

固执（导致失败）时，却需要不错的信息和勇气来做出决定。

机械型组织尝试控制环境，方法是通过对其共同体施加影响，接管供应商、客户，或简单地通过它所控制的巨大体量的人员、资金和产品。在这样一个环境中，商务智能主要是一个稳定的报告环境，大量地喷出（spit out）所有种类的关键性能指标（KPI），当一名中层经理使用他的 PKI 去检查另一个部门时，经常(发现）是不相关的或对其一致性需要进行检验的。在一个机械型组织中，政治总是扮演一个决策的角色，控制是关键词。对多样性经营的组织的所有分部而言，情况是一样的，但如果你向上检查一级的话，就会发现对比较各分部的性能的一致性，存在极大的驱动力。在这些组织中，平衡计分卡方法是非常流行的。

专业型组织将来自其专业人员的密切客户联系与分类（以便将咨询服务渗透到组织）组合起来。商务智能经常以“轻型（lite）”版本出现，特别在政治化的组织中更是如此。但即使在具有强大意识形态拉动的和谐环境中，专业人员也依赖于非常少的商务智能产物，例如计时单分析、技能矩阵、支持相关分析和客户资金使用（share-of-wallet）分析，这里仅列举主要的一些。

对于作为一名 BI 人员而言，创新型组织才是为之工作的真正痛苦。管理层持续地转变其 BI 战略中的焦点。我的建议是，“顺其自然（go with the flow）”并确保你和组织一样多才多艺，当及时性胜过准确性时，做大量快速的和琐碎的工作，学习是商务智能中的关键过程。如果你希望我给它一个名字，你对“探索性商务智能”感到满意吗？

抱歉，没有给出真正的任务型或政治型组织的方向。我的建议是，“尽你所能地离它们远点”。你的 BI 项目的失败几乎是一定的；谁将支付你的账单是非常不确定的。

4.3.1　商务分析有争议的问题

这个问题是如何尝试尽可能快地以何种类型或混合类型建立你正在运作的组织。在组织的所有层面和所有部门或分部中详细研究主要协作机制，因为这些可由于各种原因而发生变化：

- 主要过程；
- 领导权风格（得到决策制定人员的简历）；
- 历史原因，过去运作、定位和策略的时间文化遗留物。

确定组织的关键部分是相当难的。答案并不总是可在数字中找到的，虽然在竞争对手之间的比较可为你提供提示，前提是你可访问这些数据。多数时间，答案在于我所谓的做出决策的根源的微妙之处。在 CEO 做出决策之前，他做什么呢？

- 决策制定者依赖于研究和来自其员工的建议吗？
- 决策制定者特别地考虑到技术结构的优先级吗？
- 他和中层管理有定期的和长时间的会议吗？

- 他亲自处理运作核心（中的问题）吗？

甚至更困难的是确定去中心化类型的任务。你可能不能在短时间内完成。如明茨伯格将去中心化定位为决策制定权利的扩散，或者是通过授权给经理们的垂直扩散，或者是授权给非经理人员的水平扩散，它听起来是简单的，但答案并不总处在组织的正式结构之中。非正式的领导人、建议人和影响人经常扮演一个重要角色，而在一瞥之下是难以检测到他们的。你需要作为一名组织的跟踪人，通过找到这些问题的答案，定位决策制定权力的扩散源：

- 就新的开发方面，谁最先得到通知？
- 谁是你所谓的“要更多细节的”人？

第5章　理解4个“C”

5.1　引言

如果你简化商务智能——你知道咨询人员只是喜欢这样做而已——那么所有这些都可归为4个主题领域或方面之动态性中的知识和深邃认识，即4个“C”：

- 成本（Cost）；
- 客户（Customers）；
- 竞争对手（Competitors）；
- 竞争力（Competencies）。

成本是一个数据仓库的一个重要方面：它可在长的时间段上加以跟踪，说明固定成本如何随着时间变为可变成本，反之亦然，证明趋势线可帮助你进行你的长期计划。成本是最具渗透力的，且同时是最容易度量的方面。

客户方面可能是最重要的，但要得到做出决策的完整图像，是难得多的，因为当你捕获所谓的“行为的部分外部化”时，你仅可度量二阶或甚至三阶导数，这种行为的部分外部化是意图、感情等的一种外部化等。你理解这种想法了，是吗？一种重要的外部化当然是收入。

为什么不使之就我们自己认为更难一些的BI系统中的竞争性行为，尝试捕获呢？你的客户关系管理（CRM）源可跟踪销售机遇的赢-输分析，但针对竞争对手的主要来源是聚合数据，例如市场份额概述、价格比较、产品功能比较、收益表、资产负债表和其他可能伤害你所在组织的模糊的指标。但忽略这些数据的做法，相比努力在你的“雷达”上捕捉它们的“尖脉冲”，可能证明是更加灾难性的。检查你是否有足够详细的数据可用于在较长时间段上的自动载入，即你的CRM系统中的赢-输分析，你的人力资源管理（HRM）系统中来自新雇员的输入流（inflow）和诸如会计数据和部门数据等的公开数据。如果情形不是这样的，则竞争性分析将保持周期性研究的特征，而不是可用的商务智能报告和分析。

竞争力是一个甚至更加广泛的概念，存在于你的所有过程、人员和系统之中。你的HRM系统可管理一个竞争力矩阵，与评估系统联系在一起的个人发展计划，在评估系统中，企业目标可以通用术语和可度量的性能指标加以陈述。

你是否将这4个“C”作为其他主题领域的各方面或其自己就作为主题领域，这取决于你的组织的复杂性。一个主题领域是组织内的一个商务过程、一组类似商务过程或一项功能，例如：

- 成本会计，将焦点放在基于活动的成本核算（Activity Based Costing，ABC又称作业成本法）上；
- 财务管理；
- 运作；
- 营销；
- 人力资源管理；
- 研究与开发；
- 法律方面。

在后面各章，出于清晰描述的目的，我们使用功能方法。每个组织都有这些功能方面的每个方面的一些踪迹（trait），这些方面可被看作一个通用的主题领域。商务过程方法将蕴涵着一定程度的细节和许多变化，这超出了本书的范围。实施一个商务过程分析的一名水平不错的商务分析人员，将能够映射这些过程的功能方面，并做出切换。在所有分析踪迹线中将这4个“C”作为位置保留符（独立于组织的变化），原因是这些是市场中任何组织之行为的基础驱动要素（fundamental driver）。确保你就它们尽可能地得到足够的信息，即使当前需求没有将焦点放在这4个“C”的某些目标或特征上。

5.2 将4个“C”方面应用到功能上

当将4个“C”应用到主题域时，主要问题是什么呢？表5.1列出了它们。当然，优先级取决于组织的状况。这种体系的附加值是简单的：恰在分析的开始时，它强迫分析人员产生清晰的定义、术语和度量，原因是这个矩阵从开始就给出了这些内容，存在比满足观察需要更多的东西。假定分析开始于质量主题域的成本上。那么你最好定义模糊的概念，例如“质量”和“成本”。你甚至希望在可度量的和不可度量的成本与质量间做出区别，原因是后者对决策制定而言是同样重要的或更重要的。

表5.1 可应用的过程、活动、分析和4个“C”的概述

	成 本	客 户	竞争对手	竞 争 力
成本会计	收集成本数据；以一种有意义的方式分配成本	每客户的基于活动的成本核算；寿命期价值管理	目标成本核算；竞争性分析	质量成本
财务管理	风险分析	客户寿命期价值管理	相对的财务力量分析	不适用
运作	资产管理；每产品/服务的基于活动的成本核算	客户自服务分析；定制化分析	工业效率基准	质量成本；SPC；ISO

（续）

	成　本	客　户	竞争对手	竞争力
营销	寿命期价值管理；每订单的目标成本；营销信息价值	篮式（Basket）分析；客户分析；市场渗透分析	市场渗透分析；竞争性分析	客户满意度分析
HRM	人类资本；雇员寿命期价值管理		雇员流动分析	技能分析
研究与开发	产品生命周期成本	共工程化（co-engineering）分析	专利研究	技能分析

5.3　4 个“C”：平衡计分卡的基础

我认为读者知道平衡计分卡的概念。从技术方面来说，它是一种商务智能方法，其中使用至少两种反馈机制，数据被聚集在四个方面（市场表现；学习、创新和增长表现；财务表现；和运作表现）的各层次上：各方面之间的机制（即在计分卡中建模的关键性能指标（KPI）的原因-效果假定）和平衡计分卡的用户之间的机制：对报告做出评述，并交换知识和思想。

在你开始建立一个平衡计分卡之前，为使你的分析系统化，要分析 4 个“C”。图 5.1 中的安排形象地说明平衡计分卡的基础和构造之间的关系。

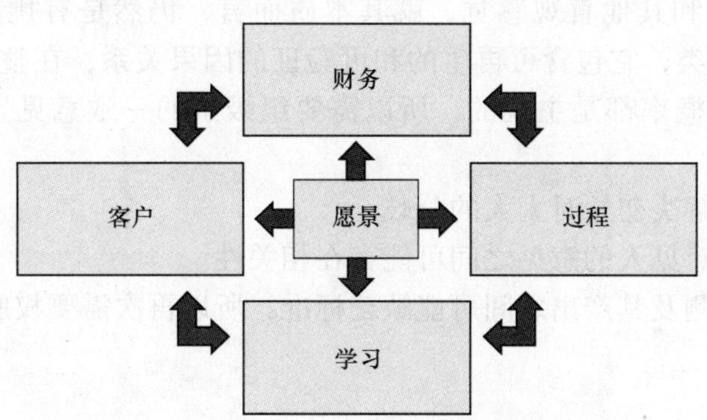

图 5.1　Kapan 和 Norton 平衡计分卡的框图表示

在你向这个骨架添加血肉并确保各相互联系的方面产生有用的信息之前，你需要画出这 4 个 C，如图 5.2 所示，其中从分析观点看，每个方面至少被连接到两个“根源”。并不是每个组织都需要一个具有所有特征的平衡计分卡。这个中间层提供步向平衡计分卡的一个方法论步骤，并保护客户在商务分析中的投入，他应该在一个后面的阶段需要开发计分卡或构想新的需求。

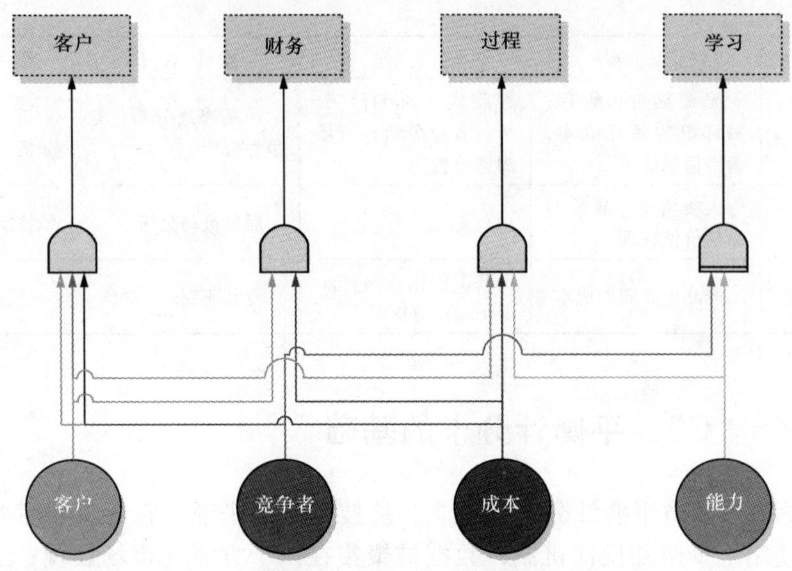

图 5.2 4 个 C 分析如何为平衡计分卡提供输入

5.3.1 商务分析有争议的问题

无论你的分析范围有多狭窄，你一定不要略去这个探索阶段，以便得到组织成功（或失败）背后的基础驱动力量。确保因果关系被清晰地分成两类：探索类（包含假设、预感和其他直观感觉，就其本质而言，仍然是有挑战的）和合理类（通常是较小的一类，它包含可再生的和可验证的因果关系，在整个计划周期中是有活力的）。所有概率都是主观的，所以需要组级别的一致意见。小心如下现象，它们可导致偏见：

- 通过权威解决初始时太大的分歧。
- 在各种提意见人的意见之间可能存在相关性。
- 在各种预测及其产出之间可能缺乏标准，所以再次需要权威介入。

第6章　商务智能的商务案例

6.1　引言

Thomas Davenport（2006）在其文章“分析前瞻方面的竞争”中，描绘了了解分析型组织的一幅图景：

组织正在分析前瞻方面展开竞争，不仅因为它们能够——如今商务公司为数据所淹没并成为数据咀嚼机——而且因为它们应该这样做。在当处在多种业界的公司提供类似产品并使用相当的技术之时，商务过程处在最后的区分点间。分析竞争对手从这些过程中榨取每滴剩余价值。所以，像其他公司一样，他们知道他们的客户需要什么样的产品，但他们也知道那些客户将支付什么样的价格，在一生中每人将购买多少物品，以及什么样的触发因素将使人们购买更多。像其他公司一样，他们知道补偿成本和流失（turnover）率，但他们也计算有多少人员对底线的贡献或减损（detract），以及有多少薪水水平与个人的表现相关。像其他公司一样，他们知道何时库存处于低水平，但他们也可预测需求和供应链的问题，以便取得低的库存率和高的完成订单率（rate of perfect order）。

分析竞争对手以一种协同的方式完成所有那些事情，作为一项支配战略的组成部分，该战略由顶层领导倡导，并向下推到（push down）每一层次的决策制定者。雇员因为他们在数值方面的专家知识或被培训可识别他们的重要性而被雇用，他们被装备最佳证据和最好的定量工具。结果，他们做出最佳决策：大决策和小决策，每天，一直就这样。

我们作为一名商务分析人员的工作是在他们步向 Davenport（2006）分析英烈祠（analytical Valhalla）的道路上支持他们。但首先，我们不得不以比理想商务智能（BI）用户的一个简单描述要多的东西才能使 CEO 确信；我们也不得不给出附加值的具体的可验证估计或计算，Davenport 对附加值进行了有说服力的描述。

我们已经讨论了广义商务智能的战略管理方面。这应该为你提供了 CEO 实施一个 BI 项目的成本合理性判断的足够的背景知识。在本章中，我们讨论信息经济学（Information Economics，IE）方法和一些替代方法，这是在我们的实践中开发的。我们以一个真实的商务案例形象地说明这种机制。

6.2 信息经济学基础

信息经济学（IE）是微观经济学理论的组成部分，在20世纪60年代后期，当计算机成为大型组织中信息管理的常见技术时，它也解决与信息技术经济学有关的问题。

最初，信息经济学被用来确定管理会计系统中投资的合理性，但通过扩展，IE现在正用于任何投资，为有利于投资者而增强信息的不对称性。信息被看作一项经济学产品（正像有关内部交易的定律所清晰说明的那样），降低做出决策中所涉及的风险。信息有一个价值，是以提供它的一个成本得到的。为确定信息的价值，我们需要评估如下方面：

1）商务环境。

2）选项、决策及其可能产出的概述。

3）每项产出的似然率，作为可能的自然状态的一个函数。

4）BI系统[⊖]如何报告自然的状态并模拟输出，取决于系统捕获信号（有关自然可能状态的信息）的能力和每个信号发生的条件概率（作为环境的每种可能状态的结果）。

5）如果所有方面都规程化了（charted），则一个报酬矩阵就可结束评估。

这些评估没有烹饪书食谱那么详细。因此，我们将希望通过一个金融机构的成本合理性的一个真实生活案例来形象地说明它们。

6.3 采用一个商务案例形象地说明IE

一个主要的金融机构在一个技术层次采用商务智能进行试验：工具选择和概念证明。一旦这些得以完成，他们不会准确地知道下一步可能是什么，他们要求建议。中心问题是“商务智能如何进一步推进组织发展和我们也能够将这点量化，从而IT员工可要求一项预算？”这个组织的使命声明给予我们极大鼓舞：

（…）且那就恰是我们公司的情况：一个概念。它是一种思想，加之是将人们笼在一起的一种思想。没有具体的基础，下面没有建筑物，它不是来自机器（…）。我们公司日复一日所实现的，是由来自公司的人员及其关系之间的相互作用确定的（…）。

因为如果我们没有确保我们所有的人对那个概念有相同的理解，则它将不再

⊖ 在处理BI的多个人类方面的一部书中，这也许是有点肤浅的阐述，但仅需确保：一个BI系统是——像所有信息系统一样——技术和人员的一种组合体。这意味着BI系统的性能不仅是技术人员的职责；用户和经理们也扮演同等重要的角色。〈原书注〉

正常运转。

这项使命声明为成本合理性研究提供了方向：对公司及其客户之间关系的较好理解，将增加它的盈利能力。如何做到这点呢？那就是要仔细研究的。

我们检查战略目标、通用战略以及用来追求这些目标的方法和过程，并计算商务智能对这些过程的附加值。我们将焦点放在这家财务资产管理公司的吸引力、发展和客户保留率，以及有关过程方面：

1）定性描述前景；

2）理解客户行为；

3）管理与客户的关系；

4）面向客户的产品开发和服务交付；

5）管理服务质量；

6）管理并超出客户的预期；

7）管理和利用客户满意度；

8）维护客户和组织的学习经验；

9）将上一条转换为一项增强的竞争地位。

这对组织和技术而言，都是相当有挑战的。在与来自营销、客户服务、投资组合管理、产品开发和总管理部的几名人员访谈之后，我们达成5个重要的战略结论，这可证明对组织的一项商务智能系统的投资是合理的。

6.3.1　从一个过程到一种营销文化

在我们的使命实施之时，演化就在进行；后台办公室和前台办公室之间的经典墙壁（在财务世界中一直就是这样的（modus vivendi，生活方式））正在倒塌，但典型的后台办公室活动，例如收发室、主文件管理、金融突变（financial mutation)、内部控制、归档、管理和信息采办被认为是要被解除到商务单位的成本中心，这是各种类型资产管理分部：保释金、储蓄、股票、期货和期权、财产等。公司使用6 条不同的分销渠道和管理报告，管理报告由每分销渠道的投资组合状况和每条渠道/投资组合的现金流报表组成。

6.3.1.1　第一个结论：报告运作状况方面的节省

这些月报表对于三种全职雇员（Full Time Employee，FTE）是巨大的时间消费，他们可容易地节省完成更智能工作时间的40%～70%，这是就数据被分析之前收集、清洗、确认、聚集和呈现数据所用时间而言的。我们将这些数字的量化工作留给客户，出于这样的简单原因，即使一名咨询人员从一个薪金成本中计算一个百分比是没有多少附加值的。

6.3.1.2　第二个结论：通过较好的客户分析降低振荡（churn）

每分销渠道现金流的当前报告就客户获取开发和保持经济状况没有给出什么深邃见解。当前的振荡百分比是3.5%，但公司中没有人知道这个百分比意味着谁、什么、哪里和如何等信息。通过对客户基数“求平均（de-averaging）”，公司可将焦点放在至关重要的客户组上面。表6.1标明，采用一个BI系统，如果我们深入研究有1000名客户的基金A，则我们得到如表6.2所示的分析信息。

表6.1 可自动产生的相关高层次客户信息

组	现有客户	收购目标	收购成本/欧元	开发成本/欧元	保留率%	每客户收入/(欧元/年)
基金A（高收入）	1000	150	850	50	96.05	1500
基金B（中等收入）	350000	45000	100	25	97	500

表6.2 基金A

基金A：细分市场（%）	总市场	1	2	3	4	5	6
细分市场	100	12	16.1	7	23.8	19.4	21.7
利润	100	6.2	12.4	19.1	22.8	13.5	26
振荡	3.95	0.1	0.9	5.9	2.3	2.1	3.8
每人的利润	1.00	0.51	0.77	2.73	0.96	0.70	1.20

由表6.2清楚地看出，细分市场3和细分市场6将得到客户服务人员的特别关注，他们也许甚至详细检查并将这些数字分析到个体客户层次，其中考虑每客户的年收入。对这两个资产管理基金的手工和艰苦的研究，得到如下假设：我们可将基金A的寿命期价值（Lifetime Value，LTV）从6.250欧元增加到6.374欧元，将基金B的寿命期价值，我们将之从2.217欧元提升到2.258欧元。LTV计算使用如下假设：

- 第一年的收益=第二年的50%。
- 每客户成本随时间保持不变。
- 15%的折现率用来计算未来收益流的当前净值，这反映了高的风险水平（在计算时通胀率为+11%）。
- 时间期限是10年。
- 振荡率给定为3.95%，并可降低到3.08%。

对于高收入基金A的客户基数为1000，中等收入基金B的客户基数为35000上，在10年间总收益为14327793欧元，见表6.3。该表基于高的保留率（96.05%），但也基于高的折现系数（表示风险），得到每名新客户6250欧元的LTV。通过将振荡率从3.95%降低到3.08%，对于高收入基金，该公司将LTV增加到6374欧元每客户。

表 6.3　对于 1000 名高收入客户的 LTV 计算结果

注：在第一年中的收益			650 欧元		1500 收入—850 获取成本	
发展和保留成本				50 欧元		
在后续各年中的收益				1500 欧元		
年份		总客户数	保留率（%）	总收益/欧元	可变成本/欧元	贡献/欧元	在 15% 处的净现值（NPV）

年份		总客户数	保留率（%）	总收益/欧元	可变成本/欧元	贡献/欧元	在 15% 处的净现值（NPV）
1998		100	94.00	650,000.00	50,000.00	600,000.00	600,000.00
1999		940	94.46	1,410,000.00	47,000.00	1,363,000.00	1,185,217.39
2000		888	94.91	1,331,818.04	44,393.93	1,287,424.10	973,477.58
2001		843	95.37	1,264,033.29	42,134.44	1,221,898.85	803,418.33
2002		804	95.82	1,205,452.18	40,181.74	1,165,270.44	666,247.15
2003		770	96.28	1,155,072.96	38,502.43	1,116,570.52	555,132.89
2004		741	96.73	1,112,056.88	37,068.56	1,074,988.32	464,747.12
2005		717	97.19	1,075,704.63	35,856.82	1,039,847.81	390,917.31
2006		697	97.64	1,045,437.10	34,847.90	1,010,589.20	330,363.40
2007		681	98.10	1,020,779.84	34,025.99	986,753.85	280,497.03
分段的税收增加	0.455		96.05			10,866,343.09 欧元	6,250,018.20 欧元

6.3.1.3　第三个结论：较佳的前景定性描述

这是 IE 方法将其角色发挥到淋漓尽致的地方。如果一名主顾试图影响一名基金经理（或相反情况），该基金经理如何知道这名主顾的客户潜力呢？他会查看她开的汽车吗？我知道这样的人，他们开超级跑车，但住在毫无奢华的租赁公寓。他会查看主顾的房间大小吗？也许户主有一项致命的抵押。他会查看年收入吗？就没有收入的一项财富的继承人情况如何？或者一名高收入挣钱人，要支付三次离异的费用，情况如何呢？明显的是，正确的主顾定性描述可提供公司的收入。

表 6.4 表示与自然状态组合的一项给定战略的支付矩阵：一名高收入的主顾，得到高收入或中等收入处理，或一名中等收入主顾得到高收入或中等收入处理。存在四种可能的组合，每种组合有其自己的支付情况。

表 6.4　一名新客户第一年收入的支付矩阵

战　　略	高收入主顾（HIP；欧元）	中等收入主顾（MIP；欧元）
基金 A：高收入处理法（HIT）	1，500	–（250）
基金 B：中等收入处理法（MIT）	200	500

如果管理层选择 MAXIMIN 准则，则对于所有主顾，将选择中等收入处理法，原因是在他们的现有客户间，大约有 350 多倍，而在主顾目标中预计仍然有 300 多

倍，这当然是基于人口学数据和分析得到的。

但正如你可想象到的，将存在中等收入主顾（MIP）假装成高收入主顾（HIP）和财务咨询人员尝试为他们的关系提供可能的最佳方位，极可能出现这种情况，即主顾仅是尝试最大化她的金钱价值，而公司则一直等待不会到来的巨额资金转账。所以，这个商务案例是清楚的：为确保两种战略的预期产出是一样的，HIP 和 MIP 的概率是多少？换句话说，$P_{(HIP)}$是多少？$(1-P)_{(HIP)}$或$P_{(MIP)}$是多少？

如果我们使用来自支付矩阵的数据来求解方程，则结果是更加具有警示性的：

$$P(1{,}500)+[(1-P)(-250)]=P(200)+[(1-P)(500)]$$

$$1，750P-250=-300P+500$$

$$2，050P=750$$

$P_{(HIP)}=0.3658$，但在现实中是 0.0028！

$P_{(MIP)}=0.6342$，但在现实中是 0.9972！

现在我们可计算由一个 BI 系统所交付信息的预期资金价值（Expected Monetary Value，EMV），以便提高主顾的合格率，并将正确的处理法（HIT/MIT）应用到合格的主顾：

$$EMV_{(HIT)}=(0.0028)1.500+(0.9972)(-250)=-245.1$$

$$EMV_{(MIT)}=(0.0028)200+(0.9972)500=499.16$$

$$EVPI=(0.0028)1500+(0.9972)500=502.80$$

这意味着用于主顾合格率的一个 BI 系统的附加值是 502.8 欧元减去 499.16 欧元，即在一年期内每主顾为 3.64 欧元。对于 45，150 的主顾目标值，存在一个额外的收入红利 45，150 乘以 3.64 欧元，即总计 164，346 欧元，对于这个问题，这要多少优于一种 MAXIMIN 方法。

但还有更多内容。你可扩展这个方程，方法是计算在两种情形中一名客户的终身价值：在正确或不正确主顾资格的基础上进行处理。使用相同的方法论，你可采用 MIP 处理法来计算一个 HIP 的 LTV，并采用 HIP 处理法来计算一个 MIP 的 LTV。我们发现，对于 HIP，LTV 从 6，374 欧元减少到 5，974 欧元，对于 MIP，LTV 从 2，256 欧元减少到 1，633 欧元。

想象一下（我们比这做得还多），详细研究在 10 年多的时间数千名客户的收益情况，这些人是公司每年都要处理的，其中 5% 的我所谓“膨胀型主顾”的人们喜欢伪装他们是高收入段人群，希望得到 VIP 对待；这些恐怖行为客户的成本是多少？记住，我们将遇到 0.28% 的高收入主顾，而不是 5%。所以下面就是计算过程（math）：

$[(5\%-0.28\%)\times 45{,}150\times(2{,}256-1{,}663)]=1{,}131\times 623$ 欧元 $=1{,}327{,}662.84$ 欧元

在一年中就节省一百万欧元以上，这仅仅是通过较好的主顾资格判定？就对 BI 进行一项投资，这是远远足够说明问题的了。

6.4 商务智能的通用优势

虽然我不热衷 BI 分析的检查单，但这里是某种形式的一个检查单，具有我将之定义为优势的内容，任何 BI 项目都应有这些优势。且相反情况也成立：任何 BI 项目缺失这些优势中的一项或多项的话，则是没有良好管理的，或你的组织已经有正在使用的一个 BI 系统，而你对此不了解。

6.4.1 改进的通信有效性

建立一个 BI 系统，其实施将进一步促进信息和通信技术（ICT）与用户共同体之间的协作，因为双方都将不得不思考他们的数据战略。最小结果之一是改进的报告质量，这也对组织中较好的沟通有所贡献。在用户共同体中的数据战略与处理主数据管理是有很大关系的，这是“在开始时就将事情做对”规则的一种简单应用。无论我们正在讨论产品数据、客户数据、雇员数据，还是讨论在各过程和部门中使用的任何其他集合，主数据管理都正在成为 BI 中的一个仍然存在的问题。甚至最微小的改进都将得到更好的客户服务和成本降低。

6.4.2 改进的数据质量

真实的一种说法是基于数据仓库的一个商务智能系统的最大前景。其维度中的多个维度都包含描述实体的交易型数据，这些实体如客户、部件和产品。标准化数据定义的一些例子有：

- 常用工程模型；
- 产品数据模型；
- 客户数据模型；
- 企业数据模型。

这些可被合并到一个企业信息库（repository），以便增强内部沟通，并在一个组织的战略思考中提供一个方向。在“通用商务对象定义”一节，我们设计出客户定义的一个例子。

6.4.2.1 常用工程模型

在根据订单（engineer-to-order）或按单定制（build-to-order）生产轮转的一个生产环境中，存在场景的工程模型。这种方法，它基于层次化的分解和标准化的界面，提供了一种灵活的基于部件的系统、子系统和部件的表示。它支持新模型以程序化或可视化方式组合，以便形成更复杂的模型。常用工程模型支持模型的层次结构的集成，在不同抽象层次上表示系统。一个特定模型的选择基于许多准则，包括所需要的细节层次、部件或子系统的目标、可用知识和给定资源。在多数生产组织中，可使用这些模型，因为简单而言，忽略这点的成本是过高的。

6.4.2.2 产品数据模型

在一个按单装配（assemble-to-order）环境中，产品和部件目录是实体之规范化定义和描述的来源。同样地，主数据管理的商务案例是明显的。在一个商业组织中，并不总是这样的，其中管理层关注的是尽可能快地将商品移出库存，并将主数据管理看作“多少有点神奇的IT装饰”（some fancy IT frill），这是一名客户曾经告诉我的。但同样，商业组织也有不错的产品数据源。如果该组织在做电子商务（e-commerce），那么他们也许正在从一个良好基层上起步。如果没有中心式管理的产品数据传统，则BI过程将迫使组织采用这种方式。

6.4.2.3 客户数据模型

要求特别关注这些非常容易散失的实体。从我的邮购订单经历中，我看到过每年高达25%的变化，这取决于细分市场的情况。在消费者细分市场，人们迁移、结婚、离婚或改变他们的名字（甚至他们的性别也不再是一个静态的数据类型）。在商务细分市场，人们改变职能、部门、商务单位或更换公司，且经常的情况是，在他们离开之后的很长时间之后，由其他人阅读并处理他们的邮件，所以你甚至不知道你正在给错误的人写信。

而且不仅仅是准确性问题，还有其他问题。谁拥有客户数据？警惕政治伎俩。对于不同用户，客户数据的不同观点或视点是什么？咨询隐私问题方面的一名专家，确保你不会引起一场官司。每个登记属性的成本和益处是什么？这些属性是非交易型数据，它们必须通过调查，与客户对话，进行收集，或外部数据库，并可能要求大量精力和成本才能以最新状态捕获和维持。采用一个良好的商务智能系统，你可得到这些数据真正价值的更多深邃理解。差异分析、部分相关分析和其他方法，可就这些属性的价值，为你提供有价值的信息。

6.4.3 可用数据的较好理解

一旦BI系统处于使用状态，统计信息将指明数据使用强度，并将就哪些数据值得存储给出方向。它也将为数据捕获战略指明新的方向。接下来，这将得到一方面的节省，另一方面会得到较好质量的信息。

6.4.4 数据的智能抽取和交换

数据的智能抽取和交换，所传达的含义是“建立一次；使用多次”。容忍时间、金钱和资源消耗专门研究和专门质询（ad hoc query），BI系统将涵盖这些商务问题，从日常例程到高度专门化的和无结构的发现路径，所以在没有额外数据收集成本情况下，他们可被一遍遍地查询。在BI系统发挥作用的情况下，学习曲线将有利于用户。图6.1形象地给出一个BI系统如何就管理数据方面（独立于数据量）节省资金的匿名的但真实的例子。随着BI系统开发和捕获更多的数据属性，累积的节省会增加，甚至在6个月之后就到达转折点。关键因素是处理和存储之属性的数量。例子给出在 500 个捕获属性基础上的一项计算，它代表恰在多数组织当前标准下的数据复杂度水平。曲线给出在 6 个月之后的一个损益平衡点，此时 BI 系统使用一个良构的环境进行存储、检索和分析。当然这项计算是组织相关的。

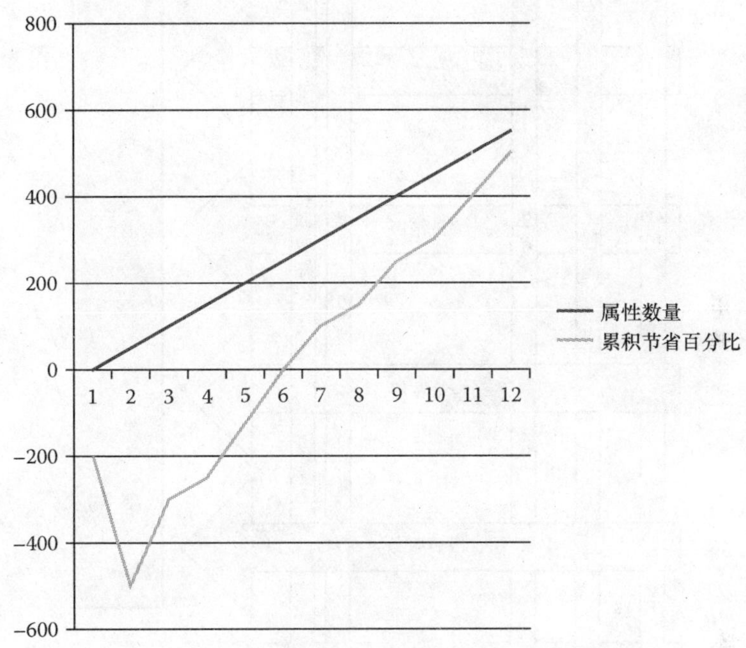

图 6.1　在仅有 12 个月的时段上的（成本）节省

6.4.5　商务过程的更好理解

我承认，这可能不能应用到所有组织，但在许多工业组织中，在销售过程和生产过程之间存在一个明显的脱节，其中生产仅偶然地要面对客户维度。另一个脱节经常发现于销售部门与生产部门，以及售后部门的成本会计之间。BI 促进组织从一个纯粹的面向过程的文化转换到一个更加面向客户的文化和运作方法。

分析人员的重要问题之一是尽快地评估各部门是否使用战略定义输入的不同层次结构，例如客户维度、产品维度、渠道维度以及在一些罕见情形中的地理维度。如果是这种情形，则 BI 系统可对各部门之间的良好沟通会有所贡献，方法是提供对所有组织方面的深邃理解。图 6.2 给出在所有商务过程中日渐增加的对客户感知的价值。如今端到端过程管理被广泛接受，但陈旧的功能烟囱仍然存在，原因是没有哪个过程的属主能够掌握在过程中使用的所有学科。

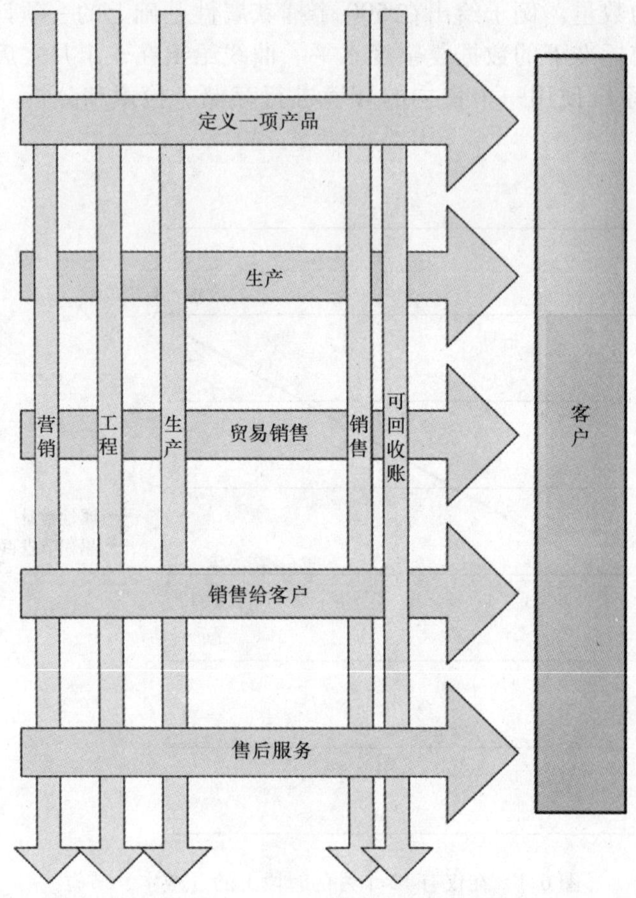

图 6.2 客户数据与特定于各部门的功能的一个统一数据视图

第 7 章　BI 和成本结算

7.1 使用 BI 建立一个 ABC 系统

作业成本法（ABC）已经存在了 20 多年，但若没有商务智能（BI）的辅助，则是一项不可能完成的目标。即使在 BI 的辅助下，这仍然是一项困难重重的任务。多数组织作为一个项目启动 ABC，这是一个学习经验的过程。当建立 ABC 的附加值时，它就内嵌于日常管理过程之中。在一个 ABC 项目中有 5 个阶段：

1）汇集所有的成本动因来源；

2）确认各项成本动因的一致性；

3）以一种有意义的方式分配各来源；

4）表述假设；

5）沟通结果并现场确认这些结果。

这些来源系统的深度讨论，将揭示焦点为成本会计核算商务智能项目的一个问题。

7.1.1　汇集成本登记的所有来源

在多数组织中，成本信息被发现存在于多个交易系统中：

- 会计系统；
- 企业资源规划（Enterprise Resourse Planning，ERP）系统；
- 产品数据管理（Product Data Management，PDM）系统；
- 预算系统；
- 时间登记和门禁系统；
- 工资表系统；
- 仓库管理系统（Warehouse Management System，WMS）；
- 库存管理系统（Inventory Management System，IMS）；
- 文档管理系统（Docament Management System，DMS）。

7.1.2　确认一致性

一种简单的方法是确定相关的度量单位（分钟、公里、单元、升、事件等），并将这些登记的结果与观测进行比较。我了解到，针对 ABC 而设计的上述登记系统是非常少的。确保你与所涉及的所有各方都讨论了如下方面：

- 计划范围；

- 更新频率；
- 聚集程度。

这些方面对各来源系统之间的一致性具有极大影响。例如，一份材料清单（Bill of Materials，BOM）用于内部生产设施，并基于当前设备表述一项生产成本。如果管理层决定替换某些机器或更新某些过程步骤，那么必须提前知道这个信息，以便允许用户们调整他们的计算：配额、容量管理等。就聚集程度而言，我建议每个人探究最低程度的细节。在聚集数据的情形中，你不仅冒错过关键点的风险，而且你使分配成本的方式不一致。

7.1.3 以一种有意义的方式分配各来源

成本可被分配到一个产品、一名客户或一个过程。多数深邃见解是从产品—客户、客户—过程和产品—过程的三种组合中得到的，原因是它们解释了生产或服务交付过程中的弱项（依据产品或客户规格）。

如果我们仅将焦点放在作为一种分配方法的过程上，则周期成本和算法可揭示有意义的信息。我们使用固定时间间隔，例如一周、一个月、一个季度或一个簿记年度，并将焦点放在过程的花费上，而不是放在产品和客户上。这是我们处理问题的地方，这些问题包括生产时间和质量成本（作为生产时间的一个函数）。当有足够数据可用时，管理层就能够优化产量，其中至少考虑如下约束：

- 产量越高，则分配到产品的固定成本就越少，且单位价格就越低；
- 产量越高，在资源和质量管理方面的投入就越高；
- 产量越高，则库存集结（积压）就越大。

7.1.3.1 成本分配的 8 个步骤

步骤 1. 做出公司中所有作业的一个清单，并确定每个作业的相关时长和活动速率，例如订单数或机器小时数。作业的例子有：生产订单接受过程、生产计划、直接材料购买、库存接收、检取订单、生产运作设置、模具更换、生产运作、生产设备维护、质量控制、发货、发票、现金收条等。

步骤 2. 得到数据：

- 在每个作业活动上将花费多少分钟或小时？
- 操作每项作业活动的总直接成本是多少？
- 在作业的相关时段期间，诱发的固定成本总量是多少？
- 每项作业的总运作成本（固定成本和直接成本）是多少？
- 正常作业成本率是多少（即总的作业成本 ÷ 成本动因发生次数 = 每次发生的成本或成本动因率）？
- 作为 100%、90% 等的容量使用的一个函数，成本方差是多少？

欲了解有关源数据的更多细节，见下一节。

步骤 3. 为每项标准产品或服务制作过程图，包括每个过程步骤的所有成本：

直接劳动、直接材料、采购等。

与涉及的所有各方沟通这些图，特别是控制生产时间和成本的那些人。

没有什么事情比计划人员脱离实际劳动力更坏的了。

步骤 4. 按照大型客户，制作定制化的过程图。当（成本）边际较低且销售人员凭直觉制定配额时，这是极端重要的。

步骤 5. 将作业成本分配到成本目标（工作、产品、客户）。使用公式“作业发生的实际数量乘以成本动因率（来自步骤 2）=分配（可追溯的）成本”。

步骤 6. 在一个定期发布的（排定的）报告中跟踪成本的变化情况。将存在部件的价格增加，通胀将扮演一个角色，在劳动力成本上工会有其发言权，政府法规将影响你的成本等。

步骤 7. 在作业活动（及其已知成本）和你的定价与发票系统之间建立 1∶1 关系。这将取悦审计人员，他们喜爱在活动和发票之间做出比较，确保所有活动对组织都是有益的，而不是对公司中的个人是有益的。

步骤 8. 采用一个预算 – 实际情况报告监测你的分配的有效性。在步骤 5 中，你已经对 BOM 上每项物品的单位成本建立起了监测措施。现在你正在方程中包括容量使用情况。

7.1.3.2　在成本分配过程中考虑替代方案

考虑识别活动的替代方法：

- 自顶向下：资深管理层识别做了什么；
- 参与法：运作核心识别做了什么；
- 再生法：使用在 ISO 或其他过程文档中已经文档化的那些方法；
- 时动研究：观察已经完成的，并测量执行和生产时间、偏差以及偏差的原因。

考虑其他的活动分类：

- 增值对非增值活动（适时处理）；
- 从底向上的各层次：
- ■ 单元层；
- ■ 批处理层；
- ■ 产品层；
- ■ 客户层；
- ■ 设施层。

注意，沿层级向上走得越高，则正在吸收的非制造成本就越多，例如修复和维修、供应、设施、租赁、保险、税收以及生产厂或车间外诱发的折旧。

7.1.4　表述假设

这些成本随时间推移的行为将是什么样的？是固定的、准变化的还是变化的？

以何种速率变化？几何级数的、线性的、随机的还是指数的？以及什么将导致行为、总量、质量、规格、法规等方面的改变？

我们如何估计机器对劳力强度的关系？替代可能性是什么？

我们如何处理沉没成本、折旧、损耗和摊销等？

服务一个有效商务目的，所需的精确度水平是什么？例如，在一个价格敏感的竞争中，例如牛奶生产，在1000万升牛奶上1%的任何百分之一误算仍然是1000升。

7.1.5 沟通结果并现场确认结果

大型官僚机构总是强调成本核算的控制方法，但现代管理将这种愿景重新系统地阐述为前馈，并从成本控制中进行学习，原因是在事实已经发生之后，抱怨是无法增值的。确保销售和营销人员可将这些结果用于更好地确定目标的目的和更好的价格配额，R&D人员可将ABC用于比较睿智的产品开发，其中采用的方法是使用现有的生产过程及其成本作为新产品的代替物。

7.1.6 ABC的优点和缺点

7.1.6.1 优点

ABC识别非增值活动，且它识别成本节省机会，即不可追溯的成本，这种成本在客户服务过程中没有增值。

ABC提供非常详细的成本/盈利能力信息，向下细化到一个过程步、一条工作指令、一个产品部件、一名客户、一家供应商或一名工人等的个体层次。

ABC区分复杂过程与简单过程，由此相比完全成本核算的“花生酱展开”法，这种方法分配恰好的额外负担总量。

更多的成本和生产数据可得到更多信息，结果是得到更好的决策。

7.1.6.2 缺点

ABC实施和维护起来是非常耗费成本的，仅应该用在这样的组织中，其中活动的最低层次（在单元层）是无歧义的，随时间变化是稳定的，且这些活动的所有成本动因都是已知的，并随时间变化一直不变。

ABC也使用历史数据建立一个成本结构。这与传统的完全成本法没有区别，但如果反馈回路可保持较短，则趋势将出现，并提示前瞻型的成本结构，原因是管理层可将过程更好地调整到期望的成本水平。

一些作者宣称，ABC仅在采用合适的检查和平衡（即库存管理、订单管理和生产管理）时才激励活动，这并不很准确，至少不是最关键的内容。

联合成本和联合收益仍然是分析目的和将利润恰当归属到合适产品的一个问题，原因是它们假定从共享活动的相等的和成比例的收益。

ABC可能会不允许过程的新颖方法，因为过程创新偏离已知成本的安全路径，但这也取决于管理层的态度。在一个创新型的、专业型的或企业型组织中，这也许不是一个太大的问题，但在一个多样化经营的组织或一个机械型组织中，变更中断日常例程，而这些结构并不是针对变更而设计的。

7.2　近距离地考察 ABC 源系统

7.2.1　会计系统

一个会计系统是为报告公司资产和负债的状态以及利润和损失而设计的。在其记录中，你可找到承包单位、工资和薪水、公司日常开支成本等的有用信息。你确保检查美国 - GAAP（通用公认会计原则）、IAS（国际会计标准）和 IFRS（国际财务报告标准）所要求的报告要求，与组织认为是真实的和可获得的之间是否存在差异。从被检查的产品资产中得到折旧周期，并确保你是在经济现实性的基础上计算的。

7.2.2　企业资源计划系统

跟踪 ABC 的一个常见起点是材料清单或服务清单（BOS）。这些是一项产品或一项服务的“配方”。每个部件都有其自已的 BOM，从而你可检测过程步骤的层次和顺序以及所用的材料和资源，以防客户没有过程描述。一个 BOM 的一个例子如图 7.1 所示。工作顺序（包括 BOM 和工艺路线）是一个比较准确的信息来源。

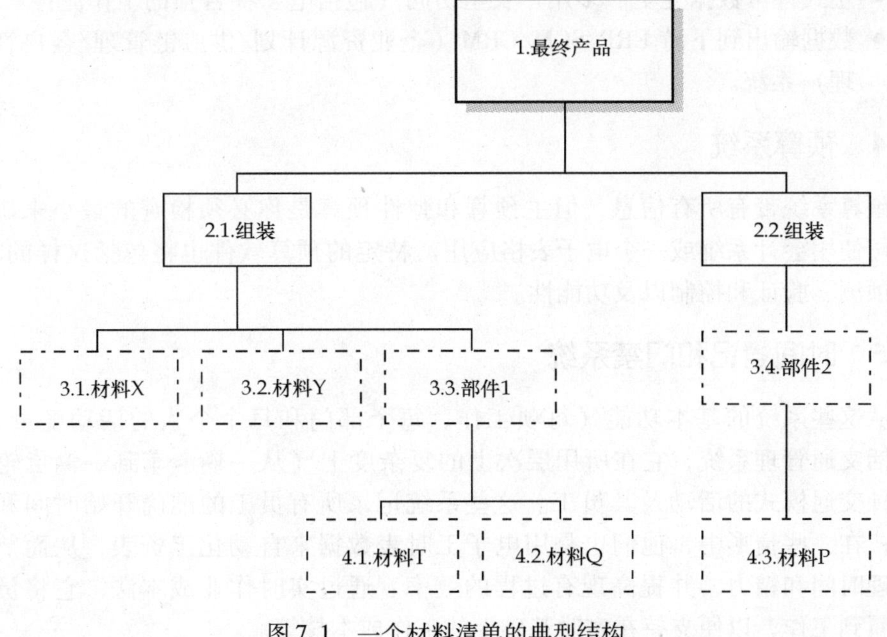

图 7.1　一个材料清单的典型结构

7.2.3 产品数据管理系统

标称为产品生命周期管理（PLM）的系统和多数ERP系统也包括这项应用，但在较老的来源系统的情形中，产品数据管理（PDM）系统可以是一个独立的实体，例如Dassault Systèmes公司的PDM Works或Plexus。PDM系统管理所有产品、部件及其过程步骤、原材料和设计。

依据PLM实践人员的说法，PLM是影响一项产品的所有信息的一个库和产品干系人间的一个正式沟通渠道：营销、工程、制造和现场服务。PLM系统是这样的第一场所，其中来自营销和设计的所有产品信息汇聚起来，且它以适合于生产和支持的一种形式离开。

当前的PLM解决方案典型地代表来自较早期配置管理（CM）、电子文档管理系统（EDMS）、产品数据管理和计算机辅助设计（CAD）文件管理系统等的能力融合体。在最低限度，一个PLM系统将处理：

- 需求、设计和过程文档、部件识别和描述等的变更管理；
- 厂商来源及其被认可部件的识别和管理；
- 产品结构（材料清单）构造和控制；
- 电子文件库（数据库，date library或data vault）；
- 材料含量识别的法规性符合度（废料电子和电气设备指令/危害性物质限制指令/报废车辆（WEEE/RoHS/ELV）和经济控制）；
- 定制部件和文档元数据（“属性”）的定义；
- 正式许可数据变更、多用户安全访问（包括电子签名）的工作流；
- 数据输出到下游ERP/SCM/CRM（企业资源计划/供应链管理/客户管理管理）系统。

7.2.4 预算系统

预算系统带有所有信息，但主预算和弹性预算是你必须检查的最小来源。多数公司使用会计系统或一个电子表格应用。特定的预算软件也将包括这样的功能，例如预测、验证和控制以及功能性。

7.2.5 时间登记和门禁系统

从这些系统的基本功能（每项工作、每个部门和每个个人的活动度量）看，这包括交通管理系统，它在所用层次上的复杂度上（从一辆卡车到一辆货轮）跟踪一种交通模式的活动及其员工。这些系统记录所有员工的准确开始时间和结束时间；在一些情形中，他们也是用电子工时表数据来自动化工资表，从而节省大量管理时间和精力，并提高现有过程的效率。通过实时作业成本法，它将员工时间归属到工作，以便支持在实时基础上的工作成本核算。

7.2.6　工资表系统

任何工资表软件都将接管常规工资表需求的日常计算，例如纳税以及失业和健康保险金支出。它也将计算雇主必须支付的税额。工资表软件也将：

- 计算所有合法扣除额；
- 为雇员产生工资单；
- 产生支付报告，使你可向雇员支付，给出要向每名雇员支付的总量；
- 保持支付和折扣记录；
- 为雇主和雇员产生年终报告和文档；
- 当一名雇员离开时，产生必要的数字或文档。

工资表系统以纸面或电子形式提供信息，以便更新名义上的分类账，而且全范围的其他报告也是可能的。一些报告将支持传递给分类账信息的高层细节，使会计可在部门、经理人和甚至个体任务间做出区分。

7.2.7　仓库管理系统

其基本目标是跟踪库存的所有活动：接收、上架、检取订单、发货等，在确定的周期上跟踪所有的物理库存量。如果 WMS 度量所有的生产时间，则它可监测处理库存的直接成本。不要低估这些成本，例如，部件的订单成本可容易地在总量上每订单添加 50 欧元和 150 欧元之间。

7.2.8　存货管理系统

这些系统处理如下问题，包括经济定货量、缺货数以及整个供应链期间的成本分析。一个 IMS 的主要目标是降低成本，采用如下方法：从供应链中去除库存、降低过期存货、减少运作资产、降低网络操作成本以及与有效的客户响应相结合而减少运输成本。由这些系统产生的数据增强了任何 ABC 分析的相关性，原因是库存——除了物理库存外——也是所产生的人力-时间的一个库存。

7.2.9　文档管理系统

行政管理和书面沟通，比我们多数人所想象的要占更多的成本。文档管理系统跟踪谁在哪个文档上工作了多长时间。与项目或客户信息相结合使用这个信息，一个 DMS 对分析数据集会有所裨益：执行时间和生产时间是基本度量，由之得到派生度量（每客户每文档成本，沟通强度，或每客户行政管理成本分担等）。

7.3　在数据仓库中建立 ABC 分析

作为一名商务分析人员，有时你不得不深入研究商务智能的技术方面。我假定读者熟悉数据仓库的概念。如果不熟悉的话，我建议参看附录 C：“数据仓库的基础知识”。在数据分阶段过程中，对商务用户没有意义的编码被转换成用于度量和维度（measures and dimensions）的有意义的标签。这些编码之一是处理或指令编码和相应的发票编码。如果像在成本分配过程中步骤 6 所描述的那样，这些若能被良好地构想出来，则这应该为你提供有意义的信息，前提是你建立了一个查找表，它至少包含四列，即通用分类账编码和描述，以及活动编码及其描述。我有一家清洁公司的一个例子，该公司希望应用 ABC 分析，这是分析其成本和收入所需的最少信息：

通用分类账类别编码：

- 通用分类账标签（例如清洁服务销售、清洁产品销售、路途等）；
- 活动编码；
- 活动描述（例如地毯清洁、除尘、窗户清洁 + 第一楼层、窗口清洁 + 第二楼层等）；
- 生产时间；
- 执行时间；
- 等待时间；
- 路途时间；
- 度量单位；
- 单位成本；
- 单位标准销售价格；
- 其他相关编码，例如：
  - ■ 位置编码；
  - ■ 位置描述（例如城市中心、郊区）；
- 前提条件描述（在清洁时间空闲/忙）。

标准 SQL 编码将有点像如下内容：

```
CREATE TABLE Invoice_Code_Lookup
(General_Ledger_Code char (10) UNIQUE NOT NULL,
General_Ledger_Label char (50) UNIQUE NOT NULL,
Activity_Code char (10) UNIQUE NOT NULL,
Activity_Description char (50) UNIQUE NOT NULL,
Throughput_Time integer,
Execution_Time integer,
Waiting_Time integer,
Travel_Time integer,
Measure_Unit char (25),
Unit_Cost decimal (4, 2) CHECK (Unit_Cost > 0),
```

Standard_Sales_Price decimal（4，2）

7.4　小结

支持 ABC 的一个数据仓库对公司而言具有巨大价值。与在年度标准成本修订（revision）的基础上实施成本核算和配额的做法不同，ABC 系统可适用于在高度易变商务环境中按月的基础上实施，并以如下方式改进竞争性定价，即更好地利用能力得到较高的资产回报（时间）和具有较高周转率的比较明显的边际，阻止竞争。

作为一名商务分析人员，你的工作是在任何人退出这个项目之前，评估这个复杂系统的价值。构造 ABC 有效的一个商务案例是一项有挑战的任务。在大量资金花费在 BI 系统的建立之前，一种不错的想法是，使用电子表格和计算器为一个关键部门、产品或细分市场开始一次“人工引导（manual pilot）”，并采用可外推得到的硬性数据（hard data），而不是表述难以验证的假定。

第8章　BI和财务管理

8.1　有关财务BI可交付物的基础知识

从一名分析人员的角度看，财务报告是相当直接的：由于法律条例，所以没有歧义。这些条例在两个思想学派（美国GAAP和IFRS）之间可能有点不同，但两个组织FASB（财务会计标准委员会）和IASB（国际会计标准委员会）正在做其报告条例的融合工作。这两个组织认识到高质量全球报告标准的价值。欲了解更多信息和最新更新，我建议参考：www. fasborg 和 www. iasb. org。

我感觉到你在想："报告模块不是包括在会计软件中的吗?" 绝对是这样的。但，不是许多——如果不是任何一个的话——会计软件记录各年历史数据，跟踪分析方面的变化（例如账目、销售台账和客户），而且不是每个会计软件都赋予你将运作数据与财务数据联系在一起的可能性，所以，存在这样一种情形，即财务数据仓库带有一个重要的报告和分析模块。

在本节，我仅讨论财务报告，就我所知，多数会计应用是不能提供的，这是由于如下的一个或多个条件：

- 应用支持对数据库的物理删除，所以就数据的完整性是不确定的；
- 由于合并、遗留系统等，在公司中存在几个在用的会计应用；
- 管理层需要"如果…怎么样（what if)"分析和基于场景的报告；
- 预算系统不会遵循结算进度表，所以需要一个映射表；
- 复杂的趋势分析需要部分加成法数据（例如库存、现金、借方和贷方）的每天、每周或每月的快照；
- 需要会计数据和运作数据之间的一种直接联系；
- 针对专门查询，审计人员需要对所有数据的全部访问权。

在那种情形中，商务分析人员必须要做工作。

8.2　使你的SOX保持打开状态!

萨班斯-奥克斯利（Sarbanes-Oxley，SOX，或称萨班斯法案或《公众公司会计改革投资者保护法》）法案[⊖]影响了出于财务目的的商务智能行为准则，甚至对于没有受到其影响的组织，也影响到其商务行为准则。这项法律于 2002 年 7 月 30 日得到通过。它为公众公司董事会、公众公司的管理及其会计公司建立了更严格的标准。

从这天开始，C 级行政人员不再能够假装忽略公众公司缺少所报告财务数据的透明性或完整性了。有关这项法律的更多信息可在美国政府网站：http：//www. gao. gov/cghome/2004 /amacas/img3. html 上找到。

对商务分析人员重要的是如下条款：302、404、409 和 802。条款 302 描述企业对财务报告的职责，并询问与数据仓库架构有关的如下问题：

- 公司的财务数据准确吗？
- 交易-级别的细节是否可用于审计目的？
- 产生数据的所有过程都有文档记录并为管理层所理解吗？

条款 404 规定内部控制的年度管理评估：

- 控制结构及其运作方法；
- 关键人员的会计责任；
- 监测和文档。

条款 409 督促管理层尽可能快地以可理解的语言向公众披露公司在财务和运作定位方面的变化，而条款 802 规定对相关记录归档以用于后来的审计。

对数据仓库经理们的影响是明显的：

- 避免对数据的非授权访问或修改；
- 确保所有相关数据都是可用的。

但对于商务分析人员而言，情况就有太多的欺骗性。让我们将问题汇总，并看看我们如何处理这些问题：

- 数据家族（data lineage）由跟踪每个数据元素的整个寿命周期（从其开始到其最终目的地）、数据仓库、其变更历史和在定义中它的一致性（通过元数据管理）组成。
- 确保 IT 和财务之间的双向调节可产生最大的报告性能，并将延迟降低到最小。
- 理解主要的商务过程流，确保数据完整性，如果不能保障的话，那么它至少是被监测的。

8.2.1　数据家族

需要在源系统中创建数据、抽取、变换和数据仓库的负载等的过程分析，以

⊖ 该法案于 2002 年 7 月 30 日在美国生效。我国财政部、证监会、审计署、银监会、保监会五部委于 2008 年 5 月 22 日联合印发了《企业内部控制基本规范》，并于 2009 年 7 月 1 日起施行，该规范被业内称为“中国版萨班斯法案”。读者可自行查阅相关文献，本书中对于 SOX 法案的介绍在翻译时并未对原文进行修改。〈译者注〉

便指明每个数据元素所经过的各个阶段。簿记指令和源数据库完整性措施，确保数据从其开始就是可信的。在数据仓库环境中必须监测轨迹的其他部分，在数据被记录到数据仓库中之后，使用审计键（audit keys）和其他控制措施跟踪簿记中的变化。

Ralph KImball（1996、1998、2002、2004）在有关数据仓库中支持符合性的事实和维度表中展示了全貌，其方法是通过使用 beginVersionDateTime 和 EndVersion-DateTime 记录的一次 SQL 注册，与 RefercenceSource 和 ChangeReference 点结合使用，这些点与各表连接，描述变更的源，并解释变更本身。如果数据库增量负载仅支持数据的插入，而不支持更新或删除，则组织就有可用的一个坚实的数据家族战略。元数据管理完成了这项功能。在第 14 章“掌控数据管理”中可找到有关元数据的更多信息。

8.2.2 双向调整

虽然本节不在 BI 部门的范围内，但知道在 OLTP（在线交易处理）环境中 IT 和财务之间正在发生什么，是有用的。多数公众公司都有多个分部，从合并公司和收购公司或新创公司，他们使用各种会计或企业资源计划（ERP）系统。所观察到的工作之一是 ERP 系统的合并，目的是降低会计环境的复杂性，以及复杂环境中所需安全措施和控制的重新评估。这些组织经常有一个符合性委员会，成员来自 IT 和财务以及来自商务单位的经理们，以有利于用户、管理和 IT 协调人员间的沟通与协作。常见的情况是，该委员会邀请商务分析人员，就在审查下的解决方案路线图发表其意见和想法。我对这些分析人员的紧急建议是，抑制如下方面的任何强烈要求，即将数据仓库作为来源中所存在问题之解决方案的组成部分。

8.2.3 理解商务过程流

内部审计师协会（Institude of Internal Auditors，IIA）将内部控制定义为一个组织取得其主要目标的计划和措施的整体：保护财务信息和运作系统的正确性和可靠性。它包括行政的、组织的和控制规程以及受 SOX 影响的预算和财务报告。

在一家贸易公司，有八个过程，组成任何内部控制的最小部分：

- 所购商品的购买和接收：
- 获得应付账目，依据的是一次购买请求、购买批准、商品接收、符合性检查、预算调节和支付；
- 通过一次非采购订单的商品接收；
- 通过一次采购订单的服务采购；
- 通过一次非采购订单的服务采购；
- 样品商品接收；
- 费用报告；

- 支付；
- 将客户订单转换为现金：

■ 折扣批准、法律和财务管理批准、客户签名、信用批准和应收账款的确认。

确保在所有这些过程中实施“四眼原则（four-eyes principle）”，在欧洲我们是这样称之的：对特权用户和经理们的所有关键任务和补偿控制的职责分开，要得到实施。

8.3 财务报告的商务分析

8.3.1 会计报表

第一步是得到会计报表的良好理解。即使各自然账户之间的层次得到解释，并将簿记过程映射到真实的商务过程，如图 8.1 中所示，其中形象地说明了订单和发货过程。就时间表、依赖关系和报表维度，则赋予你更深邃的理解。

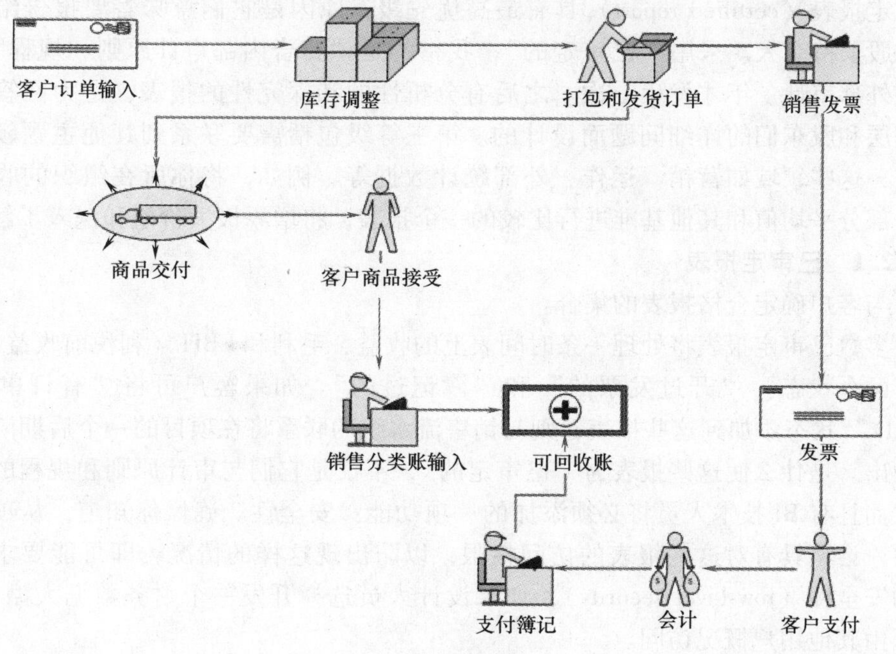

图 8.1 会计过程

内嵌于物理商务过程的会计过程的图 8.1 中的图示，提出了大量有趣的问题，例如：

1）为什么仅在客户接受到商品之后才簿记发票？

2）为什么在接收到销售订单之后就立刻调整库存？

得到会计过程的种种复杂详情是值得的。在图 8.1 中，订单、发票和簿记的报告将提供经常所谓一个交易流水线中的三种不同数字。在这个组织中，收入确认仅发生在客户接收到所交付的商品，而其他组织则取销售发票日期作为里程碑，另外的组织则取订单日期作为里程碑。在图 8.1 中，库存将从来就不会准确地匹配会计数字，除非你做出一条特别注释："开始库存 - 销售订单 + 购买量 = 结束库存（Beginning inventory-*Sales Orders* + Purchases = End Inventory）"。

对于预付款、订阅、服务合同、印花税（loyalty stamp）和类似簿记的处理，需要特别引起注意，这些对收入确认有影响，例如一项月刊杂志订阅费用是在订阅周期开始时开票的，但收入确认是在杂志实际交付到客户的按比例量完成的。

对于顺便卖出的商品成本、运作开支、资本开支和财务成本与收益，实施相同的措施，你将得到组织如何将其会计系统与真实世界活动配对的一幅清晰图画。

8.3.2 所要求的报表

在多数财务商务智能项目中，存在定义项目和分析方法的三个优先级等级。已审定报表（certified report）具有最高优先级，原因是它们意味着要报告给管理层和股票持有人。采用"已审定的"，我指的是"符合内部审计原则和规程"，原因是外部审计一年才发生一次。之后有分析性的和探究性的报表，是为回答来自管理层和股东们的详细问题而设计的。第三等级包括需要联系到其他主题领域的报表，这些领域如营销、运作、外部统计数据等。例如，将你所在组织的收入报表与部分平均值和其他基准进行比较的一个报表，将增添极大价值和深入了解。

8.3.2.1 已审定报表

与客户确定合格报表的集合。

多数已审定报表将处理一条时间表上的收益、毛利和 EBIT（利税前收益），至少有两个状态："开过发票的"和"簿记过的"。如果客户可将"有订单（ordered）"状态添加到这些报表，则与销售流水线的联系将在项目的一个后期阶段才能做出。是什么使这些报表为"已审定的"，不仅是它们与审计原则和规程的符合性，而且有 BI 技术人员将必须添加的一项功能：安全性。确保你知道，从项目开始时，谁将具有对这些报表的访问权限，以防出现这样的情况，即可能要求行等级的安全性（row-level security），如果设计人员选择开发一个财务数据大型商场，它可由其他用户概况访问。

8.3.2.2 分析性的和探索性的报表

审计人员喜欢这样的报表：它们连接到所有详细的簿记条目。他们喜欢从常规商务用户不会提出的角度分析这些报表，例如来自会计软件的日志文件，指明创建簿记条目的用户、创建时间、簿记条目的抵销项及其创建人。他们也非常感兴趣于所有种类的平衡表：到期应付的、应收的、现金、应付票据等。但同样客户、雇员和供应商维度也是审计人员感兴趣的，原因是空壳公司会为虚拟商品或服务发送发票，或真实供应商的银行账户会被改变为骗子的银行账户。

欺骗检测是详细分析报表的主要动因，这些可能要求针对“正常的”商务智能你所不需要的维度。

8.3.2.3　与其他主题领域有联系的财务报表

因为财务是每个商务过程的结束部分，对这些报表的要求就是一个逻辑结果。看一下这个概述。

组织类型、其他主题领域和财务的组合是巨大的。如果你要添加政府及其派出机构，则组合将甚至更大。让我们以概图表 8.1 的几个例子加以说明。

表 8.1　依据市场组织类型的分析例子

主题域/组织类型	企　业	B2B 贸易	专业服务	零　售	非盈利
营销	LTV，直接产品利润（fmcg）	LTV	LTV	LTV，直接产品利润（fmcg）	LTV
市场研究	●	●	●	●	●
销售	总量和收益匹配	总量和收益匹配	每项目的可收费小时数、客户…	销售现金和库存匹配	成员管理利润分析
促销	□	促销分析	□	促销分析	□
客户服务	缺陷成本	错误成本	错误成本	担保成本	
运作	时间表分析				
供应链	库存分析	库存分析	□	库存分析	库存分析
制造	获利/WIP 报告	□	□	□	□
资产管理	维护成本和获利	维护成本和获利	●	维护成本和获利	●
HRM					
招聘 & 选择	薪金比较	薪金比较	薪金比较	薪金比较	●
开发 & 教练	培训成本分析 旷工分析	●	工资与收益分析 旷工分析	●	●
R&D					
研究	项目会计核算	●	项目会计核算	●	●
开发	项目会计核算 原型分析	●	项目会计核算 引导性分析	●	●
风险管理	保险分析	●	保险分析	保险分析	●
质量管理	质量成本	质量成本	质量成本	●	●

注：●不常用 □不适用

匹配审计和销售的总量和收益

在这项分析中，通过订单号，运营系统必须被连接到会计应收账目分类账。这意味着仅有来自处理过的客户订单的收益才成为其中一部分。如果客户组织为没有支付的（billed）簿记订单使用一个权责发生制，则审计人员将希望有订单的“切实性”的概念，即厂商对于订单将不被改变、取消或延期有多确定。我的建议是将这些概率放在 BI 系统范围之外，因为这是可靠的语境知识和一项前瞻的判断，必须在报表创建之后才可添加。毕竟，数据仓储的首要规则是记录在过去发生的事实。

HRM 所要的旷工分析

旷工分析是有点欺骗性的。在一些企业文化中，旷工分析是不被真心接受的，且员工和现场（一线）管理层被证明是不情愿的合作人员。究其原因可能是分析也许为双方都揭示一些令人尴尬的定位，因为这种分析将工作内容、雇员竞争力、雇员层次结构以及地理的和基于位置的因素，与旷工度量和这些旷工的成本发生相关关系。

R&D 所要的项目会计核算

度量 R&D 进度，并将这个进度与预算和实际开支匹配会是一项烦琐的任务。一个重要因素是难以采用一个 BI 系统涵盖这项任务：项目中步向一个解决方案的进度百分比，这是与预算成本百分比有关的一个交付物。换句话说，如果项目已经花掉了 80% 的钱，我们如何证明项目已经完成大约 80%，而最后 20% 不是比以前特别困难的或不太可行的？这项解决方案将必须将活动连接到在时间表中注册的活动，针对薪金开销、采购和开支的会计数字，以及项目数据（例如配置管理数据、工程数据和里程碑）。

8.3.3 慢变维度的特别关注

多数财务系统使用手头有的反映战略问题的所有种类的分析属性和分组（groupings）。这些当然会发生变化，所以要确保你从分析开始时你就实施有关这个问题的清晰的管理视图。换句话说：有多长时间和它们如何跟踪各维度中的变化，这些维度如产品、组织、客户、账目经理或分析性账目？

对这些维度的每个问题，让我给你一个例子：

- 产品：产品分类管理是一种有技巧的形式（art form），它作为 BI 分析的结果会快速的变化。想像一下，有特殊特征的一块巧克力，这种特征如装饰有汽车图标。在零售销售点的测试已经表明，在礼品商店销售得不错，所以这种类型的巧克力块也将出现在“Gifts_Food（礼品-食物）”类中（经过分类经理的批准）。
- 组织：在大型组织中，成本和收益中心发生改变以便反映战略优先级，或它们简单地因为合并和收购而发生改变，则管理层也许发现新的组织理论或无论什么理由可能是适合的（措施）。
- 客户：这是最困难的一个问题，因为客户也会合并或剥离其组织的组成部分。考虑这种情况：如果客户组织部分 A 是部门 T 的一个客户，它与一个更大的客户 C 合并，客户 C 是部门 Z 的一个客户；那么谁将继承收益和总量图表（figures）？好的，逻辑也许表明，较小的客户为较大的客户所吸收，但也许较小客户的会计经理与较大的客户有较好的关系，则后者即客户 C 选择由部门 T 的会计经理进行处理。在任何情形中，在两个部门之间的销售总量报表中将存在需要解释的分歧。但如果这些分歧在一个相对较短的时间段期间多次重复，会怎么样呢？

- 会计经理：他们移交客户，且他们的客户投资组合不时地会被改组。
- 分析账目：在我的经历中，这不称其为一个变化问题，而更多地是细化现有账目（可总是通过添加分组级别得以解决）的问题，而且是产生新的分析视角。如果会计系统支持新的分析账目集的创建，则这就不是一个大问题，但如果源系统仅支持三个分析账目列时，会怎么样呢？好的，你知道会发生什么情况：过时的列被替换，或（更坏的情况）新系统与现有列“交织在一起”，方法是添加一个特殊符号或一个字母，或系统允许的无论什么新玩意（whatever creativity）。

它们简单地重写它（类型 1 SCD）且仅查看最新的报告版本吗？它们将在所有记录上使用一个标志 Is_Current，从而过时的记录的 Is_Current 状态被改变为“N”，或者与 Effective_from_date 和 Effective_to_date（类型 2 SCD）组合使用吗？或它们将使用一个类型 3 SCD 吗（它们保持“before”（之前）版本和“after”（之后）版本）？无论客户决定什么，你都将必须评估对数据仓库的数据模型、工作负载和容量的影响，因为随着 SCD 类型号的每次线性增加，工作负载可能会翻倍，且数据仓库的容量可能会指数性地增加。

8.3.4　展示选项的特别关注

财务报告是非常直接的，它们的受众有熟练的审计人员、会计和记账人员，到初级或助理经理，它们在诸如营销、运作、销售或 HRM 等其他学科方面有专长。展示应该满足它们的特别要求。例如，营销人员喜欢前瞻式（forward-looking）报表，所以一个分析性仪表板使它们可测试下面的场景，像“增加边际-减少总量（increase margin-decrease volume）”或“降低销售力量-降低收益（reduce sales force-reduce revenue）”，这些是比得到 0.2% 的 YTD 毛利降低的通知，是更有益的。

记账人员可能满意于一个 PDF 文档（它们可存档）和一个 Excel 文件（编造他们自己的交叉表连接（cross-tabulation）），销售人员将希望得到每用户详细的收益水平和总量信息。所以，你要确保提前非常了解每种报表用户类型的期望，则报表设计成为 BI 项目内部营销的一个强大武器。

8.3.5　商务分析有争议的问题

总结一下当商务分析人员分析 BI 项目的财务状况时，他应该涵盖的如下专题：

1）得到运作过程的一个视图（从订单到发票到催债）。

2）得到审计跟踪数据（audit trails）的一个良好解释。

3）查找元数据，且如果没有的话，启动一个元数据跟踪，以避免在项目中的错误概念、迷惑和彻底的混乱。

4）讨论潜在的毗连项目（见表8.1），以避免项目中成本的进一步升高。

5）在每个主要属性长久存在的情况下，检查它们；即标记所有的慢变维度的方框。

6）就数据的展示、传播、详细程度等，管理各种用户期望。

第 9 章　BI 和运营管理

9.1　关于运营管理的基础知识

在物流行业中寻找商务案例的商务分析师不必看得太远：头脑风暴期间，预测将在列表上出现各类供应链的优化策略。BI 的运营管理范围是如此之大，以致大量人员都在致力于撰写一部完整的书来论述它。我在本章会列出在实际工作中经常被问到的所面临的商业问题，尝试提炼一些内容来说明 BI 对于运营管理的附加值。

9.1.1　用户订货点

在供货和制造链条中，用户订货点（Customer Order Point，COP）是一个非常重要的概念。它描述了原材料、组件和最终货品从源头到最终用户的仓储和物流。图 9.1 给出了 5 个可能 COP：箭头代表着原材料、组件和最终货品的转移，三角形代表着详细清单。

对此情景，分析的一些结论如下：

1）COP、大量的内在市场和产品特性影响着组织的预测方法；

2）仅是供应链、销售和市场数据的完整集成，就可以让 BI 系统计算出组织的优化的 COP；

3）分析生产流程中所有层面的复杂度：

- 原材料复杂度；
- 过程复杂度；
- 工艺复杂度。

这将给出关于被要求分析的重心的线索。

9.1.2　预测

在过去的几十年里，面向运营管理的 IT 支撑已经得到极大的改善。从集成销售和订单管理、生产和仓库管理的零星分布举措，企业资源规划（ERP）增加了灵活性和成本控制，并提出了关于容量规划和改进的预测等有趣问题。这其中有统计方法（或者可以称之为“数据挖掘”）介入。通过改善预测结果，较好的容量规划和改善的详细清单管理将由此产生。

在本章中，我不表达对预测技术的任何偏见或反对，因为我喜欢一种实际的

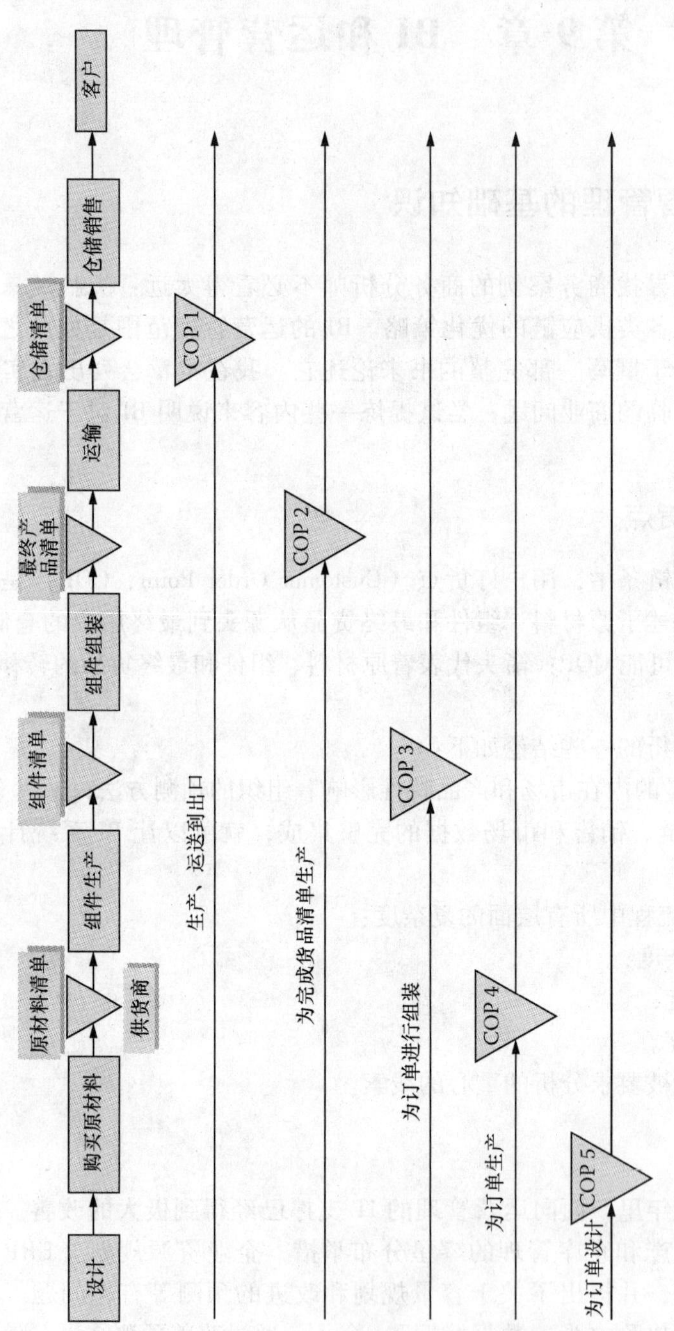

图 9.1 在生产环境中的客户订单点的实例

方法，用以测试、验证、体验适合你的组织的在一定开发阶段、一定环境中、使用特定 IT 和统计技术的正确预测方法。在丰富语境环境中，预测产生较好的结果。不要仅仅依靠数据！包括预测语境、过程，集中关注每天的市场销售活动，问自己如下几个问题：

- 销售人员是否从交易中返回足够的数据？
- 我们是否分析了网站的点击率？
- 在服务通话或支持通话期间，我们是否进行前置调查？
- 我们是否推动与分销商之间信息透明化和交互？
- 与我们的客户和分销商勾画商业计划时，我们是否使用账号管理方法？
- 我们是否愿意从外部源头获取收费的市场信息？

你的系统所记录的每个图形都是来自现实的抽象。确保利用语境丰富你的预测数据。该语境能在数据仓库中建模得到，也可以来自于外部数据源，甚至商业社团曾经看到的更为复杂的 ERP 系统。换句话说，当你的 ERP 供货商说在他的 ERP 应用中有非常适合你的预测模块时，请不要信任他，甚至具有一个数据仓库支撑时也是如此。

9.1.3　供应链的优化

将供应链绘制成货物、信息和服务在不同代理之间被生成、移动和消费的网络，其范围可以从几十到数千或数百万计。优化该网络已经超越了纯的数学。另外，需要丰富的语境信息来提高组织的运行效率。让我们看看常见的业务问题，让我们仔细看看能够回答一个或更多该类问题的 BI 系统的构建。

9.1.3.1　商业上常问的问题（FAQ）

在整个供应链中，哪个卖家/供货商会比其他的表现得较好？

兼顾到利润和风险，每个供货商的经济订货量是多少？

对于国际公司：

哪些产品应该在哪些工厂中生产，又在哪些地方存储？

如何通过轮船、火车或卡车来运输，以最大化他们的利用率？

如何定义运送范围，以优化人员配备和用户满意度？

什么时候，运送性能可保证我们的利润，而不损失较高的用户满意度？

我们何时何地把我们的销售、分销或客户服务活动外包？

我们提供了最后商业问题的部分分析实例：是否外包我们的分销活动。此商业问题——如果完全被回答——能够部分或全部地覆盖以往的诸多问题。

9.1.4　质量管理

有一些我所知道的数据仓库项目的关注核心是质量管理，但是几乎所有的数据仓库都有潜在的质量度量，它能传递有趣的结果。管理质量提高过程是由数据驱动：

1）组织收集和分析数量度量，例如过程缺陷、最终产品、吞吐时间、送达已损坏（Dead on Arrival，DOA）统计、担保统计、实验室测试、客户投诉等等；

2）组织开发与产品工程师和产线管理密切合作的目标，预留一个预算来满足这些目标；

3）开发组织各个层面的培训和教育；

4）使用统计方法来监控过程和产品的质量演变；

5）这明显地证明了组织范围因素和相互调节的重要性之间的相互依赖关系，相互调节体现在距离因素之间的调节（乍一看），例如供应商、劳动力、照明强度、工资和奖金机制、工作时间、周末时间、星期时间及其他。

这几个问题看上去像一个 BI 系统，不是么？特别是在服务行业中，管理不得不抓住职员与其个人管理程序（Personal Management Program，PMP）、顾客和工作内容（他不得不为特殊顾客开展的工作）之间的相互依赖性。那也就是说，质量管理涵盖市场、运营和人力资源管理（HRM）。

9.1.5 建立外包分析

为了回答组织能够外包供应链中的哪部分的商务问题，需要对时间、代价和风险的广泛的测量。数据源是多种多样的，在语境和初始目的上变化很大。组织的 ERP 系统在大多数情况下对产品和仓储过程具有纯商业视角。部分地体现了时间视角，但缺乏风险视角。仓储管理系统跟踪时间和移动，但是库存的费用保存在 ERP 系统中。运输和跟踪处理系统仅仅度量时间和活动类型，尽管有的系统也记录了司机和管理员的运输或处理的单位重量或体积的小时效率。商务智能系统能联合所有这些数据，使之成为具有洞察力的模型。该模型将提供高层 KPI 度量所需的语境和数据，例如每吨/公里的费用、供应商速率、超期风险、不完成风险或每个供应商的船运损耗和每种运输方式的损耗。能够评估出考虑速度、代价和风险的优化路径，因此提高了组织的三个重要要素的整体管理水平。

9.2 生产管理和信息架构

对于一般的商务分析人员，制造环境能表示成复杂的架构图。大多数商务分析人员已经经历市场、财务、HRM 和类似业务，但是具有制造经验的商务智能分析人员相对匮乏。因此，引入信息系统（Information System，IS）的制造方面的主要组件是非常有用的。

有四类标准信息系统用于生产管理，在分析阶段可能会涉及：

1）MRP II 软件或者制造资源规划；

2）能力管理软件；

3）网络规划软件；

4）标准软件，需要针对制造方向进行调整，例如电子指标软件、统计软件、线性编程软件等。

9.2.1 MRP Ⅱ软件

具有大规模或系列生产和组件组装的组织使用MRP Ⅱ，它具有七个组件框架。MRP Ⅱ本身是基于 MRP Ⅰ（物料需求计划）基础之上，它将最后产品分解成组件、生产步骤、材料单中的原材料。图9.2的MRP Ⅱ信息概要给出了穿越该规划流水线的数据流。

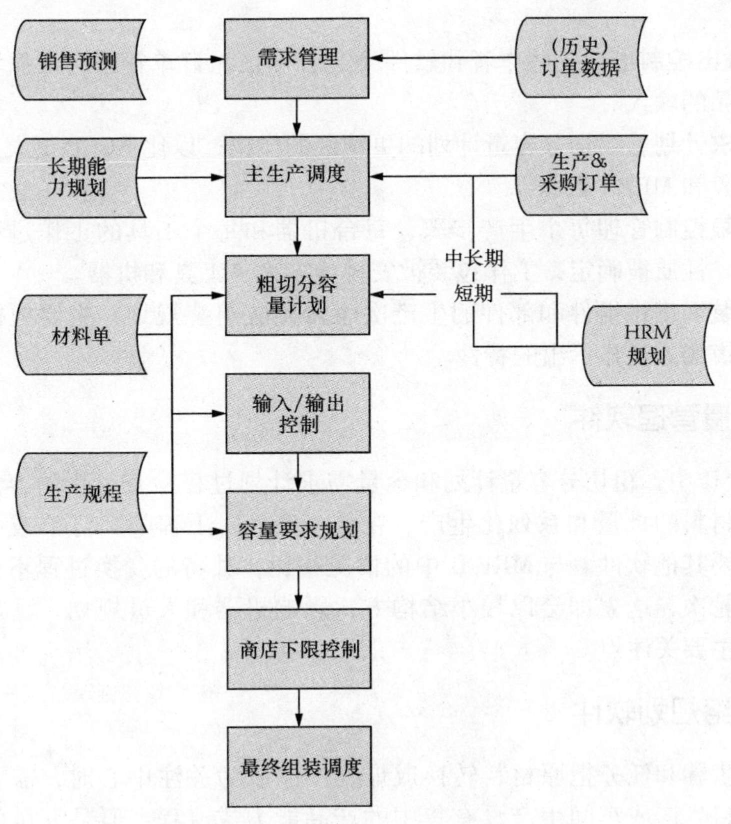

图9.2 MRP Ⅱ信息概要

MRP Ⅱ做出可运行的商业战略选择。某种产品用于哪个市场、多少数量等问题被变换为产品生产和供应链调度。在执行阶段，执行步骤的数据及其结果、其他性能度量数据（例如：机器故障和旷工之间的平均时间）被保存，这些是有价值的商务智能数据。

需求管理使用来自于销售和市场的预测，分析当前的和历史订单数据季节性、趋势、异常值，他们分析出一条与组织灵活性和能力相关的需求曲线，并给出原因。很显然，相对于中国的80%牛仔裤工厂的产能规划，造船产能规划是不灵活的。

主生产计划结束制造和销售之间的协议，生产发生在何时何地，运输成本决定销售的成功。考虑一个全球砖生产商（如维内贝格），他知道砖在欧洲运输距离不能超过300公里，否则他们会失去与本地生产商的竞争优势，因为本地生产商没有运输像宝石一样的较小的、更闪光的石头的负担。

粗切分容量计划（Rough Cut Capacity Planning，RCCP）是在主生产计划被完善和并评估了可行性。潜在的瓶颈（即关键部件、关键供应商、关键的生产步骤等）被明确。

输入/输出控制也被一些作者和软件生产者称之为**订单管理**，根据输出和产能规划调整产品的输入。

容量需求计划是粗切分容量计划的更精细的产出，以比RCCP更大的程度，使用原材料列表和MRP I数据。

商店下限控制管理每个生产步骤、每台机器和每个工具的工作过程；在特殊工具情况下，性质被确定，工作包装被安排给工人、工具和机器。

最后安装调度将组件和部件的生产次序转换成组装规划，主要根据用户的订单和销售、市场人员显示出的特性。

9.2.2　容量管理软件

在MRP II中，粗切分容量计划和容量需求计划过程检查可用的容量，但主要的焦点是对材料的批量和系列化生产。在单一产品、工程师到订单或小系列生产情况下，需要其他软件。与MRP II中的情况相比，独特的变换过程不得不被定义在每个生产轮次，这立即会以较小结构方式影响机器和人员规划。满足最后期限是此类软件主要关注点。

9.2.3　网络规划软件

当过程步骤和任务把原材料转换成最终产品成为关注中心时，需要不同类型的软件。项目生产或车间生产没有集中的产品能力或流程，但是人员的技能和机器的可用性决定了规划。珠宝制造业是一个很好的例证。一些珠宝切割人员不能被简单地旁路，因为与顾客等待相对比较长的时间而言，次品结果的风险可能导致更大的损失。

9.2.4　面向生产管理的IS基本概念

从图9.3注意到，使用决策支持系统（Decision Support System，DSS）的专用术语，因为这是生产环境所需要的经典的自顶向下管理的形式。当事情失控时，不需要信息民主主义；需要的是迅速和遵守纪律的行动！也注意到，把监督控制与数据获取（Supervisory Control and Data Acquisition，SCADA）放在与情况相关、与软件无关的灰色区域中，因为控制方面可能是语境相关的和有条件的（也就是工作负载是通过额外因数规定）并超出语境范围的，其原因是某种产品管理超出限制。

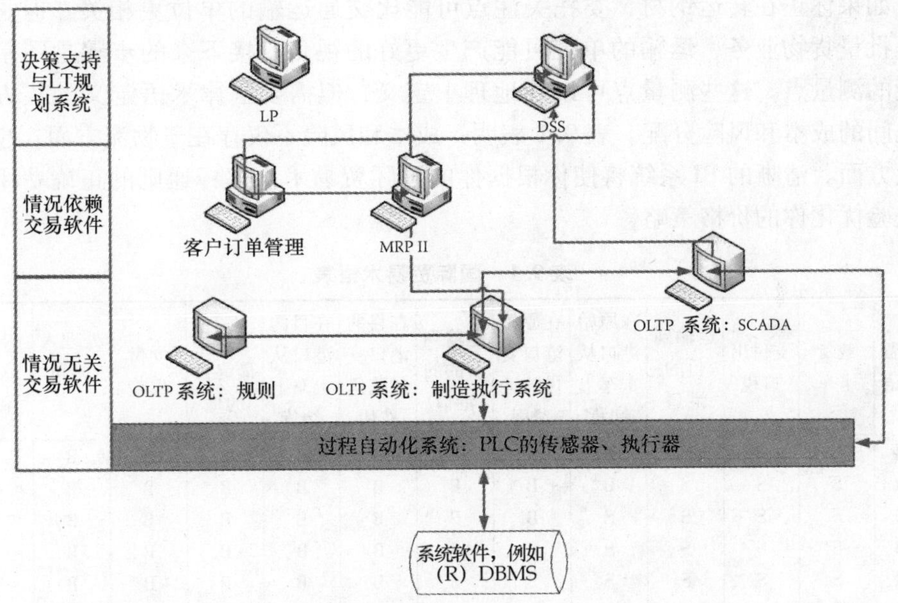

图 9.3 生产环境的基本组件包括系统软件（数据库和协议等）、情况-无关交易软件、情况-依赖软件（MRPII 或网络规划及客户订单管理）和决策支持及（长期）规划系统

9.3 测量内容

9.3.1 第一个实例：物理货物运输

入门时，我们必须要回答的首要问题是测量单位。在理想世界中，物理实体和管理实体是统一的，但我担心这是个例外。举例来说：委托是装载货物对应于管理单位，或者是例如集装箱或船只的运输单位。通常接受的委托定义：“可独立辨识数目的货物被从货主运送到另一个收件人，通过一个或多种模式的运输手段，这些被规定在一个单一运输文档中”。[⊖]

一个委托被分在各种集装箱中，但一个集装箱也能被分在多个委托中。每批

⊖ 见 http：//www. geodiswilson. com/en/Global_tools/Logistics_Dictionary/C/

货物的可变成本的分析可能会导致不相关的信息，当你考察一批在许多运输单位的情况下的行政成本也可能产生不相关的信息，或者如果你有一批装运单位，当你考察每批货的处理成本，可能会产生不相关信息。在任何情况下，每批货物或每个集装箱的平均使用成本将产生无用的信息。所以第一分析步骤是确定对什么类型客户测量什么是主要的，分析作为客户类型函数的时间、代价和风险。

如果你正在转运钢材，委托关注点可能比交通运输的单位更相关。但是如果你是批量货物业务，运输的单位可能产生更好的视角。接下来的步骤是图示所有可能的测量点。这些测量点可以在地理上定义，但需要法律术语定义的买方与卖方之间的成本和风险分配。表 9.1 表明：成本和风险不仅存在于物流方面，也存在商业方面。清晰的 BI 系统将使你根据你的国际贸易术语解释通则的正确费用方面的经验优化你的价格策略，

表 9.1　国际贸易术语表

国际贸易术语	载货卡车	支付出口税	运输到目的港口	在原始港口从卡车上卸货	在原始港口支付陆运费用	运输到目的的港口	在目的港口支付陆运费用	在目的港口从上车上卸货	运输到最终目的地	支付保险	处理入关和清关	支付入关关税和税费
EXW	B	B	B	B	B	B	B	B	B	B	B	B
FCA	S	S	S	B	B	B	B	B	B	B	B	B
FAS	S	S	S	S	B	B	B	B	B	B	B	B
FOB	S	S	S	S	S	B	B	B	B	B	B	B
CFR	S	S	S	S	S	S	B	B	B	B	B	B
CIF	S	S	S	S	S	S	B	B	B	S	B	B
CPT	S	S	S	S	S	S	B	B	B	B	B	B
CIP	S	S	S	S	S	S	B	B	B	S	B	B
DAF	S	S	S	S	S	S	B	B	B	B	B	B
DES	S	S	S	S	S	S	B	B	B	S	B	B
DEQ	S	S	S	S	S	S	S	B	B	S	B	B
DDU	S	S	S	S	S	S	S	S	S	S	B	B
DDP	S	S	S	S	S	S	S	S	S	S	S	S

注：国际贸易术语的谁该做什么：“B” =买方，“S” 卖方

物流 BI 系统可以捕捉到最有趣的对于卖方或优化卖出价格的贸易术语，假设购买者坚持采用可操作的国际贸易术语。国际贸易术语，联合船运类型、承运人和船运货物，将产生风险和真实托运费用（或者船运单位）的深入了解。成本类型已经被很好地定义：运输、终端处理费用、保险、行政管理、给集装箱填补和拆分货物、仓库租赁、滞留费（拖延归还集装箱的费用）、追加费（快递、空闲时间、夜班、多停、油料等追加费）等费用。

时间测量有三方面：客户要求的吞吐量，由卖方/发货计划的吞吐量时间和实际吞吐量的时间。风险是有点难以测量，但我们能记录所有引起一方参与的保险索赔、额外费用或浪费时间的事故，将它除以船舶数量以生成代理数值。

BI 系统将必须抓取航运路径上所有影响国际贸易术语的路程上时间、成本和风险。对于经典批量货物供应链的主要如下：

- 货源地港口和码头；
- 海轮；
- 中间港口；
- 短途航运船只；
- 目的地港口和码头；
- 驳船；
- 内陆港湾；
- 火车；
- 卡车；
- 内陆站点；
- 转运航运站点；
- 仓库（群）：销售方、航运方、第三方仓库，购买方仓库。

如果你能图标表示分析阶段的所有元素，你会迅速地发现你自己（或你的同事）的下一个步骤：数据仓库建模。由于这超出了本书的范围，我推荐专门的文献，例如 Ralph Kimball（Kimball 和 Ross，2002）、Bill Inmon（1992）和 Claudia Imhoff（2001）等作者的文献。

一旦数据仓库收集到了足够的数据（并且我想知道你是否记得，从历史角度看，大多数系统有不同架构规则），你将能够进行供货商性能的分析，最后做出购买分析，以潜在地解决你的物流成本。据此分析，建立一个商务案例，将其限制在一定范围内，从一个站不住脚的假设到纯粹的猜想，即你只能知道系统是在经过长时间后的供应链成本的优化节省的百分比。也许这就是为什么只有首席执行官才能采取这一战略投资决策。

9.3.2　第二个实例：库存管理系统

库存管理系统（IMS）用各种方式回答的三个基本问题如下：

1. 我们多长时间才不得不决定经济的库存㊀水平？
2. 我们什么时候布置库存补充或者生产订货？
3. 订单应该是多大？

回答的第一个问题是确定 R（复审间隔）。理论上，这可能是在连续基础上做的，但是那只能满足数学爱好者。在现实生活中，复审是定期或是由一个事务触发：航运到客户、生产订单的接受或者客户的预定等实例。当订单被安排时，它

㊀ 经济库存水平等净库存（这是物理库存减去反向订单）加上库存补货订单，再减去发出保留股票。〈原书注〉

也处于正常的间隔或由预定的库存水平触发。我们利用“*s*”指示补充前库存水平，利用“*S*”指示补充后库存水平。订单数量是固定的或独立于当前库存水平，或者订单数量依赖于库存水平。我们使用“*Q*”代表订单数量。库存管理系统通常使用的上述符号的四个组合为*s*、*Q*，*s*、*S*，*R*、*S*和*R*、*s*、*S*。

9.3.2.1 s、Q或者两级系统

订单基于连续基础发出。一旦库存处于*s*水平，固定订单*Q*出去。这是一个简单的IMS，在相当均匀分布的客户订单、数量稳定的环境下运转正常。当意想不到的大订单突然出现时，这个系统是有缺陷的。为了确保该系统运转，在订单的交货期间内，*Q*要充分大于平均需求。

9.3.2.2 s、S

只要库存达到*s*水平，则订单是按照连续方法生成的。订单数量依赖于订单时间的库存。与*s*、*Q*的主要差别是订单大小，它是变化的。在大多数组织中，那里有很多隐性知识或经验，这个直觉系统工作非常正常。

9.3.2.3 R、S

每单位时间的*R*失效，订单被设置以补充库存直到达到*S*水平。这是一个原始的系统，只工作在货物和部件稳定输出的情况下。库存成本相对较高，但订货成本可能会比较低，因为系统工作在许多部件和货物来自相同供应商或者运输模式能力被优化使用的情况下。

9.3.2.4 R、s、S

大多数ERP系统提供完整的系统使用功能，这比以前的系统更复杂一点。*R*是一个计算出来的优化的订单间隔。计算*R*，*s*和*S*用于优化的经济订单数量或者EOQ，这将在下一章中给予解释。使用该系统的公司会有最低的总体成本：

- 订货成本；
- 存储成本；
- 存货占用资金成本；
- 缺货成本。

9.4 基本供应链报告需求

9.4.1 介绍

供应链管理者需要知道至少四件事以管理他们的部门：

1）每个产品的现金转换周期或者整个周期和优化可变成本；

2）库存成本，由此带来经济订单数量；

3）考虑风险的产品分析；

4）考虑到性能的供应商分析。

下面章节描述商务分析师应该知道的基本算法，用它来桥接管理信息需求和源系统。数据仓库将需要集成带有库存的财务系统的数据和产品管理系统。因此，让我们变得更高明些吧！

9.4.2 整个周期和优化变量代价

制造公司需要清楚地知道产品的投资回收期。需要清楚地认识到四个周期。我们一步步地讲解算法，以便你能开展分析，并且集中精力在算法的可用性和数据源方面。此算法将销售效率与产品和销售策略、供应商管理联合起来。它也能生成用于预测的有价值的语境：每种产品可被赋予一个敏感的因数，决定了投资预测的可信度水平。在关键产品情况时，该因数将非常高，将使管理者去仔细跟踪这些产品，而具有低敏感因数的产品享受更多的自由，所以自主的补充订单是更适宜的。

注意：公式中因数 365 指示的是一年中的天数，可以被替换成 360 天。

供应周转：

周转 S = 365 × 平均库存/（初始库存 + 购买量-最后库存）

产品的周转：

周转 PR = 365 × 过程中的产品平均库存/每年产品成本 + 年末库存产成品 – 年初库存产成品

客户的周转：

周转 C = 365 × 平均应收账款周转天数/销售额

购买和分包商的周转：

周转 P = 365 × 平均应付账款周转天数/购买额

整个周期 = 周转 S + 周转 PR + 周转 C – 周转 P

适宜的整个可变成本

计算适宜的经济订货批量的计算公式如下：

$$Q_o = \sqrt{(2DC/rW)}$$

即每年需求（D）的二倍乘以订货成本（C）除以风险、空间和利息的成本（r）乘以买卖成本（W）的平方根。

如果我们用 EOQ 乘以利息、空间、风险的成本和买卖成本，我们能评价每种产品的最低相关总可变成本：

$$TVC_o = Q_o \times r \times W$$

供应链报道的报告或多维数据应该指示 EOQ、总可变成本以及总成本和整个成本，它们既作为测量也作为维数，这使商业以自组织形式汇聚。

具有部分交付的 EOQ

部分交付对 EOQ 有很大影响。确保你使用下面的公式也能覆盖这部分：

U = 按单位记的每年消费

C = 订单成本

r = 风险、利息、空间等等

W = 整个购买

W/U = 单位成本

N_u = 按单位的优化批量

x = 每天的单位接收

y = 每天按单位的销售或消耗

那么（N_u/x）·y是接收期间的单位数目，$N_u-(N_u/x)\cdot y$是最大可能累计库存，于是平均库存等于：

$$1/2N_u\cdot[1-(y/x)]$$

于是，库存成本变成：

$$1/2N_u\cdot[1-(y/x)]\cdot r\cdot W/U$$

结论：经济订货批量为

$$N_{uOPT}=\sqrt{(2UC)/(W/U)r(1-y/x)}$$

产品分析

产品分析报告为商业提供了每个单个产品的重要性和风险的更为深入分析。以前的供应链报告提供了基于总体成本和最低相关总可变成本的分级输入。现在我们能使用下面的计算字段来增强这些报告：

按年计的确切总可变成本；

按年计的最低相关总可变成本；

（$TVC-TVC_o$）的改善空间；

按年计的总毛利；

开销的贡献：总毛利-确切总可变成本；

供应商：名字和ID；

供应商：供应商收入中的Delta Light份额；

供应商的付款期限；

供应商评价：利用子报告描述细节的复合图（如下面所示）。

供应商分析

该子报告提供了供应商绩效的考量：

供应商提供的参考数量（分为原材料、组件和最终货物）。

在供应商数据库中的一个或更多可替换供应商的参考数量。

该供应商贡献的整个参考收入：双倍计数是可能的（也是有用的），因为一个产品有一个以上的供应商。对单地产品的劈分（对于仅有一个供应商的）或者第二供应源选项（也就是：对于一些产品有多个货源，或者所有组件都有第二货源）。

每个供应商每年的订单数目。

每个供应商每年订单线数量。

在要求/承诺交付期间内的订单/订单线的数目。

在要求交付期间内的交付的订单/订单线的数目或者完成交付百分比。

DOA[⊖]百分比。

联合这些发现，供应商评估报价单使用两个方面：

正面：

收入×要求期间内完成交付的百分比+收入×(1% DOA)

负面：

收入×要求期间内未完成交付的百分比

9.5 使用 BI 的预测系统的构建

为了建立预测系统，你需要对公司活动有一个宽广的视角。我不会深入讨论建立一个确切预测基础表的细节，但是作为一个商务分析师，如果你考虑建立一套预测系统，你应该意识到用于预测的各种数据和信息层面和一些对于客户的一般性建议。最后，顾客不得不知道评估方法或 KPI 群以测量预测系统的性能。这些是层次，逐渐拓展你对该主题的视角：

1）历史的交易数据：例如，订单、产品轮次、仓库数据、发票、预订、取消和订单替换；

2）大趋势和季节模式及它们的起源（如果知道的话）：例如，天气、庆典期间或大事件；

3）市场推广预算及输出：例如，市场活动或销售培训；

4）市场趋势：例如，消费者指数；

5）主要指标：例如，原油价格、美元/日元比率、相关的消费指数；

6）超大趋势：例如，较小的家庭用品、亚洲虎。

9.5.1 一般的建议

在你决定购买软件和咨询服务之前，确信你评估了专业预测系统的价值和影响。使用关于历史时期数据和具有各种季节模式产品等概念证明。预测的数据需求不必要是数据仓库数据需求的优良输入。利用积累的数据，一些模型可以较好地进行预测工作，因此数据仓库是不必要的。下面我们将评价其影响和价值。

9.5.1.1 预测具有全局影响

专业预测可能导致商业过程再工程化。需要考虑它对预算和时间估计的影响。一般来说，许多预测项目表明供应链、销售渠道和管理中交流的缺乏。不能弥补这些交流鸿沟将严重影响预测性能。

⊖ DOA：货物接收中缺陷产品。〈原书注〉

预测也能导致新的分类策略。例如，产品分类源自财务渠道或销售渠道的视角，但如果供应链对于部件或产品步骤有严重的瓶颈，围绕这些产品的新组合或供应串可能证明是与预测更相关的。预测也可能导致高级的市场研究，例如心理细分或购物篮分析，传递出问题的答案——包括哪些产品伴随其他产品一同购买。

最后，预测可能促使组织更关注宏观经济数据（例如来自国家银行、OECD 和世界银行的经济展望）和中观经济数据（例如专门市场的 Gfk[⊖]和 Nielsen 图，因为他们能影响趋势线）。

9.5.1.2 预测是一个完整过程

许多组织认为预测是：嵌入一个工具，为工具提供一些数据，分析数据，然后就完成了预测。他们忘记了测量本身会影响行为，需要产生数据的语境的深度知识，来影响数据的价值。正有一些例子佐证我的观点。

销售经理将认识到季度末在销售图上有两个运动：季度末的前或后有一个波动。为什么是季度末前？因为公司想去发布正面数字，所以他们想出所有本书承认的相接近的方法（并且有时其他的类似附带文书）。为什么是季度末后？因为销售人员已经达到他们季度目标，试图优化他们的奖金收入，所以他们把订单保存在公文包中。

销售经理也认识到大项目组织中的购买行为的波动，例如建筑公司。当他们已经有充足的利润和现金时，他们将购买可消费的物品，而不是建立作为项目成本的库存。反之，他们将停止所有采购并将他们的库存降到最低。

9.5.2 定义预测系统的 KPI

当你开始开发预测系统时，利用时期 $n-2$、$n-3$ 和 $n-4$ 的数据集合评价出时期 $n-1$ 的结果，借此测试算法的可用性。但是你如何确定预测结果的价值？

有三个 KPI 对于评价预测结果是有意义的，相对于现实。MAE（Mean Absolute Error，平均绝对误差）是每个周期绝对误差的平均值。它显示了通常预测误差的尺寸，不惩罚额外的预测误差。因为我们使用绝对值来计算 MAE，不知道误差的方向，因此预测误差不会互相抵消；也就是说，我们不知道误差相对于确切的输出是正还是负。

计算 MAE：

$$\text{MAE} = 1/n \sum_{t=1}^{n} |A_t - F_t|$$

其中 A_t 为确切值，F_t 为周期 t 的预测值。

MAPE（Mean Absolute Percentage Error，平均的绝对百分比误差）是每个周期的百分比误差绝对值的平均值。在这个 KPI 中的假设是较高的销售数字吸收了较

⊖ GfK 是 Gesellschaft für Kundenforschung 的缩略语，是一个著名的市场研究组织。其网站是 www.gfk.com。〈原书注〉

高的预测误差。类似 MAE，它不“惩罚”额外的预测误差。MAPE 可能返回差的结果，当确切值中存在零值时，这导致了除零情况。

MAPE 计算式：

$$\mathrm{MAPE} = 1/n\sum_{t=1}^{n} \mid A_t - F_t \mid /A_t$$

确切值 A_t 和预测值 F_t 的差除以确切值 A_t。该计算式的绝对值对于每个配合或预测点按时间被累加，除以配合点数目 n。这生成了百分比误差，所以能够比较配合时间序列的误差，这在水平上是不同的。

RMSE（误差均方根）是每个周期的所有误差平方和的平方根。它“惩罚”极端预测误差，该误差不能相互抵消，因为它采用了平方项。该测量不能显示预测误差的方向，大多数统计学家经常使用它，因为极端误差影响应该在计算过程中被减小。

RMSE 计算式：

$$RMSE = \sqrt{\sum_{t=1}^{n} (A_t - F_t)^2/n}$$

将图 9.4 中的预测曲线与圆圈代表的确切值相比较，显示出在此情况下的较好季节性适应性。

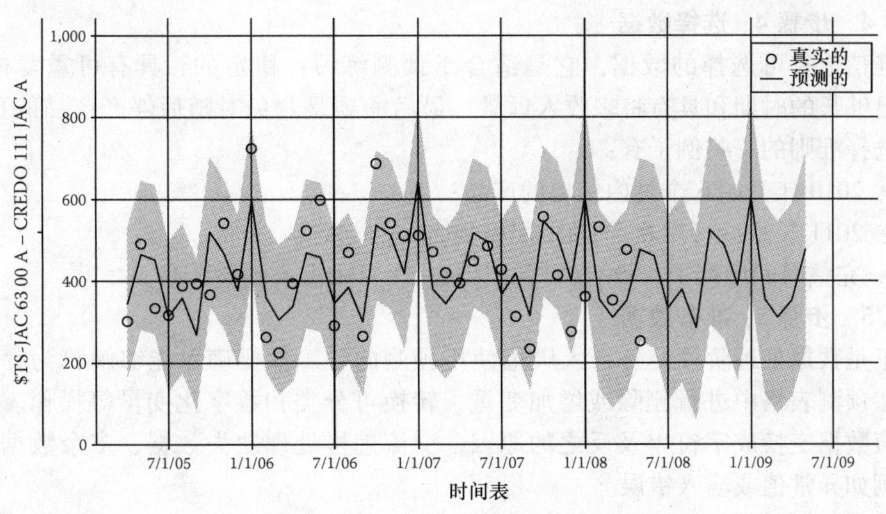

图 9.4　利用真值的预测曲线

9.5.3　预测的代价调整

预测代价调整是相当直接的，如果预测的额外成本能被较高的库存管理或服务水平所补偿，那么公司应该进行该项投资。换而言之，只要是系统具有比原始方法好的一个或多个上述 KPI，则改进预测的附加百分比应该基于成本降低或者收入增加，进行计算。

我已经建立的模型只是商务分析家评估结果可能采取的方法之一。

9.5.3.1 步骤1：收集数据

拿一组产品代表你的总毛利（希望适用于帕累托定律），是用各种统计工具测试各种预测方法以验证概念。你将检查到去年之前的期间，例如，这允许你将预测数据与确切数据相互比较。确保你有充分的历史数据，分布在相同的代表周期上（也就是，比较第 $n-1$ 次圣诞节购物与第 $n-2$ 次圣诞节购物等）。最小的是每个单独产品的销售额和收入总量、单个产品的库存水平（在大多数情况下，是每产品组件），也是宏观经济数据，如市场容量、GNP 数据等。

9.5.3.2 步骤2：基于结果决策

我们需要每日、每周或每月的销售数据么？我们需要最低单个产品水平、产品组、一堆相联系的产品或类别么？这三组名字的定义对于每个组织是有变化的，所以要检验这些数据！

9.5.3.3 步骤3：综合数据

在此步骤中，重要的输入很容易被忽略，因为在基本表格（base tables）中不一定有所有数据。作为商务分析师，跟踪相关事实和图表是你的工作，包括市场预算、某些时期的竞争力对抗、新产品启动或产品升级。

9.5.3.4 步骤4：选择数据

确信你有可选择的数据，它是适合于预测练习：稳定的、具有可重复模式、具有足够长的时期和具有将来收入远景，最后一项是避免对随后停产产品的预测。一些选择准则的一些例子有：

- 2010 年开始 6 个月内销售的产品；
- 2011 年最后可用 6 个月内销售的产品；
- 完整时间序列中，没有销售的具有三个月中最大数量产品。

9.5.3.5 步骤5：准备数据

正是数据处理阶段使外行人厌倦使用预测向导。你要确保能够解释为什么和怎么在预测表格中进行删除或增加变量、转换可分类和数字化变量等操作。演示将数值数据变换成字符串及反之的原因，交流怎样处理缺失数据、多余数据或噪声，例如异常值或输入错误。

9.5.3.6 步骤6：选择并开发模型

请参考一本统计学方面的好书。可以说有无数的预测模型，从古典和简单的模型如（中心）的移动平均时间序列，借助其他学科知识，如投影寻踪回归和神经网络。尝试在一个有限的数据集，寻找最好的结果。

9.5.3.7 步骤7：验证模型

现在检查该模型是否适合整个数据集。也就是，基于过去数据的预测是否与检测期间后的确切销售数字相一致，如果实际并非如此，检查次好的替代模型，因为它可能较好地适合较大的数据集合。使用 KPI 描述以前的页面。

9.5.3.8 步骤 8：仔细评估该模型

计算原始方法和预测方法之间的差别，也就是，来自确切和预测导致的成本偏差，例如：

- 由缺货导致放弃销售的机会成本；
- 由过度乐购预测导致库存背负的成本。

这些成本要与高级预测系统的总体拥有成本相匹配。我已经分解这些评估为一些相关步骤。

如果结果是积极的，记得包括维护预测模型的成本，因为它将随着时间而变化，所以不要指望很长的回报周期，如五年以上。你的商业越是易变，预测基础设施就具有较高的内部收益率。

9.5.3.9 步骤 9.1：评价结果：改善传送性能

对比工具结果和来自原始方法的结果，使用三个 KPI 来评价他们。

表 9.2 改善交付性能的增值评估表

	边际贡献	工具方法改进（%）	变化/欧元
MAE	250，000	55	27，000
MAPE	180，000	61	21，000
RMSE	350，000	42	30，000
平均产量			26，000

如何阅读表 9.2?“边际贡献”列是由预测产品在一定被评估时期内的实际销售数量。在“工具方法改进”列中的百分比显示出概念评分较高的方法优于老方法的产品的百分比，这是基于被选择的 KPI 得到的。如果该公司没有这些产品的库存缺货情况，“变化”列是已经产生的额外的边际贡献的计算结果。

9.5.3.10 步骤 9.2：评价结果：减少库存传送代价

在步骤 2 中，我们看到低估需求的影响，现在我们考察更加困难的方面，也就是高估需求及其对库存成本的影响。在前一步骤中应该已经发现成本合理性方面的足够证据，那么可忽略此步骤，因为在那个步骤中有对计算和评价方法的讨论。

表 9.3 减少库存传输费用的评估表

	周库存周转率	新库存周转率	销集	减少 ICC 8%/欧元
MAE	3.2	3.8	3，000，000	11，842
MAPE	3.4	3.9	5，000，000	15，083
RMSE	2	3.6	2，500，000	44，444
平均产量				23，790

如何阅读表 9.3?“原库存周转率”列显示每年补充库存的次数。换而言之，销售 t/库存 $t=3.2$。因为较好的预测，公司将能降低库存，也就是，如下一列所示，增加“新库存周转率”。“销售”列显示 MAE、MAPE 或 RMSE 提供较高结果

的数量。“减少 ICC 8%”列显示库存成本的节约，这是基于每年 8% 库存基础之上。但是准备用于该评估的讨论。原理论据如下：

1）订单数量和订单的交货时间不允许我们有较低库存；

2）销售模式在时间上是非常不平稳的分布，所以一个周期中的收益可能引起库存的不连续；

3）交付能力导致客户流失的成本超过了库存成本；

4）你的计算不能考虑被共同销售的产品，因为那不在你的预测范围内。

所有或者部分论据可能是正确的，需要通过进一步的研究和调查来验证。如果对进一步调查既没有时间也被有预算，那么应该警惕这些论据。

9.5.3.11 步骤 9.3：做一个所有权分析的完整代价

预测系统的实现需要大量的 IT 成本，比如构建数据超市和如 SAS、Statistica 或者 SPSS 的统计工具。重新设计的过程和语境数据采集成本以及专门的人力资源也应予以考虑。当模型随着时间的发展以适应新的长期趋势或者短期不连续的销售模式时，并不总是较好的。

9.5.3.12 步骤 9.4：计算 ROI

采用净现值（Net Present Value，NPV）方法稳定，用于在较长的一段时期内的低风险的回报率或一个简单的投资回收分析应对高危环境，为比较现金流的输出和输入，所需要的是要求快速的回报。

9.6 商务分析问题

9.6.1 总体评论

供应链管理是增加效率，这自动导致初看矛盾的两个结论：

上帝存在于细节之中。效率是有关调整你所想到的每一个成本和收益驱动要素的，即使它是小数点的后三位时也是如此，因为我们可考察各个过程，在每一秒钟都产生一个结果，它会突然使这些小的数字变成非常大的数字。

一直保持宏观视野。有时面对客户是必要的，他们想把问题做正确，“但是，你做了正确事情么?”

所以，在你挖掘细节之前，确保你对顾客订单关注点有一个很好的把握。COP 将是一个主要的指标，指导物流 BI 项目。一些实例如下：

1）COP 越远离批量生产环境，越需要好的预测方法；

2）公司越依赖基于项目的收入，越需要项目管理分析工具。

供应链管理和制造是质量管理，因为质量管理在成本和收益之间具有一个最佳匹配。确保你了解组织中的质量管理理念。

1）Philip Crosby（1967/1990）的对要求的一致性；

2）Joseph Juran（2010）对目的或使用的适应性；

3）整个复合产品和服务特性的 Armand Feigenbaum（1951）的满足顾客期望，针对整个生命周期的市场化、工程化、制造和维护。

检查是否存在质量成本度量。

9.6.2　需要进一步解决的疑问和问题

确保你能得到库存管理系统的输入和输出（*s*、*Q*，*s*、*S*，*R*、*S*，*R*、*s*、*S*），数据是如何被收集的。IMS 的过程描述能说明该问题。

对产品、过程、货物接收和货物运输使用什么样的质量控制点和收集什么数据？

何时、何地使用属性控制管理（以 go/no go 方式）、变量管理（以基于正常的偏差方式）？

组织有的或者希望有的是什么控制统计？

第10章 BI和营销管理

10.1 简介

今天的市场管理越来越多需要IT的支持。这起始于邮件订购公司，他们率先使用IT来管理他们的客户及其资料，后来逐渐扩展到了其他各个行业。然而，仅是近些年来，我们才成功地提出营销自动化，或者客户关系管理（CRM）系统，随着IT供货商逐渐理解市场和销售是有创造力和自由地现场即兴展示，这需要不同于产品系统的IT支持。

然而，“CRM/BI在一个盒子里”的承诺还没有实现，尽管有工具厂商的CRM分析技术的宣称。为什么？因为没有工具厂商能预测出市场部门需要的灵活性，其中存在着连续改变的驱动力、竞争性移动、新产品介绍、交流沟通等等。基于对当前形势和（潜在的）将来的方向整体分析，营销的商务智能（BI）是90%的定制。在本章中，我尝试解决主要问题，尝试回答你的营销顾客的问题。但是首先，让我们看一下营销分析的首要来源。

10.2 我们借助“CRM”达到什么目的？

客户关系管理是所有过程支持和过程管理软件的一个总称，具体包括销售、市场营销和客户服务。特性模块或源头是：

- 销售管理（漏斗管理/区域管理/等等）；
- 现场销售；
- 销售人员管理（项目销售、行业销售、畅销消费品［FMCG］公司销售等）；
- 列表管理（用户数据库分析、地理信息系统［GIS］分析等）；
- 报价管理（包括销售配置、赢亏分析）；
- 订单和执行管理；
- 售后服务（包括e服务）；
- 辅助管理（营销文档、版本管理、配置管理等）；
- 电话营销（咨询、电话销售：境内和境外等）；
- 竞争者管理；
- 活动管理。

当用户被训练去获取和维护高数据质量标准时，CRM 系统能贡献出有价值的管理信息。然而，许多 CRM 项目已经失败，因为不现实的管理期望、缺乏用户激励、不清楚版本和实现方向，以及相对其他部分最不重要的不充足的定义和投资回报的定位。客户数据是一堆零碎、被测量和被记录的混合数据，具有被解释信息和单独的评价。管理这种混合数据是一个连续过程，这是与知识管理过程相类似的。不能理解这一点的组织将不能完全从 CRM 系统中受益，而仅仅让商务智能系统作为市场营销的目的。

10.3　我们借助“行为分析”达到什么目的？

在互联网之前的时期，行为观察和分析是昂贵、资源密集的活动，具有大量质量问题，诸如一致性、时间底线和可扩展性等问题。现在，行为分析仍旧不便宜，但至少这三个主要问题已经不复存在。

Ralph Kimball（2000）是提出数据网站库（data webhouse）思想的先驱者，Jesus Ména（1999）已经对其核心商业业务进行了行为分析，奠定了数据网站库的基础，同时增加了文本挖掘和大量的数据挖掘工具，包括自组织映射以产生机会的聚类或混合代表。注意：你的客户不一定需要一个电子商务应用；他甚至不需要网站去生成这些聚类。有大量令人振奋的工具，可以分析论坛、博客、社会网络等类似的行为分析源。这种类型的分析是很难利用经典的在线分析处理（OLAP）和报告工具实现的。

流行行话数据挖掘已经在营销行业火爆了至少十年，我认为它是一个应用统计学的花哨的名字。它已经经常导致昂贵的单次分析项目（one-shot analysis projects），忽略了数据仓库架构的潜力。果然，许多工具只需要一个用逗号分隔值（Comma-Separated Value，CSV）表示的大表格，但是为什么不确认数据仓库能基于通常基础传递这些文件，为什么不把这些结果反馈回数据仓库类似的分段数据中，无论是一维用户端或者是用户-产品字段，和其他聚类结果（例如产品-渠道、产品-时间或者“孔径”）？

10.4　我们能从过去的失败中学到什么？

在我办公室曾经有一个毕业生，她想做一篇关于产品发布的市场失败及其原因分析方面的研究论文。我告诫该学生，说她会有麻烦：受访者不愿意承认任何营销失败，无论是在日常的工作或在一个特殊的项目，类似于新产品发布。但是作为一个年轻的学生，她不缺乏热情和动力，决定拜访至少五个畅销消费品市场的产品经理和多位工业市场的产品经理。

在几个月后，我们再次相遇，她告诉我她已经改变题目，因为她联系 60 多个组织后不能成功完成一个访问。从最大的居家品牌到较小的壁橱营销人员，没人愿意展示任何过去失败的证据。我给读者精神上的解释，但是请读者放心，在这些年中，作为顾问，我已经碰到大量的失败，不再对 BI 营销规律产生兴趣。

因为我不想与大公司的敏锐的律师发生任何冲突，我将隐藏名字和地点在通用标签后面，例如“一个大的食品制造商”或者“一个欧洲物流公司”。所以这里是商务分析师在做市场部工作项目时得到的一些教训。当你做你的建议和评估失败的风险时，阅读案例并寻找的症状。

10.4.1 当运营主导一切时

一个大型化工公司曾联系我们来实现 CRM 和数据市场以进行客户分析。在一周的访谈和案例研究后，我们偶然地发现难以置信的东西是去考虑这种可能性：IT 经理宣称所有相关的客户数据将停留在该公司的企业资源规划（ERP）系统的客户订单模块中。又来了？所以获得顾客的订单之前的整个和重要的过程将保持在黑暗中？是的，因为这样的环境被宣称为所有客户数据不例外地处于规则之外。我们礼貌地表示歉意和退出项目，因为这只能导致灾难。尾声：五年后，消息传来，顾客仍在与他的营销分析质量做斗争。

10.4.2 当财务领导一切时

一个客户的财务观点是罕见的标本，该观点看起来比下一个会计周期更深远。在另一方面，一旦合同已经收到发票，将保持多年的客户关系。大多数财务应用使用非常窄的“客户”定义，那也就是，已经收到发票的一方。然而，客户的观点是非常大的，如我们第 1 章“通用商业目标定义”一节所示的。并且，这只是潜在问题的冰山一角。市场营销和销售分析师需要支持关于贡献利润、价格弹性、多级定价（multilevel pricing）、分销策略和售后服务策略的决定。如果你所知道的任何财务软件支持这些商业问题，那么让我知道，人要活到老学到老。

10.4.3 当过于复杂的销售模式成为规则时

在此情况下，销售和市场部处于领导地位，但对 BI 项目没有益处。部门充实了大量的年轻毕业生，他们从没卖过一包香烟或一份报纸，更别说让他们直接参与复杂服务产品的营销工作了。当他们设计一个销售从业模型时，他们尝试为多渠道团队销售方法中的每种可能情况预测一个 CRM 结构和过程。

团队销售暗示一个以上的账户经理和产品专家或技术售前支持人员被关联到同一客户，多个通道意味着多于一个账户团队被关联到同一客户。两个结果的结合导致了依赖客户的蜂窝状的等级结构。并且使事情变得更糟的是：客户也使用客户等级结构，合法实体作为结构顶层，接下来是合法下级，最底层是分配账户经理（们）的物理位置。让我们尝试借助图 10.1 解释客户视角的图示。当然，相同的图示可以以产品视角表示，以及以账户经理视角表示。在该图中，为支持客户，客户能有一个或更多账户经理，也有一名或多名的产品专家。即将发生的风险是双重统计收入或产品数量（即统计两次）。

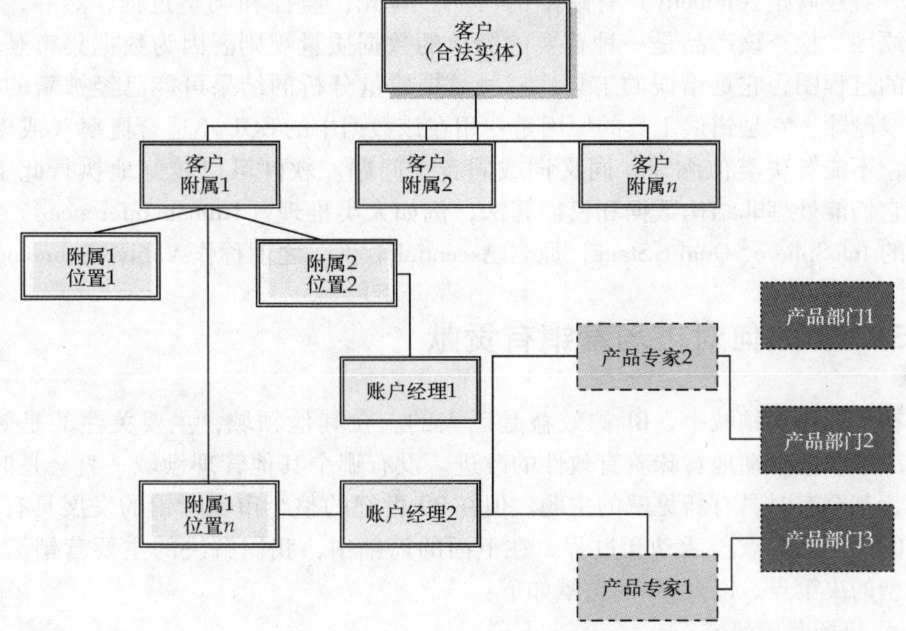

图 10.1　销售从业模型的复杂性

两个已经很复杂方法的营销组合导致数据模型非常复杂（雪片状），这需要每月快照来保证一定的查询性能。即使你的工作不是预测商业情况，而是描述商业情况，你可能也需要在类似于此的复杂销售模型前警告顾客。

10.4.4　错误地使用 BI 的时候

当我开始给一家物流公司做新的 BI 项目时，有一个相邻的项目已经开始朝着错误的方向发展。公司已建立了一个数据超市，以研究 CRM 源系统的数据质量问题为目的。CRM 应用已经被“定制化”，以让任何人在它上面做任何事情。任何文书（clerical）用户可以生成、读取、更新或删除（CRUD）客户、前景及其他部分，例如供应商或竞争对手。Soundex 算法防止副本的生成，甚至失去其他英式英语或美式英语功能，CRUD 流程是不存在的。显然地，CRM 已成为各方的严重问题：销售、销售分析师、客户服务人员和他们的经理。

补救的办法处在 CRM 系统的规程和建立之中，最后但并非最不重要的，产生客户数据质量意识。相反地，公司决定通过数据超市，利用范畴逻辑分析数据质量。数据超市提取客户数据、订单和发票数据，以及账户经理的数据，并在报告中对其进行交叉检验。然后，这些报告被用于清理源系统的反馈。不幸地，数据质量问题仅是被解决的60%，项目被认为是失败的。

为什么这个项目失败了呢？显然，该项目的目标是不现实的，BI 系统是不适合做这项工作的工具。不切实际的原因是：如果源系统没有数据质量基础，BI 工具将一直在修正（remedy）有缺陷的产品。首先，监控和调整过程，然后，出于安全原因，检查该产品是一种首要的简单的数据质量规则。因为数据集市是一个持续的过程图，它是错误的工具，一些数据质量分析的结果可能已经被新的条目淘汰或删除。它是错误工具的原因是：用在该数据中的 SQL 不适合概率（或模糊）逻辑，不能解决类似缩写、同义词或同音字问题。软件可以较好地执行此工作，因为它们能处理非结构数据和模糊算法，例如人类推理（Human Inference®）或者 IBM 的 InfoSphere® QualityStage，原名 Ascential 软件，之前称作 Vality Technology。

10.5 BI 如何对市场营销有贡献

在市场营销领域中，BI 的效益是巨大的。在其他领域，主要关注的是效率，营销决策改进自动地意味着有效性的改进。没有哪个其他管理领域一直会是时尚、炒作、甚至有时具有新见解的主题。但在 20 世纪的整个市场营销的发展具有一直存在的两个固定点：活动和过程。在下面的篇幅中，我们解决的主要营销活动及其典型的决策点、以及 BI 的贡献如下：

- 市场营销研究；
- 亲和力分析；
- 直接的产品利润；
- 产品开发；
- 销售；
- 促销；
- 客户服务；
- 渠道管理。

我们也仔细地看一下典型的市场营销规律，这是按照其主要市场营销过程分类的：销售承诺换取客户的金钱。确信学术界可能找到不同的规律分类方式，但是我已经警告你：我不是一名学者，我寻找的是务实的解决方法。基于我的分类方式，很容易说明 BI 是如何给如下市场营销管理区域提供专门的贡献的：

- 零售市场营销；
- 工业市场营销；
- 专业服务市场营销；
- 快速消费者商品市场营销；
- 消费者投资商品市场营销；
- 药物市场营销。

10.5.1　市场研究

大多数市场研究项目寻找答案，以明晰酝酿阶段的问题，例如：

“在哪个部分中有我们成长的机会?”

“与我们主要的竞争者相比，我们定位是什么?”

大多数这些研究问题被按照项目进行管理。利用恰当的 BI 基础设施，它能变成一个过程，传递连续的市场决策输入。利用一个作为支撑的数据仓库，市场研究效率和效用能被显著提升。

这里给出众多运行实例中的一个实例。市场营销研究中的最大困难之一是量化可量化的研究数据。组织可能有有趣的结论：心理统计分布倾向于成为客户的一个新的产品线延伸，但量化这种新发现的部分是另一件事。已经开发了各种各样的替代方法，以解决成功率变化过大问题，但是较少的方法能弥补这些概况和客户数据之间的差距。所以这里有一些问题，你可以要求客户将她的注意力放到这个机会上：

1）你的企业对企业（B2B）CRM 系统和销售方式支持心理统计决定因素的调整吗?

2）你的企业对消费者（B2C）CRM 系统能跟踪心理统计的决定因素吗?

3）你有没有与其他公司的客户交换数据?

4）你调整客户的媒体消费模式吗?

10.5.2　亲和度分析

我第一次碰到亲和度分析是在该概念被学术界接受之前。我的在邮购公司的同事们分析每个目录页的销售。当比较硬件销售的季节变化（与时尚业相比，这些产品在外观、产品和价格上变化不大）时，他们发现了令人吃惊的结论：在一些产品中，某些产品卖得比较好，而其他的不受相邻产品的影响。亲和度分析已经变成一项零售商的主要营销活动，另外品牌拥有者可以寻求渠道的产品定位影响。使用的统计方法往往是一种联合分析，用以比较消费者对所有可能组合的喜好。

例如，如果客户买防晒霜，购买太阳镜的概率是 $P(x)$，不买冰激淋的概率是 $P(y)$。但是，亲和度分析不必分析同时购买的东西。保险公司能从该分析中受益，具体实例如下：为自己的第一辆车购买保险的客户，现在比四年前有更高可能购买人身保险。

购物篮分析是一种零售行业中亲和度分析的形式。在其最简单的形式中，亲和度分析是交叉销售分析的变化，其中某些产品被选作锚点，评价与之共同购买产品的数量和种类。在其最复杂的形式中，购物篮分析使用例如 k-最近-邻居或发展寻踪回归以“发现”产品间的自发关系。

注意到大量的冗余，在数据和琐碎的结果中，就像“柠檬汁和可乐”或“油和醋”。已经有许多自组织的解决方案用于市场的亲和度分析，但恐怕这些快速解决方案不能获得良好的数据仓库，因为后者提供更多灵活性、透明度，比点解决方案更具规模扩展能力。

10.5.3　直接产品利润

如果你是仓储业务公司，这是一个简单的 KPI，用于计算出每一单位物理产品、每平方厘米或平方米获得的利润。直接产品利润（Direct Product Profitability，DPP）是一种用于零售商的常见概念，零售商必须决定哪种搭配或产品占用地板和货架上的空间，以及 FMCG 品牌。营销者用它来计算购买额外的货架空间或花钱在展示及其他促销活动以获得额外空间和按平方厘米计量额外收入之间的权衡。在四分之一的物流提供商中，我仅遇到一个商务案例，使用它来计算每种产品类型的优化仓库租金。

基本上，DPP 是一种形式的作业成本法，用于确定各个领域中产品成本和利润，具体包括制造、分销、零售和其他业务。DPP 涉及了所有产品、渠道、地区、运输和处理、客户、原材料和零部件供应商相关的直接、间接和作业成本。典型的制造商 DPP 问题是“我们是否应该增加产量以满足增加的需求？即使这样意味着超时和更加昂贵的供应源”或者“我们付给货运转运公司的多余价值是否带来库存吞吐量的减少和更高的客户满意度?”。DPP 还提供了产品开发的投入，因为开发者可以测试新的产品配置、包装、定价方案以及它们对 DPP 的影响。最后，DPP 影响运营领域的其他众多 KPI，因为它能强迫管理层去开发新过程、供应源和其他改善效率的措施。

该公式是简单的，但是产生此结果的该数据给出了数据仓库的引人注目的商务案例：源是多种的、粒度是最底层的和详细的、时间跨度可达数十年（因为一些品牌已经是永久的，或者物流行业中的一些客户关系延续了数十年）。

为了计算 DPP，用产品的利润空间乘以单位销售量：这是产品的整个利润。利润除以所使用的货架空间；例如：6，000 美元被 120cm 除，等于 50 美元/cm 的贡献；该贡献是直接产品利润。市场人员正确地评估这些 DPP 结果时所面临的一个问题是货架相邻产品对 DPP 的影响。语境信息是同样重要的。这些系统应该记录这些问题的答案，具体包括：

竞争力是强的、中等的还是弱的？

在出口上，他们销售面（sales surface）是什么？

促销的影响是什么：品牌、商店和货架或其他？

10.5.4　产品开发

我还没有遇到一个 BI 系统充分支持产品开发过程的成熟的商务案例。但有迹象表明：BI 可以大大有助于产品开发。我看到两个重要的轨道：第一条轨道是产品的价值分析能保障设定创新的目标；第二条轨道通过分析主要指标有所贡献：

- 请求产品的客户服务台帐，或者该公司未在其供应物中包括的产品特性；
- 扫描专利数据库；
- 互联网研究；
- 多学科和跨学科研究已经使 BI/知识管理（KM）系统成为可能，以生成研究和开发元数据的需求；
- 连接了基础研究组织（大学、研究所）、BI/KM 系统和公司的 KM 或 BI 系统；
- 公众权威机构发起创新平台，支持较好的商业与研究之间的协调关系。

在 2009 年 4 季度中的价值分析报告实例见表 10.1。你不必成为一个英明的产品经理以决定：剩余的产品或者新产品以弥补下一年的差距。尽管该报告看上去非常简单，但潜在的数据和算法相当复杂。考虑到预测，第 9 章的“建立 BI 使用的预测系统”一节，购物篮分析和关联分析，我们已经在以前的章节中给予描述。分段方法的使用，可对这样的产品开发有所贡献，原因是能检测出“未被服务的受众”。

表 10.1　价值分析实例

产　品	工具 1
年附加值	按欧元计（以欧元为基础，YTD）
2006	965，000
2007	945，000
2008	895，000
2009	820，000
趋势预测	保守估计
2010	730，000
2011	630，000
2012	510，000
2013	470，000
2014	320，000

10.5.5　销售

大多数的 CRM 应用程序，其中包括销售自动化（Salesforce Automation，SFA）提供对个人客户、客户群体和细分良好的数据，但大多缺乏长远眼光，缺少与财务和运营系统的集成。原因并不是该应用中缺少这些特性，而是在一般偶尔使用时，只用到软件 20% 的功能而已。一家大型跨国软件供应商采用了顶级 CRM 软件包，也只不过捕捉静态的客户资料和记录的调用等。在 Excel 中进行机会管理，虽然由工具支撑，联络中心组件并没有提供任何的管理信息。来自交换局（switch）

的数据被认为是一个更好的来源。

再有，就是销售人员缺乏动力和纪律，未能将良好的数据反馈给系统。所以，如果你从事销售部门的业务分析项目，确保你至少将一些基本的报告填充到系统中。你会终身受益。

确保你的 BI 项目提供了基于每个客户长期销售数据的销售预算过程支持。在消费品的情况下，你的日期和时间维度需要最高技术水平，以提供可靠的预测数据。如果没有某种形式的每个客户的销售成本会计数据，请确保你使用它能计算每个客户或潜在类型的销售效率。

10.5.6 销售推广

完善的销售推广分析的基础是每个产品都有盈利和损益报告。它会告诉你基于产品利润基础上的折扣和其他销售奖励。但有很多事情需要给出。如果你真的想要一个复杂的销售推广的分析工具，客户端必须创建一个对照组，即不受任何促销影响来提供基线。在某些行业，这是不可能的，因为所有的买家可交流信息，另外其他大部分市场，总是会有一个面向消费者推广网络上的价格比较工具。然而，总是会有对销售推广不做出反应的细分市场，而且购买顾客的产品给你提供一个关于基线的线索。

为了将基线与销售推广组进行比较，客户和产品的交易组合（订单、发货和发票）需要精细粒度：一个行项（line item）。确保从一开始认识到这一点，因为这将对数据量产生影响。

10.5.7 客户服务

客户服务应用可提供大量数据，这些数据可以被用以提高客户的语境数据的丰富性。结合客户查询，无论是投诉、售前或售后信息、其他类别，利用数据，如交付业绩、产品、销售代表、渠道、供应商及推广的类型，你将会从组织表现中学到很多内容，这要比任何损益表的内容要多得多。

10.5.8 销售渠道管理

销售渠道管理是最困难的市场营销决策之一。无论你是在推出新产品还是优化目前的渠道策略，这些决策将会严重影响产品的定位和盈利能力。

我至今还没有看到对渠道管理决策的完善 BI 解决方案，但我相信，地理信息系统、每个渠道产品的盈利能力、客户细分的数据和从零售市场研究外部的每个市场渠道的市场份额段的数据的组合可以提高决策的质量。在大多数较小的 BI 项目中，渠道决策是专案研究和 BI 环境下的专门查询的组合研究的结果，其中每个渠道的产品利润是必须有的。

10.5.9 零售市场营销

俗话说："零售在于细节"，这告诉你一些关于BI系统的精髓：现金收据上的每行条目、每个存货项目、每平方或立方的空间、每一个员工、每一个客户及其他众多事项。零售商需要面对的两个基本问题：首先是估计每个最优库存补充周期的需求，二是创造最佳的交叉销售机会。一个表现卓越的欧洲零售商Colruyt，它活跃在比利时和法国北部，非食品存货周转天数为2。那也就是每两个工作日周转一次。很显然，这样的物流表现，其预测几乎是实时完成的。

交叉销售的问题涉及的品类管理、陈列、促销管理和亲和度分析：哪些产品与其他一 通常不相关的副产品一起销售？基于ABC直接的产品利润是零售业中使用的一个主要KPI。

10.5.10 行业市场营销

在过去的十年中，所谓"企业对企业（B2B）"市场成为主流，但由于某些原因，我喜欢坚持使用旧的B2B概念，它包括零售商和商业组织间的专业服务，我认为这是一个完全不同的规则和商业模型。作为对B2C的泛泛而谈，这样的B2B导致更大的混乱，因为在B2C定义中有些人仍然使用一个一对多营销为特色的特质、缺乏一致性。如果你观察零售商，他也是一对多方法。术语"行业市场营销"定义了一个更同质的商业模式，因为它涉及工业产品、从原材料到成品、或者一对一地销售到其他商业组织的项目。将这个概念进一步窄化的三种亚类有：投资品、设备和机器以及耗材。

这些组织的BI的需求很复杂，应谨慎处理。我的意思是，有许多"聊胜于无"的情形，但随着时间的推移它们很少会产生真正的商业价值。如果组织有一个良好实施的CRM工具，其中许多聊胜于无的信息可以通过运营CRM的报告加以提供，但更深层次的分析洞察只能通过BI系统提供，其中有些跨越许多边界，甚至超越组织的限制。

由于购买投资品、设备和机器是一个漫长而复杂的过程，行业市场营销人员总是在寻找领先指标，如消费者信心指数、采购经理人指数、在股市上的某些行情等。

10.5.11 专业服务市场营销

营销专业服务是管理资源之间、管理客户之间、管理资源和客户之间的关系的艺术。这意味着你需要将CRM、人力资源管理（HRM）、项目管理，以及成本和时间登记系统等数据紧密集成。只有最大的咨询公司可以负担得起这些系统，但我很幸运地遇到一个完全不同的公司，他们在美化环境的业务方面使用相同的管理流程。

对专业服务机构的最低要求是检测的主要过程（招标-预算-执行-决算）和两个主要维度之间的关系：客户和员工。其他方面，如使用的设备或方法也将有助于对公司业绩进行全面分析。

10.5.12 快速消费品市场营销

考虑一个快速消费品公司，它收集消费者群体调查数据、尼尔森数据，当然也包含其自己的内销（向渠道）和外销（向最终用户）结果。什么是他们正在寻找的银弹？这里有几个：亲和度、推广评估、账户管理评价、评价渠道和市场渗透分析。也是在寻找广告分析、市场营销和金融之间的横截面：直接产品的盈利能力。这里有几个可帮助你检测客户关注焦点的抓手：

- 亲和度分析：我们将产品或渠道中产品范围放置在哪里和如何放置？这体现了一些问题，包括渠道扩展边际分析、该网点的地理位置和店铺内的分析、店铺内货架管理以及有竞争力产品的性能分析。
- 营销评估：在 FMCG 环境中，营销评价并非简单琐碎的工作。可以证明建立基线是非常困难的，获得产品线层面的竞争性尼尔森数据是一项昂贵的活动。测量超出了他们的销售、在结果和每个位置所花的时间的账户管理团队的影响也是困难的，但值得追求的销售快速消费品的成本主要包括员工工资、费用、支付直销折扣或者溢价，这是支付在账户经理的自由裁量权。
- 账户管理评价：从关键账户管理到每个出口、每个产品批发商，它是市场潜力的函数。分析间接销售的有效性是一项艰巨的任务。询问任何来自于快速消费品公司的营销经理。
- 渠道评估：在这些渠道中，哪些渠道、哪些定位产生最佳效果？
- 市场渗透分析：什么是我们的资金份额（share of wallet）（即我们的产品除以每个客户整个购买得到的百分比）或我们的在一个地理区域的相对市场份额（即我们的产品销售除以所有产品销售，得到的百分比）？
- 广告分析：这处理媒体的受众和公司的客户数据库之间的比较。例如，与我们数据库中的 PC 用户百分比相比，媒介达到 PC 用户的百分比是多少？
- 直销产品的盈利能力：这是前几页解释的。

10.5.13 消费者投资商品市场营销

这类商品包含从烤箱、汽车到房子等任何耐用品。投资品市场的交易具有较长的销售周期，可与行业市场营销相比较，它需要决策制定单元（DMU）。该 DMU 功能是：父亲决定汽车型号及发动机，而妈妈决定颜色和内饰，孩子确定 DVD 播放器和头枕中的屏幕。除此之外，该产品本身决定了 BI 的需求是否类似于行业市场营销，像住房市场或接近在品牌耐用品的情况下快速消费品营销，如家电，音响系统等等。消费者生活中的购买频率是鉴别因素：对于房子，可能 $f=2$，而音箱系统可能高达 10。

10.5.14　医药市场营销

有两种截然不同的商业模式：非处方药（OTC）产品的市场营销，其中蕴藏着与快速消费品相似之处，而处方药具有一个非常特殊的市场规律。

10.5.14.1　OTC 产品市场营销

虽然大多数国家对 OTC 产品的广告和促销采取一些限制，但其市场营销流程也类似于 FMCG 市场营销流程。有些国家也采取了分销限制，限制非处方药销售，这使国际销售分析成为一项复杂的工作。

10.5.14.2　处方药市场营销

处方药不能像消费产品一样被“推广”，所以它们在很大程度上依赖于个人的拜访，一对一的市场营销到处方社区，接下来物流确保产品在零售和批发药店有售。通过处方和药店，链接了直接销售、推广努力与间接销售，这将问题留给了源系统，业务流程应尽量简化。

回答这个问题，“哪些药物应该在哪里通过处方出售？”对于该分析至关重要，甚至当连接药剂师和医生之间的信任水平低于 90% 的时候也是如此。

10.5.15　商务分析问题

下面是各种营销情况下，分析师可能会遇到问题中的主要开放问题。

10.5.15.1　检验 CRM 数据

主数据在哪里，并且谁能获取到？

什么是 CRM 系统联系人的可能状态（即不活跃、活跃、激活、未分配的、分配的、缺失、歇业等）？

描述客户形成过程和所采取的数据质量措施。

描述客户合并过程，以及可能出现数据质量问题的情况：

- 合法的合并和收入分配；
- 为了改正输入错误而进行的合并—整理；
- 融合了租来的商业数据库，如邓白氏集团数据库等类似数据库。

10.5.15.2　检验行为分析状态

该组织是否使用了任何数据挖掘工具，例如 SAS、SPSS 或者其他属性的工具？

如果使用了，这是否基于项目或者一个连续过程的基础之上？

该公司是否已经获取到所有的内部知识，或者所有与外部顾问、分包商的相关知识？

该模型是如何透明使用的？

是否有足够的可用文档？

10.5.15.3　市场研究

你在纵向研究方面有投入？如果你仅做定性研究，如何能把知识传递给销售代表、销售渠道、市场分析师及他们的目标群体呢？

10.5.15.4　亲和度分析

你度量产品及其销售、定位和购买体验的影响的相互作用吗？

10.5.15.5　直接产品盈利能力

你是否使用作业成本法？（如需进一步深入该问题，请参见第 7 章 ABC）。

10.5.15.6　产品开发

你的客户怎样决定今天的新产品开发预算？

他是否认为他能改进该过程？

如果情况如此，他需要什么数据来支撑该投资决定？

你需要使用哪种分段方法？

10.5.15.7　销售

你为销售人员的销售预算和预测提供什么支撑？

如何验证渠道输入数据？

你计算每个销售代表或者每个客户的销售成本了吗？

10.5.15.8　销售推广

问你的客户：她是否希望看到销售促销在促销之前、期间及后来对销量的影响。

10.5.15.9　客户服务

你记录了哪些服务数据？

询问类的，例如：

抱怨；

通常信息获取；

交付信息获取；

返还信息获取；

其他。

所使用的媒介，例如：

信函；

电子邮件；

网页发布；

SMS（短消息服务）；

电话。

日期和时间，例如：

起止日期；

起止时间；

谈话的持续时间。

随动类型，例如：

即时响应和关闭；

升级；

暂停。

结果，例如：

解决；

未解决。

审计的结果，例如：

顾客满意的处理；

客户理所当然的不满；

客户不正当的不满意；

处理时间。

现在，有哪些可用的客户服务分析？

如何把这些结果反馈给组织？

10.5.15.10　渠道管理

今天，你是否分析每个渠道的产品利润？

你是否改正经销商的数据，例如会计和市场数据？

10.5.15.11　零售市场营销

如何计算每平方米的收益？

是否有确切的数字描述分离的销售-非销售表面（surface）？

该分离随时间发生变化吗？

是否有由于缺货导致销售机会丧失的数据？

是否以正式（DIY 店，黑色家电等）或非正式（需求记录）的形式记录客户的回单？

是否保持了你个人技艺的有关记录？

如何跟踪你在收银机中的各种促销类型？

- 打折；
- 产品加量（也就是：同样的价格，增加 25% 的产品）；
- 种类促销；
- 数量增加（也就是：买二赠一）；
- 优惠券；
- 竞赛和抽奖活动；
- 返现金；
- 送样品；
- 其他方式。

你有购物篮分析、帕雷托分析吗?

你如何决定按类别地添加或报废产品?

如何预测需求?

用什么变量来确定类别管理问题?

如何按照你的性能指标评价其他零售商?

10.5.15.12 行业市场营销

如何预测今天的销售情况?该过程中的什么能被改善?

监控哪个最主要的指标,通过什么手段来实现?

10.5.15.13 专业服务市场营销

如何实现 HRM、CRM 和财务系统的相互作用及相互接口?

如何使用个人管理计划连接到客户和项目上?

有没有项目管理登记和营销分析之间的反馈回路?例如,经验教训、项目会计数据和会计管理数据?

10.5.15.14 快速消费品市场营销

在本节中要解决的一个具体问题是供应链和渠道管理的紧密联系,这反映在产品性能方面。

通过联系一名领域专家,解决这一复杂问题,他精于面谈中的营销、集中在交付性能、不连续股票分析、渠道合同管理、需求预测和产品规划等相关主题方面。

10.5.15.15 消费者投资商品市场营销

对于市场驱动力和主要的指标,获得购买频率和公司知识(或者假设和假说)的洞察力,具体包括:

- 创新周期长度:计算机和消费类市场可以快速引进,而汽车或白色家电市场需要长期创新,甚至需要更长周期的市场。
- 技术采用曲线:技术人员/创新者、梦想家/尝鲜者、实用主义者/早期大多数、晚期大多数和落伍者时,其响应程度如何、差别有多大。
- 退出的障碍和切换的成本:许多 IT 高手已经宣布大型机即将灭亡,但是交货持续了几乎半个世纪,从 1962 年的 UNIVAC 1107 到 2008 年的 IBM z10 企业类。
- 间接竞争对手:很多投资品市场没有激烈的内部竞争特点;完全不同的投资品存在部分竞争;一个新厨房的投资可能会影响拥有一个游泳池的欲望,或者一个新的平板电视可能与个人电脑之间有兼容问题方面的冲突。

10.5.15.16 医药市场营销

OTC 产品

OTC 产品营销分析与快速消费品营销分析有相似之处,但也有一个例外:在大多数国家,没有提供出口方面的数字,这与尼尔森的数据在快速消费品中的不同。在很多 OTC 市场，在处方药市场，批发中介起着重要的作用，但国家手中的销售数据是不可靠的，其中库存补充不足。

处方药

你是否依靠外部数据建立起医生销售力度（访问、直邮、营销研究等）和医生的处方行为、该医生相关的药店销售数据之间的联系？

记录了哪些实体和属性，把每个药店与一组医生相联系：接近程度、过去的交易记录、或亲和度指标的记录？

你是否能描述这些记录？

第11章　BI和人力资源管理

在欧洲最大的数据仓库中，聚焦于人力资源管理（HRM）的数据仓库是在福克兰战争后建立的。在通往福克兰群岛的航行中，英军需要使用直升飞机搭载战斗人员从一艘舰艇飞往另一艘舰艇，为了计划中的任务而将这些人员组成拥有必要技能的战斗小组。HRM常常得益于商务智能（BI）系统的强大能力。但是随着BI系统其他功能的完善，HRM也将肯定会提上议程。

11.1　人才战争是怎么输掉的

一些西方国家，以及日本存在劳动力快速老龄化的问题。尽管在写本章的时候，2008年次贷危机尚未被实体经济完全吸收，长期趋势清晰地指出，对于那些战胜竞争对手的组织而言，对于杰出人才的需求将成为先行指标。

HRM和BI直到至今也不能在一起和谐地发挥作用，因为存在其他的优先权领域（财务、运营和市场），也因为HRM方面通过其他BI部分反复传播，主要是财务方面，而且也可能因为HRM从来没有信息和通信技术（ICT）科目的预算，如同其他一些科目一样。但是在未来几年内，HRM BI项目将会出现在任何想在商业领域有所作为的大型机构的议程表上的最重要的位置。这种紧迫性与日俱增。因此，基于我个人在HRM BI项目上的有限经验，我将与你分享一些经验。

人才之战虽然缓慢但是的确越来越强势和紧张。在过去的日子里，这种战争被限制在管理人才方面，但是现在，对纵向职业生涯中不太感兴趣，但却是好的技师和有技能的专业人才是很难遇到的，而且我告诉我的听众——不仅仅是管理方面的人才——这些人在竞争性斗争中可以产生重要影响。是汽车设计师而不是工厂CFO在创造价值，是研发人员在每10，000次实验中找到了最大数量的有用分子来为制药公司创造价值，而不是HRM经理。

招募并留住人才已经变成了一种技巧和科学，即基于来自心理学、社会学和经济活动的研究数据来使用销售技术，简单来说，就是一个好的数据仓库应该提供的任何东西。如果人才变成了发展过程中的唯一限制，强于资本和品牌价值方面，至少我们可以从BI的角度来说这是缺乏管理和有效监督的结果。我观察到在比利时、荷兰、德国和法国公司存在下列弱点：

1）在战略规划过程和能力管理之间的完全隔离；

2）与CRM中获得的同等程度的关注相比，缺乏员工关系管理（Employee Relationship Management，ERM）战略来管理人力资源的人员聘用、员工发展和人员解聘；

3）自身症状治疗的管理，即肤浅的 HRM 监视和管理，关键成功因素（Critical Success Factor，CSF）和关键绩效指标（KPI）。

让我描述一下所观察到的三个弱点。

11.1.1 战略规划过程——能力管理的隔离

在 20 世纪 80 年代，法国提出了“*banque-assurance*（银行担保）”概念，很多欧洲银行也跟随潮流。该概念简单且明了：随着 ATM 终端和 Minitel 公共信息网终端（法国互联网的先导）的出现，这允许电子银行交易，前台营业人员可以有更多的机会来销售附加值更高的业务而不仅仅是收取支票和现金。卖保险是这些具有更高附加值的业务之一，因此，发生了大量的银行与保险公司合并或保险公司与银行合并的星网，因为“合并”总是对“接管”的一种委婉说法，尤其是在法国。

在名义上，一切看起来都是前途光明的，但在实际生活中，*banque-assurance* 公司失去了数年时间和失去效率所造成的数百万丢失，失去了客户和其他费用，因为工作人员并未准备好应对工作、环境、技能上发生的彻底变化，这需要工作人员作为咨询专家来工作而不是作为出纳员来做办事员的工作。如果战略制定者能够洞察到能力上的鸿沟，他们可以使事情进展更慢一些并使他们的工作人员更好地准备应对发生的新情况。

我的一个客户非常生动地描述了这一点，当他开始经历时，“最后剩下的员工种类是等级种类”。他的意思是指对等级而不是对能力的关注，掩饰了组织机构对以下方面的关注缺乏，即衡量和管理个人发展、技能和工作人员的组织/人际的技巧。

11.1.1.1 ERM 战略的缺乏

员工和客户一样具有终身价值。花费资金去吸引、选择和招聘员工是值得的。对现有工作组内的员工进行培训和形成一体甚至要花费更多的资金，如果发生了冲突情况，则花费的费用会更多。另一方面，作为其薪水和奖金方案的回报，员工会增加产值。考虑到所有这些流入和流出公司的资金，你应该认为在管理上将充分肯定 BI 系统的作用，BI 系统可以对每个员工的终身价值进行图表化和追踪，起到对隐藏价值的领先指示符的作用，诸如重组、战略重定位和其他一些与员工相关的责任。实际上，即使那些除了其工作人员之外再无其他资产的大型专业服务组织，也会忽略这个方面。

11.1.1.2 治疗症状

我碰到的大部分 HRM BI 项目与症状的衡量密切相关：

- 缺勤数据；
- 描述性的统计资料，包括年龄、性别、其他特征和每个阶层的工资规模分布；

- 合同管理数据；
- 雇员历史。

我很少看到的是对缺勤和员工不满方面更深入原因的报告和分析，诸如工作内容间的关系、能力胜任、直接主管、与市场趋势相关的报酬方案、与竞争对手相比的公司形象等。

11.2 管理缺勤

11.2.1 简介

设想一下某个公司具有下列数据：

- 1000 名员工；
- 总的员工费用：5 千万欧元；
- 缺勤百分比：7.8%。

按照与生产无关的薪水成本来算，这意味着总的缺勤成本等于 390 万欧元。将缺勤百分比减少至可接受的比率 4.8，将立刻降低该成本 150 万欧元。

道听途说？接着再看看宏观经济的数据：

在英国，缺勤成本总计为 666 英镑每员工，每年平均缺勤 8 天（来自英国特许人事和发展协会的 2008 年数据）。

根据来自 SD Worx 的比利时人的研究，一名全职的比利时工作者在 2008 年平均生病 48.5 小时。妇女的平均缺勤时间多于男性（56.3 小时），蓝领工作人员（62.9 小时）多于办公室工作人员（40.7 小时）。缺勤时间的最高数字产生于上夜班的人员（65 小时）。

在欧洲，在有 100 个雇员的公司中缺勤的成本在 2008 年是 78426 欧元。

一个来自经济事务部的荷兰代理机构 Senter Novem 发现了节能措施与减少缺勤之间的关系。降低办公室温度将导致低的缺勤率。这证明了我的观点：缺勤现象的研究需要采用全面和彻底的方法用于 BI 分析。更好的管理将理解根本的原因并将其注意力聚焦在关键的雇员、团队、部门及其领导者，以便更快地避免、缓解或根除产生缺勤的根本原因。

11.2.2 缺勤衡量

很多公司把缺勤归纳为失去的工作日（即缺勤率），而且一些公司把由于长期慢性病或怀孕而产生的长期缺勤排除在外，这就使得缺勤成本的计算并不完整。缺勤可以表现在很多方面且应该都被呈现出来以提供给管理者一个完整的描绘。

缺勤率：在固定时期内的总缺勤小时数除以该时期内的总有效小时数。对于固定时期，第一个讨论观点是：如果我们按月来计算，缺勤率在未来几个月中可能会存在偏差，因为有比较多的节假日。在比利时，五月份共计有 4 个假日，这会推高缺勤率。缺勤率也无法解释缺勤是因为一个人整月生病缺勤还是 20 个员工一天生病缺勤。因此，应考虑增加下一个衡量指标以提供更好的洞察。

缺勤持续时间：拿总的缺勤持续时间去除以缺勤员工的数目。进行计算时，应包括正在进行中的缺勤并为这些缺勤提供一个临时的较为接近的终止时期以避免低估该数字。

缺勤频率：这可以是一个通用数据或者个人的数据。通用数据就是缺勤事件数除以总员工数，而个人数据就是在给定时期内报告有一次或多次缺勤的员工的数目除以总的员工数。

布拉福德因子：布拉福德大学结合缺勤频率与缺勤持续时间来个别处理员工对这个缺勤率的“贡献”。强调严厉对待短期缺勤，因为这可能会严重影响对缺勤率的解释。布拉福德大学的公式很简单：$S^2 \times D$，其中 S 表示员工缺勤的次数，D 表示在固定时期内员工缺勤的总天数。

11.2.3　BI 如何有帮助

BI 和 HRM 之间关系并不如在财务、运营或市场领域内那样紧密捆绑在一起。原因很简单：这是一个数字问题，既是定性的又是定量的。让我来解释一下。你在哪里考虑数据运算将回报具有 200 名全职员工（FTE）的公司？该公司有 7000 个客户，能够生产 30 万个机械部件。好，我是老板且我知道每个员工的名字。这应该涉及到 BI 和 HRM 领域吗，对吗？错，这个特别组合能够对下列有趣的数据产生关于百万条交叉线，这些数据用于描述机械部件质量、用户满意度、员工流动率和产能之间的隐藏关系，对于名字而言则很少。

BI 的商务案例是由下列关系所决定的，这些关系可以用一条连续的线段来标绘：

- 员工数量；
- 所需要技能的多样性；
- 所生产产品的数量；
- 所生产产品的多样性；
- 产品客户定制化的水平；
- 所服务的客户数量；
- 生产成本中直接人工的份额；
- 在管理和总成本中人工成本的份额；
- 前期初始与学习过程时间与可签约的平均时间的比率。

我确定 HRM 专家能够发现更加有意义的关系，但以我的经验来看，如果你能够在项目的早期阶段发现这些关系，你将获得足够的数据用于商务案例。让我给你一些例子来描述这些数据的价值。

造船厂

- 员工数量：多。尽管处于充分自动化的工作环境，大船仍然由成千上万的员工建造。
- 所需要技能的多样性：高。建筑业的每个行当几乎都需要相应技能，砖瓦工除外（尽管游艇可能到处都需要壁炉）。木匠、油漆工、电焊工、柴油机械工、电工、纺织专家、电子专家、水管工：需要我继续下去吗？
- 所生产产品的数量：少。某些船厂每年仅生产 2 ~ 3 艘船。
- 所生产产品的多样性：高。某天你可以造一个液化气运输船，第二天你可以造游艇或疏浚船舶。
- 产品客户定制化的水平：极高。每艘船对于特定用户及其要求来说都是独一无二的。
- 所服务的客户数量：按照直接客户来计算是少量的，但按照间接客户来计算是很多的。
- 生产成本中直接人工成本的份额：中等。在工厂设备、折旧、原材料成本以及监管成本中也有部分重要的成本。
- 在管理和总成本中人工成本的份额：中等。
- 前期初始与学习过程时间与可签约的平均时间的比率：高。造船的工艺和贸易是高度专业化的，诸如焊接、管道、电子等工作的初始阶段和培训阶段是非常长的。

既然这样，我们应该怎样处理这些数据呢？我们打算用这些数据来回答下面的迫切问题，诸如：

1）对于标书 xyz，我们应具备什么样的技能才可以有效地产生出成功的结果？

2）如果没有 100% 的匹配技能（对于成功的项目所需要的能力），如何使用时间和必要的费用来缩短差距或形成书面的“采购”决议？

3）按照最低缺勤成本时最优生产力来考虑，什么是生产团队的最佳组合？

IT 咨询公司

- 员工数量：中等规模至很多。从本地只有几十人的 IT 商店到上百万以上人所关注的公司，诸如 EDS、IBM 咨询或 ATOS Origin。
- 所需要技能的多样性：非常多。操作系统、数据库、编程语言、特殊软件包及报告系统组成的业务需要多样化的技能。
- 所生产产品的数量：从很少到非常多都有。这依赖于公司商业的重点：定制化软件、软件包的客制化服务、或者甚至是包装好的产品。
- 所生产产品的多样性：从少到多都有。某些公司围绕于某种技术提供某个范围内的产品，覆盖多个领域，而其他公司做的可能相反：使用市场上所有可用的工具聚焦于某个商业领域。

- 产品客户定制化的水平：中等水平至高水平。IT 咨询公司的附加值恰恰在于具有改编或创造满足客户特定需求的软件的技能。
- 所服务的客户数量：中等规模至很多。
- 生产成本中直接人工成本的份额：高至非常高。在定制工作的情况下，与软件包的客制化服务相比，该份额是非常高的。
- 在管理和总成本中人工成本的份额：低。大多数 IT 咨询公司努力争取获得尽可能低的日常开支成本，包括自动化考勤时间登记和出账单。
- 前期初始与学习过程时间与可签约的平均时间的比率：从低到高。这方面依赖于所服务的市场部分。如果你是一个外包公司的系统工程师，你的雇员可能仅仅采用 MCSE 模式，这样可以直接收取费用。但是如果你在国外市场，诸如 MUMS 编程，在新雇员能够生产出任何值得销售的产品之前，你可能需要培训你的新雇员多周时间。

值得考虑的商业问题位于 HRM、运营和 CRM 三者的交界处，涉及以下问题，诸如：

1）与员工满意度水平相关的客户满意度水平是什么样的？

2）我们是否可以拿出长期的趋势？该趋势可以解释上述客户和员工满意度之间变化的关联性。

3）工作需求、职业技能、胜任能力和缺勤之间的关系是什么样的？

快餐公司

- 员工数量：多到非常多。大量兼职员工为客户提供灵活的服务。
- 所需要技能的多样性：低。每个工作人员只需要做相对简单和规定好的操作。
- 所生产产品的数量：少至中等。
- 所生产产品的多样性：少至中等。大概有鸡肉、牛肉、培根和小圆面包等。
- 产品客户定制化的水平：低。尽管跳棋可能是个例外，大部分快餐点（在这些情况中，我讨厌使用术语“餐馆”）有一个小小的分类。
- 所服务的客户数量：非常多。
- 生产成本中直接人工成本的份额：低至中等。员工报酬低，由于有高度工业化的食物预处理且在快餐点有各种自动化设施。
- 在管理和总成本中人工成本的份额：低至中等。
- 前期初始与学习过程时间与可签约的平均时间的比率：低至中等。

值得考虑的商业问题位于 HRM 和运营二者的交界处，涉及以下问题，诸如：

1）每个小时谁服务多少数量的客户？

2）谁在哪些时间工作？

3）每个营业日的缺勤模式是怎样的？

11.2.4 商务分析问题

11.2.4.1 安全性

确保你提升了安全问题。当开始揭示薪水数据、生日和其他私人信息时，在大部分文化中的 HRM 问题具有严重的禁区（serious inhibitions）。在很多情况下，这需要严格的安全策略在数据库层面：会出现行级或列级安全性。请注意，对于其他品牌数据库的一些或某个复杂子项目而言，行级安全性是很简单的事情。

11.2.4.2 “硬性”KPI

确保你获得了所有难以得到的数据，诸如所花费的小时数或美元数：

- 库存位置：谁占据了哪个位置；
- 薪资调查；
- 雇员选择数据；
- 性能评估：市场；
- 培训、认证、辅导和人力资源发展。

11.2.4.3 “软性”KPI

尽管在大部分 BI 系统中要更难进行管理，这些软性数据可以为度量提供语境：

- 性能评估：文本文件；
- 雇员调查数据：雇员满意度可以提供一点线索。

11.2.4.4 提给 HRM 部门的问题

商务分析需要检查是否采取了下面这些步骤以确认 HRM 产生有效的缺勤报告：

1）检查用于衡量缺勤的程序和商业处理过程：

① 是否存在一个肇事黑数（dark number），如果有，公司应该怎么应对？在公司没有采用一般常用的考勤时间登记系统的情况下，雇员和管理者不能向 HR 部门报告缺勤的机会就来了。

② 是否存在由于管理者忘记记录缺勤而造成的错误的正数？

2）检查登记了怎样的语境数据以增加对具体数据的理解。

① 制定出雇员的立体维度将肯定增加明确的语境。诸如职位、薪资水平、年龄、性别、直接领导、商业单元和雇用时间等数据在分析中将作为单独的变量来使用。

② 缺勤登记本身应至少包含下列数据：缺勤报告的数据，缺勤开始时间、期望的返回时间、所报告的缺勤原因、所牵涉到的医生、医院或其他医疗机构（即自我诊断也应该被登记）。

3）检查对于员工返回工作是否有反馈程序。

是否存在与工作相关的疾病或受伤，并被纳入在内？

4）所有收集的信息是否都已编码保存或使用了自由文本方式标识？

5）如何记录缺勤：按小时，按自然天或相关数据？例如，一个兼职员工的一小时缺勤比一个全职员工的影响面更大一些。

第 12 章 启动一个 BI 项目

12.1 综述

图 12.1 所示为将商务智能（BI）引入到组织机构中的必要步骤。将商务分析与项目管理技术相结合是一种尝试。有些意见论证这些功能应该相隔离。不管你的观点是什么样的，为了二者之间更好的交流，这两个领域分享了主要的职责，使得 BI 得以成功引入，这是你不能反驳的论据。不要低估未来的挑战：缺失数据、变革的阻力、公然的无知和组织机构内外的干扰站点（jamming stations）；这些需要一种模式化的处理计划来处理这些挑战。

图 12.1 中深色处理步骤描绘了项目初始化流程；其下面的三个方面（范围、概念和逻辑）构成了这种模式，即一个好的 BI 商务分析在所有时候都必需得到确认。这是你所面对的挑战：成为如下这些方面间的关节点（trait d'union），即一般的用户、IT 技术人员、C 级管理人员、预算、质量、时间和其他项目管理方面等，并为工作解决方案打好基础。

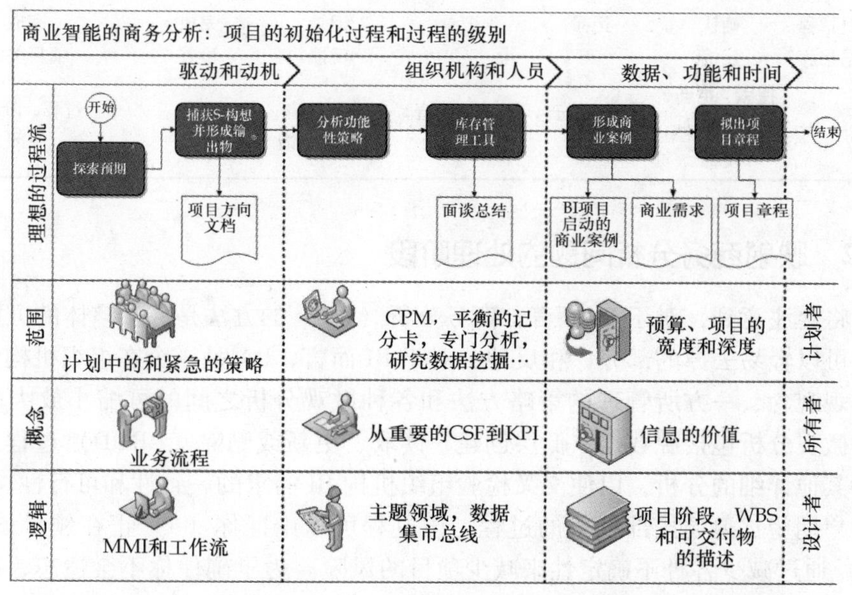

图 12.1 模式化的处理计划。深色处理步骤描绘了项目初始化流程

12.1.1 一个迭代的过程

高层流程图和后面章节的顺序可能会给予读者这样的印象，即每一个步骤都是确定性的且其后的步骤无需再返回检查其前面的步骤和已完成的分析。我们绝不能以瀑布式方法来处理事情。

BI 的分析过程是下述方面间的一个恒定平衡行为：

- 来自商业期望和数据中及前期分析阶段中隐藏的潜在的期望；
- BI 系统给出的答案以及 BI 过程最后阶段的信息中产生的新问题。

基于从其他访谈者收集的信息和来自源数据分析的信息，BI 分析过程常常准备好以反馈方式再次访问访谈者。

为了使事情更清楚一些，表 12.1 中的计划将在整个 BI 引入阶段引导商务分析，在后续章节内对应过程步骤。这就马上变得非常清楚了，即所有的过程步骤需要大量重复以确保分析覆盖了所有方面。

表 12.1 阶段-活动矩阵

	探索期望	捕获 S-构想并形成输出物	分析功能性策略	库存管理工具	形成商务案例	拟出项目章程
创建需要	搜索	搜索	搜索	搜索	初始化	
收集信息	更新和检查	检查	检查	检查	开发	
分析决策程序	检查	检查	检查	检查		
开发项目章程	确认	记录	记录	记录	完成	完成
验证结果	反馈			反馈	检查	项目关闭
支撑与维护	搜索，更新，检查，确认，反馈	搜索，检查，记录	搜索，检查，记录	搜索，检查，记录，反馈	扩展，检查	过程，阶段，关闭

12.1.2 映射商务分析问题的处理阶段

你将会注意到，对于 BI 而言，商务分析（BA）的方法是一个整体的方法：其间没有可以轻易去掉的部分；相反地，对于 BI 而言，BA 是一个在组织机构经济状况的宏观观念、一方所管理的策略方法和各种微观分析之间的可缩小放大的恒定过程，微观分析包括源数据，低层创建、读取、更新或删除（CRUD）过程、报告需求和其他详细的分析，以便交叉检验组织机构 BI 需求的一致性和可行性。此外，你的客户期望你遵循按部就班的过程，该过程可以论证你（a）正在领导该项目，且（b）通过减少各种不确定性来减少项目的风险。为了确保你不会遗忘，我已经在表 12.2 中将处理商务分析问题的章节与六个处理阶段做了映射。

表 12.2　在每个 BI 分析过程步骤上推荐的读物

过程步骤	推荐读物
探索期望	我指的是“商务智能” 发展及其法则的与日俱增的循环速度 创建需要
捕获 S-设想并形成输出物	平衡策略管理的 5 个 P 使 BI 适应组织机构 理解 4 C
分析功能性策略	BI 和成本核算 BI 和财务管理 BI 和运营管理 BI 和市场管理 BI 和人力资源管理
库存管理工具	维度建模 BI 应用规范
形成商务案例	商务智能的商务案例 商业需求收集
拟出项目章程	产生文档

对于可交付成果，我指的是本章结束处的模板和“产生文档”的内容。

12.2　创建需要

管理者具有信息和权力；分析家具有时间和技术。

亨利·明茨伯格

1990

从这里开始，我们将探索来自 C 级主管执行人员的期望。在项目的动机、期望和资助之间存在一个恒定的交互。想以好的开始启动项目的商务分析人员最好先检查这三个方面。如图 12.2 所示，你可以从探索期望开始，但是不能与动机方面和预算方面断绝联系。

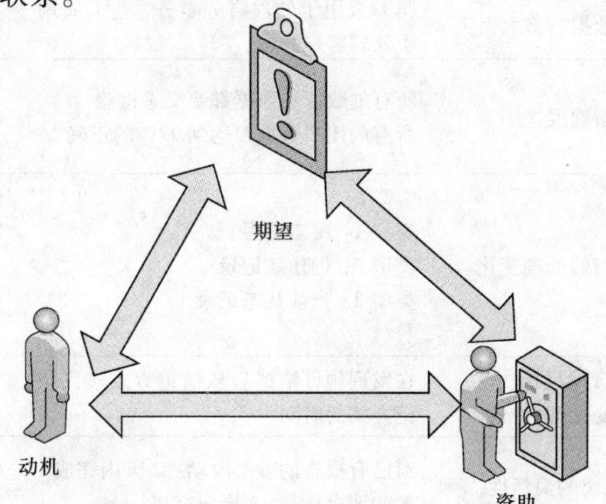

图 12.2　为了确定项目的设置，你需要探索的三个议题

12.2.1 期望：寻找商业价值

“因为每个人都在做该项目”而启动商务智能项目的公司实际上是一个稀有品种。如果你希望项目获得成功，应确保你已经清查了所有的期望，甚至更多！我相信这是一个商务分析人员的责任，即向客户指出未知的可能性以确保项目按照策略过程来执行并在早期阶段防止竞争受到干扰，当整个项目的合同可能仍未签署时。

当我听到诸如这样的抱怨时，“我的顾问从来不告诉我这些”，我知道我可以离开工作桌了，或者至少我对我的竞争对手与其客户之间的关系做出了一些伤害。不要让这些发生在你身上！

检查表 12.3 中所示的期望，并在项目过程中尝试把它们转换成绩效标准。

表 12.3 BI 期望检查表

期望	绩效标准	示例	推进一步
查询性能	查询响应时间	更新：最长时间 10 秒 查询：最长时间 15 秒	在你日常的实践中，什么是合理的响应时间？
相关性	明确的报告	从功能的观点，对对象进行单独定义	你的部门对于某些名目使用特定的定义吗？诸如客户定单等等
流通性	最近更新的“新鲜度”	2 分钟用于进行欺诈检测，1 周用于财务处理	你的信息具有怎么样的流通性？
数据的有效性	系统的正常运行时间	24/7 用于进行欺诈检测 20/5 用于进行市场分析	你什么时候需要去处理哪种信息？
导航可能性	有意义的聚合	根据时间或地理位置聚合成产品	在所有的层次等级中需要三方的聚合？
数据的粒度	细节的级别	详细到每个保单的每个写入行	你需要什么样的细节级别用于报告的深入分析？
备份频率	加载数据的最大丢失	花 1 天用于处理财务事务，花 1 周用于处理客户数据	需要怎样的备份频率？
数据质量	精确度级别	所有的数值型数据都要交叉检验 所有的用户数据要达到 99% 的正确	对你的部门而言，不正确数据的代价是怎样的？
SCD 策略	适当的处理变化	类型 1：覆盖重写 类型 2：创建新记录 类型 3：当前状态记录	你经常对诸如销售地区、划分部门或包装等方面进行改动吗？你会保存这些方面的改动历史记录吗？
历史性的分级	审计源系统中变化的脉络	在发现预订错误后从借记方式转到贷记方式的时间	你想追踪原数据的变化和原因吗？
变更请求处理	系统的灵活性	对已有报告的微小改动：2 天内完成 新的请求重复：3 周内完成	你认为什么样的变更请求响应时间是合理的？

（续）

期　望	绩效标准	示　例	推进一步
安全性	访问敏感数据	基于角色的安全设计	什么样的安全基础更好？数据？角色？二者结合？
支撑响应时间	服务水平协议	1 小时内响应前端出现的问题 1 天内响应后端出现的问题	你认为什么样的支撑请求响应时间是合理的？

12.2.2　资助商务智能项目

谁来买单？IT 部门？企业？这个问题的答案可能贯穿项目，是至关重要的。要确保你获得了正确的答案，毕竟在大机构内在这个问题上采用显而易见理由进行欺诈的行为并不多见。尽管我不是经常遇到理想的 BI 项目资助条例，我经历的各种资助条例也并非完全无用的。图 12.3 给出了基于两个联机事务处理系统（Online Transation Processing，OLTP）的基础设施结构，诸如企业资源计划（ERP）系统和计算机集成制造（Computer Intergrated Manufacturing，CIM）系统，这些系统不可避免地使用一些电子数据表单记录任何不能为 OLTP 系统所接受的对象，例如预算或市场数据。

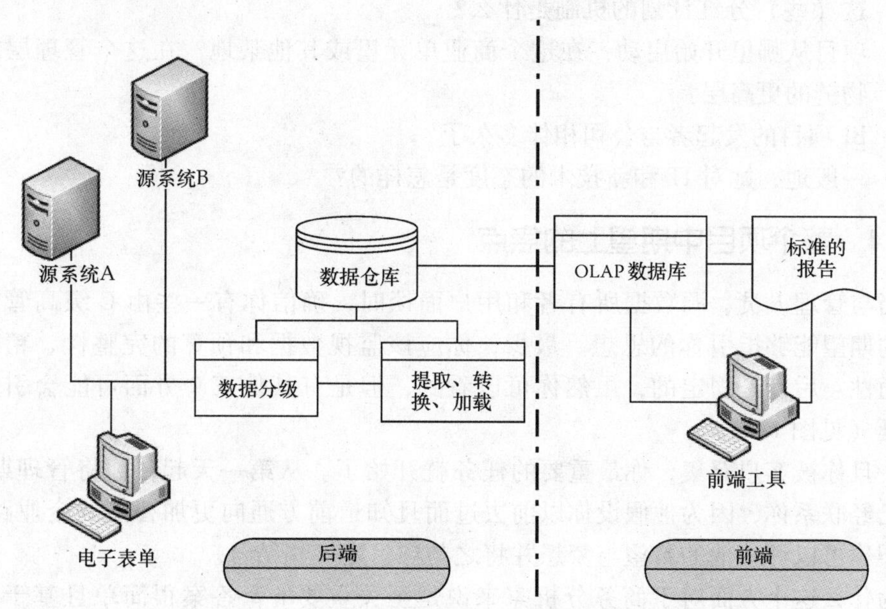

图 12.3　一个非常简单的商务智能基础设施方案

理想的混搭是 IT 资金用于后端基础设施，这完全符合基于资产的 IT 策略，商业用户为前端工具和应用提供经费。因此，IT 设施可以保证必需的技术性能、完整性和质量，而商业用户可以放心去使用前端工具，他们相信这些工具可以适合其工作和部门而不考虑技术问题。这里有一些讨论关于商业用户是否应该在工具选择上发出自己的声音，因为IT管理者也把前端工具认为是整个基础设施的一部分。我宁愿用户买入前端工具，因为有时候工具和应用与用户的感觉是不可分割的。

我已经参加过多于15个前端工具选择项目，在所有这些案例中，使用者、机构和人机交互的观念远比OLAP数据库的聚合算法和索引结构或所使用的编程语言更为重要。换而言之，如果一个产品在技术上差一些，但如果能够100%地被有需求的用户所使用，则要好于那种技术上虽然先进但只是偶尔地被潜在用户所使用的产品，这种产品通常更加昂贵。

12.2.3 探索动机

不必焦虑，如果你无法给出干脆利落的回答，特别是如果你对受访者提出了明确的问题。机构的动机常常很好地隐藏在公司使命的陈述中，你应该好好读一下，因为这些陈述可以向你提供商务案例的论据。至于你的BI项目赞助者的私人动机，还是很难察觉的。有些问题你不应该问，但某些问题你应该去获得答案：

- 对于管理人员、销售人员、运营人员等等是否有分红计划？
- 这（些）分红计划的机制是什么？
- 项目从哪里开始启动：在这个商业单元里或其他某地？在这个管理层或食物链的更高层？
- BI项目的发起者与公司相伴多久了？
- 一般地，她对IT和新技术的态度是怎样的？

12.2.4 整个项目中期望上的焦点

当与管理人员、源数据所有者和用户面谈时，确信你有一些由C级高管们所表述的期望能够指引你的思想。最少，你应该监视数据和预算的完整性、精确度和流通性。后者是固定的，虽然你可以看到，但是有其他三个方面可能会引起范围蔓延（见图12.4）。

一旦你被客户召集，你最重要的任务就开始了。从第一天起，你将管理期望。客户已经联系你，因为他假设你以前去过而且知道前方通向更加智能的企业路径。他期望你可以评估他的希望与梦想并将之与项目定义相结合。

为什么这个方面对于商务分析家来说是至关重要的？答案很简单且基于事实的：许多精确地交付所承诺内容的项目在客户的感觉中是失败的。这种现实与感觉的不匹配来自哪里？不，不要推卸责任。它将终止你的工作。商务分析人员应始终明白什么是客户需要的，并关闭所有错误领会的大门。因此，这里有一些我在我的商务分析项目中收集的经验知识：

- 客户想要的正式的事务；

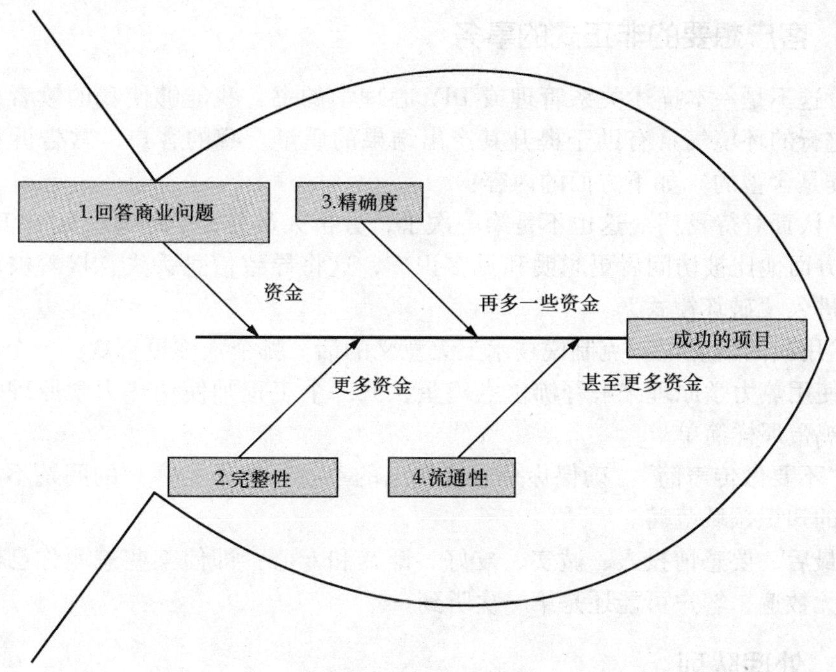

图 12.4　项目定义和预算编排必须不断地保持同步

- 客户想要的非正式事务；
- 处理队列；
- 关闭循环。

12.2.5　客户想要的正式的事务

关于分析和需求的收集过程，客户对于他们的希望是非常合理的；他们希望得到高效的服务并需要你预期达到他们的需要。使他们知道可选项并在每次会谈后给他们反馈。简而言之，客户需要专业的服务。

关于产品及其规格，客户希望用明确的合同条款来描述通过他们的经费和努力将要获得的东西，即采用“必须拥有”的说法。如你所知，也存在“最好有”的说法，或者有在合同限制范围内需要去检查其可行性的愿望。

但是存在两个其他的有时候被忘记的“有”的说法，“应该有”，诸如普遍地被认可的行动，最后但并非最不重要的是“可能有”，这是渴望超越客户期望。这就是作为一个分析家的附加值的明确体现。如果，例如，客户指出获得关于一个制造过程的内部效率的报告，你可以给出一个附加的版本（常常需要一点额外的努力）来描绘每个机器最佳吞吐率时间、故障的平均间隔和所吸收的固定开销之间的关系，这个用户将会崇拜你。

12.2.6 客户想要的非正式的事务

尽管这不是一本描述关系管理或 DIY 心理学的书，我能够使我的读者相信分析过程进行的环境气氛有助于提升其产出结果的质量。我的客户常常告诉我（大部分时候是含蓄的）如下方面的内容：

- “认真对待我!”。这也不是第一次了，分析人员总是急切地显示在 BI 主题方面他比被访问者更聪明和见多识广，这将导致信息丢失，接着被访问者进入“破坏模式”。
- “用我的话说!”。克制说技术上无意义的话。哪个人你更喜欢：一个工程师使用热力学原理来解释沸水煮鸡蛋，另一个工程师使用热力学原理如同煮鸡蛋那样简单。
- “不要做传声筒”。确保你是联络线上的单点，即便是客户的问题不属于你的知识领域范畴。
- 最后，要感情投入、诚实、友好、谦恭和专心；即使某些东西你已经听了无数遍，客户可能还是第一次听到。

12.2.7 处理队列

需求收集和分析过程并非是琐碎不重要的步骤，特别是在大型机构内。某些时候，等待队列将会出现，因为需要做出管理决定或在某个日子之前不能泄露重要的信息。其间，客户问起了在任何项目中问的最多的问题：“什么时候?”关于这个，你有两件事情可以做：一件是在“什么时候?”问题发生之前，一件是当做事情的时候。确信你与客户之间在项目启动之前定义了一些简单的服务水平协议，定义了电子邮件、语音邮件的响应时间以及会谈的反馈。

但当出现信息丢失或当事情由于某些原因脱离了你的控制，那就去做 21 世纪公司的事情（注：21 世纪公司是房产代理公司）。我称之为 21 世纪公司的事是因为我发现很久以前美国房产特许经营者从竞争将其区分出来，通过发布卓越的服务、正当化比市场平均水平更高的使命。在发布该业务中的一个重要的基础就是处理等待队列。设想一下，你已经把你的房屋委托了某人交易，这人穿着金色或淡黄色的夹克，你现在正在等待第一个买房人。你不要放弃你的财产，随着你努力工作来支付房屋抵押贷款，因此，不会有排队买房人大量出现。

21 世纪公司的代理做什么呢？他等待第一个打电话的人来通知你？当然不是，每周你都会接收到 21 世纪公司的一份报告，该报告描述了 21 世纪公司采取了怎样的措施使市场关注你的房屋：你的房屋广告，打入咨询的电话数量，相关的逐字信息等等。简短地说，21 世纪的客户对于服务于其工作的合作伙伴的感觉是非常棒的。因此，这是 21 世纪公司的经验：当你有消息来谈到输入和可能导致超出预期输出的过程时，就输出物而言，就不要等着去通知你的客户了。

12.2.8　关闭循环

客户："我想要可以登记所有移动电话呼叫的软件。"

分析人员："你的意思是为了监管目的，用一个中央存储库来监视所有的呼入和呼出呼叫？"

客户："不，我只想登记呼出呼叫用于价值分析"

分析人员："你的意思是将价值分析用于管理费用账单？"

客户："不，为了与供方更好地进行合同谈判，我想使用这个数据"

分析人员："你想把呼叫量数据作为时间和本地或外地距离的一个函数来找到更好的税率方案？"

客户："是的。"

这个对话描述了你应该怎样关闭所有的通道来确保对基本需求的误解跑题。

结论：即使你不是正式的管理人员，你也在管理 BI 项目最重要的一个方面：客户的期望。确信你在提供你最好的服务。

12.3　收集信息

这个阶段不应该与开发商务智能产品的商业需求收集搞混淆；这是一个促进商务智能过程前进的阶段，通过创建意识、将该意识转换成该项目的关键性成功因素和关键绩效指标。这种意识创建应该被小心地对待，因为你在走前人未走的路。前面可能会有埋伏、陷阱和其他未知的障碍，这些都可能在你启动项目之前导致你的失败。因此，这里有一些建议来防止这些问题的发生。

12.3.1　研究地形

我还没有遇到一个机构能够远离派系的。一旦我在公司里雇用了第二个员工，就会牵涉到派系问题。统计到 80 个技术娴熟和训练有素的专业人员时，我停止了计算，很多次在我脑子里出现了"众口难调"的表述。要把这个与业绩数百万美元、具有多品牌、多部门、多生产单元、多国度和多文化的全球公司相比，你就有很多事情要做了。派系是一件坏事？不，他们仅仅是打算获得最终的目标。只要这些最终目标有利于机构（也可以对于那些使用派系关系的人有利），我看不到问题所在。通常情况下，机构内存在对诸如经费、人才、时间和承担额等资源的内部竞争。

因此，要意识到你的项目不仅仅与另一个 ICT 项目竞争，也同时和其他有些相关甚至无关的项目发生竞争，例如建设一个新的 HQ。

对于与 BI 竞争的有些相关的项目，我记得有市场调查与研究，各种类型的审计项目：财务、HRM 等。要确保你绘制了所涉及部门之间的力量平衡与否且在机构图上绘制了具有权力或影响力的人。

12.3.2 你需要知道谁

首先和最重要的是你必须去检测、识别和联系项目的正式和非正式的商业领导和赞助商。识别非正式的领导可能花费超出你预期的时间，但这里有几点小窍门：

- 如果你的正式合伙人需要时间来做出决定，向谁咨询建议？
- 当重要信息传递给你时，那个总是在沟通中心的人是谁？
- 谁的名字出现在所有的重要项目指导委员会中？
- 研究机构的历史：什么时候经历的重大变化，发生了什么？谁赞成变化？谁抵制变化？
- 谁能够在冗长的程序中偏离公司标准或采取捷径，即使她没有那种权力？

但是不要仅仅盯着领导人员和管理人员。分析人员经常是仅与管理人员对话，因此低估了这些人员的影响力，诸如应用程序源代码所有者、当前报告开发人员和报告用户、数据库管理员。他们可能没有力量向前推动你的项目，但是他们肯定有力量和办法来阻碍你的项目。

12.3.3 你需要知道什么

在你与管理人员谈话之前，没有什么胜过最近 3 年的利润表和资产负债表的分析。

确信你可以从数字和非常简单但很重要的问题中获得答案，这些问题包括：

- 公司正在缓慢或快速成长或萎缩？
- 下列事务的演进是怎样的：
- 现金流的地位；
- 毛利润；
- 资产（注意无形资产的进化!）；
- 债务：长期与短期融资，股票与贷款？
- 管理团队的稳定性如何？
- 公司采取了新的大股东委员会吗？这在董事会的构成上有所反映吗？

一旦你回答了那些问题，是时候来检查：

- 在机构中的非正式愿景和使命说明书是什么样的且谁是哪个版本的优胜者？
- 你有机构中决策者的个人简历（CV）吗？
- 他们的背景是否影响他们在商业问题上的视野？
- 他们仅仅在他们觉得舒适的地方寻找可选方案和解决方案吗？也就是说，一个具有金融背景的 CEO 愿意承认最紧迫的问题是非金融问题吗？

现在是时候在 ICT 方面进一步放大一点并检查机构的能力成熟度水平和对未来的展望。我们使用美国空军能力成熟度模型（Capability Maturity Model，CMM）并使之适应 BI 环境。能力成熟度模型的 BI 版本有助于 BA 识别广泛的项目管理问题，见表 12.4。

表 12.4　能力成熟度模型的 BI 版本

CMM 级别	BI 体征	主要风险
初始级	“电子表格”的一个严肃案例：每一个决策者在与电子表格的其他所有者竞争中都有自己的一套电子表格文件来支持他 每天拥有正确数据的人都会陷入激烈竞争	因为政治内讧且如果真是这样，你的项目可能从来不会起飞，为了最高质量的管理发生变化，将会有一个迫切需要，将在采用跟踪方面投入巨大的努力
可重复级	机构使用某种形势的项目管理，在大部分继承的案例中，或甚至在副本的系统或应用程序开发中	项目管理方法对 BI 项目可能完全不适当，在每个人都仍在他的位置上的情况下导致昂贵的返工和潜在项目失败
已定义级	机构有标准的程序用于产生经认可的报告。这些可以通过标准化方式连接一个或多个源系统，直接连接源表格、导入文本文件或某种形式的数据仓库	改变的阻力 这依赖于机构实现数据仓库概念的方式和在迁移场景中先前的工作努力有多大的可逆性
已管理级	开发程序使用关键绩效指标和计划-执行-检查-处理（Plan-Do-Check-Act，PDCA）循环来进行标准化和监控	BI 项目管理的迭代性和探索性的方法可能会吓坏机构中的快速应用开发（Rapid Application Development，RAD）的狂热份子。确保你沟通好 BI 开发跟踪的细节
优化级	开发过程仅仅需要微调	分析瘫痪和细节上的内斗可能会影响项目的进展

12.4　分析决策程序

12.4.1　介绍

本节必须在两个层面上阅读：首先是作为商务分析的辅助以帮助客户做出 BI 投资的决定，其次是用于 BI 项目自身：

关于决策在机构中形成方式的信息，你知道的越多越好，也可以更好地定制出你的分析和给机构的需求的建议。

关于机构配置结构的部分应该作为本章节的背景使用，因为它极大地影响了决策制定过程。

12.4.2　工作上的决策，团队和小组

12.4.2.1　决策制定环境的分类

在图 12.5 中所描绘的矩阵覆盖了基于两个相关因素的所有决策制定的局面和

环境：如何确定事情之间的因果关系和决策制定团队中的每个人在多大程度上共同承担机构的目标？任何在政治组织中工作的人将确认右下象限，多于任何其他的机构形式，政治人物作为承载大量个人雄心的载体。判断环境承载了与传教士式和创业型组织机构的强劲相似性。另两个环境可以在任何其他组织机构配置中找到。

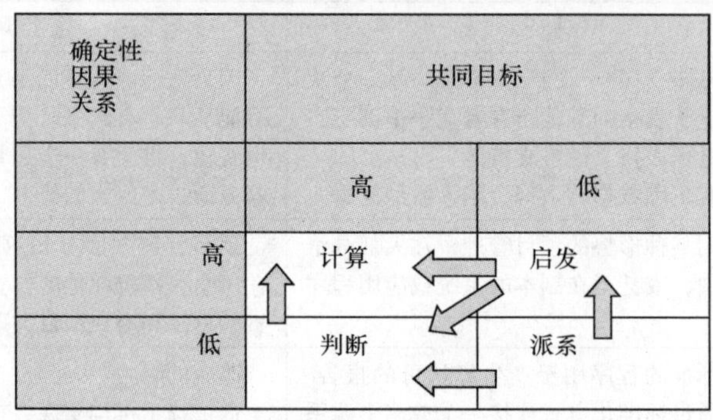

图 12.5　为 BI 项目提供语环境的决策制定环境

12.4.2.2　过程视图

太多的管理专业人员把决策制定认为是一个理性的过程以获得最佳结果。线性编程、队列技术和其他好的算法需要正确的输入以产生正确的输出。它是那么的简单。我很赞同这一点，如果你排除人为因素，使得这些因素在机构管理时并不明显。在决策制定中最大化理性往往与某些或大部分牵涉人员的主观预期效用（SEU）相一致。最大化（Maximizing），即寻求最大效益，通常被满意（satisficing）替代，即寻求替代选择方案使得一个或多个参与方认为足够好了。

有三种决策制定过程：

1）效果论：一种基于所期望的个人后果的过程。我将不考虑 CEO 发起收购的事情，因为这将增加公司收入；有很多新闻报道这种事情。但这种事情在较低层面上具有重要意义。一个成功的管理人员应有足够的感同身受去获得决策制定过程中所涉及到的每一个人的 SEU 愿景。

2）深入的组织：必须考虑多种选项，输出结果必须与第三方进行沟通交流，第三方可以对该过程进行审计以防后来某些事情出现了问题。典型的工具是多准则选择工具，如果以一种不专业的方式使用，则充分利用其缺陷。

3）补偿法：在策略形成和执行中的大部分决策是利益之间的折衷权衡。特别是，当留给功能管理人员完成策略形成时，将会有更多的折衷。考虑对比一下想达到 98.5% 业务水平的市场管理人员和想减少 15% 库存成本的物流管理人员。

12.4.2.3　什么驱动决策制定过程？

下列机制、抑制因素或偏见（无论你更喜欢哪种叫法）在决策制定过程中扮演重要角色：

- 确定性 vs 不确定性；
- 收益 vs 损失；
- 框架；
- 承诺升级；
- 启发；
- 锚定偏见。

让我们来深入调查一下上述因素，因为它们是有效 BI 执行中的严重障碍。Daniel Kahneman（1974，1979，1981，2002）、Amos Tversky（1974，1979，1981）和其他学者对本章的贡献值得嘉许。

确定性和不确定性

研究表明，我们趋向于发现非常可能令人愉快的产出成果，但成果的吸引力不如我们应该做到的那样。我们也趋向于找到一个非常不可能令人愉快的产出成果，但该成果的吸引力超出我们应该做到的那样。人们更倾向于押注。

收益与损失

一个可能收益的吸引力小于对相同数量损失的厌恶。财务困难的公司可能会比财务状况好的公司去冒更多的险，因为它们尝试去消除损失。

框架

同样的信息可以以不同的方式呈现，从而影响基于该信息做出的决策。考虑下面这两条同样的信息：

现在！早订优惠折扣20%！

下周，提价25%！

承诺升级

如果自由和明确地制定了一个决策，制定决策的人觉得有需要去向自己和其他人证明其合理性。致力于该决策的人回顾性地寻求找到他或她“做了正确事情”的原因。美国布什政府的2003 年至2008 年关于入侵伊拉克的沟通交流已经是一个经典的例子。股票经纪人随时都可以看到这种情况：当最中意的股票跌到底时，人们花了冤枉钱去买入股票。经典的合理化说法是：“我想均衡每股的亏损”。

如果决策制定者在选择最佳决定之前会详细说明这些决定所预期的结果，当事情进展不顺利时，则他们更可能去放弃该决策。他们会减少他们的承诺升级。另一种减少的办法就是评估决策制定过程的质量而不是结果。

12.4.2.4　启发

有一些“经验法则”，人们可以用于简化信息处理和决策制定。

社会启发

“我将忽略来自 A 先生的信息。”

代表

这就是现象 x 代表属于一个类别和忽视这种现象发生的自然发生的概率。这就是所谓的基准利率的无知导致悲剧性失误的情况。

锚定偏见

这是我们的错误，根据新信息来尽量改正我们的观点，因为我们被我们的出发点所“锚定”。我们所做的唯一事情就是调整或者校正初始值。任何已经是其中一部分或观察预算的人都将正确地知道我的意思。

可用性启发

这是我们的趋势，即认为能够想象到的东西比无法幻想到的东西更有可能。这一点也被市场人员聪明地利用，当一般性的需要出现时，使别人确信他们的产品是“人们头脑里第一想到的”。

属性替代

当某个人通过选择某个更容易想到的相关的启发属性进行替代来评估判断目标的指定目标属性时，一个判断被说成是被一个启发所调解。这个定义详细阐述了早期研究的一个主题，即面临困难问题的人有些时候会选择相对容易的答案来回答。因此，问“远距离关系在一年内有突破性进展的比例是多少?”这种问题的人可能会用这个问题的答案回答“很容易地想到远距离关系的快速突破性进展的案例吗?”(Kahneman 和 Frederick，2002)

控制

管理人员趋向于表现出他们对于不受其控制的任何事情具有相当的影响力。特别是在预测情况时，他们会高估最有利事情发生的可能性。

12.4.2.5 已有版型，黑暗势力

不管你开发怎样的商务智能系统，总是在寻找已有版型，最好情况是可以引导 BI 项目，最坏情况是发现其结论无效。

社会学心理医生已经反复观察到已有版型证明了团队内各种成员类型的社会角色的合理性或者我们对其行为的合理性。谁没有听说过诸如以下的表述：

“会计人员只能向后看，他们只关心降低成本，因为他们不知道实现顶线的蛛丝马迹”

“销售人员是一群不受控制的酒鬼和饭桶，甚至更糟糕”

“在地球上有比生产管理人员更严格的生物吗?”

“IT 迷们对商业并不了解，他们只对其玩具感兴趣.”

或更微妙的描述：

“忽略老客户；他们甚至不会考虑购买这种产品。”

“1999 年，在发送产品目录之前，我们做了一个预警邮件系统，但失败了，因此，我想我们不应该再做一次。

这种已有版型的唯一补救办法是逐案例和逐元素地分析是什么导致了这种已有版型。存在多个支持已有版型的信息来源。这些来源可以是个人的或人际的。让我们使用一个常见的已有版型来描述：“忽略老用户；他们甚至不会考虑购买这

种产品”

已有版型的个人来源

- 过度反应到极端观察：我知道超过 50 岁的某客户从来没有从这个产品线购买单个物品。
- 将相关性和因果关系弄混：我们数据库中所有老一些的客户购买该产品线的产品要少于年轻一些的客户（是的，但是你的客户数据库能够代表整个潜在市场吗？或者，你与目标群体进行了足够的沟通交流吗？）
- 被社会角色塑造的相互作用：我观察到在我的家庭中，年龄超过 50 岁的人对这个产品线不感兴趣。
- 情感与观察混合在一起：我听到过许多关于我们公司的负面评价来自年龄超过 50 岁的人，这真的让我比较烦恼。

社会化学习

- 我们可以向其他人学习：我的营销教授总是告诉我，公众越年轻，越容易介绍新产品，所以为啥为大于 50 岁的人而烦恼？
- 我们可以从媒体学习：我看到没有大于 50 岁的人为这个产品线做广告或出现在电影中，因此，没看到有超过 50 岁的人用过。

这些来源导致上述已有版型，它证明了在我们的营销计划中忽视这个群体。一旦建立，已有版型可以被显而易见的线索、团队标签的使用或者甚至是团队成员的出现来激活使用。某些已有版型是如此地出色并被经常使用，以致于其内容自动出现在我的脑海里。当一个已有版型激活时，它经常引导我们去把经验、案例、人员和团队作为原型概念中一个可互换的成员而不是一种单独现象。

12.4.2.6　团队决策制定

不管怎样，商务智能有助于团队决策的制定。商务分析人员应当知道基本的团队决策制定特性，这是很重要的。我们生活在有组织的世界里，这里团队决策制定是规范的或即将快速变成规范。决策的强度和频度可能是多样化的，依赖诸如领导层的文化和类型（即在创业的机构中，团队决策制定更多地与使团队相信其决策的领导有关）。心理学家证实，如果以正确的方式处理，团队决策将比个人决策创造更多的承诺，因为人们有更多的参与从而能够促进这一过程。不用说，群体决策更昂贵，所以成本辩护的问题往往在机构内发生。

团队决策的质量是否要好一些仍然有待争论，但是在创意测试中很明显地显示团队决策要差于个人决策。对低产出负责的主要机制在于害怕其他人说三道四和社会性懈怠引起的约束。团队活跃成员对于该行为的响应，是减少其自己的输出结果。最后尤其是，某个团队成员谈到且其他成员在听的某个简单事实，可能会使他们忘记或抑制他们自己的主意，因为他们认为自己的主意要差一些。

关键学习点

- 使用计算机的团队要比面对面开会的团队产生更多的主意，Hollingshead 和

McGrath 在 1995 做试验进行了验证。

- 地位对决策制定有影响：即便地位低的人是正确的时候，他们对于团队的影响力要低于地位高的人。我在 Geert Hofman（1991，2004）的作品（和我在新西兰的商务分析实践）中发现了这样的证据，这也与文化有关。
- 即便团队中某个人知道某个问题的正确答案，团队决策并不总是正确的。
- 团队决策使人更加相信团队决策更加正确但是它并没有做出正确的决策。
- 平均来说，团队和它第二最好成员一样好，因为你需要两个人，他们知道正确答案可以使团队其他人信服。
- 面临复杂决定要制定的团队，将寻求捷径和可接受的但不必是最佳的解决方案。
- 一些权威认为在讨论实际决策之前在决策制定策略上讨论并协商一致有助于提升决策的质量。

Aldag 和 Fuller 的通用团队问题解决模型

与 BI 相关的方面是（参见图 12.6）：

- 决策的结构和程序上的要求（决策特征）
- 持异议者的处理（紧急团队特征）
- 问题识别、替代方案的产生和分析、评估、实现的选择、解决方案的来源和决策控制（决策过程特征）
- 决策的质量（输出结果）

有效的 BI 将考虑所有相关观点用于进行分析。作为一个商务分析人员，你应该探索所有可能的维度，甚至那些尚未被跟踪的问题。商务分析过程不仅仅是一个描述性的努力，真正的附加值是被发现在你的工作中的指定部分。

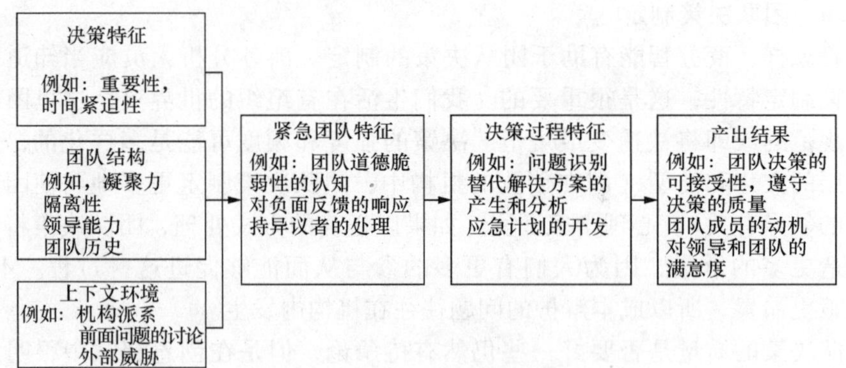

图 12.6 模型的一个简略版本

（来自：Ramon J. Aldag and Sally Riggs Fuller，Psychological Bulletin 113：533-552.）

这个框架提供了在两个层面上的决策制定和商务智能的有趣的方法。首先，BI 的接受作为决策制定的辅助，其次，BI 系统的输出作为决策制定过程的值得信任的输入。

创造 BI 的接受

BI 系统的重要性已经在项目章节进行了证明，但那是不够的。一个好的分析人员创建一种紧迫感：每天没有 BI 是永远失去的一天。领导和企业赞助对于接受过程是至关重要的。关于这些更多的论述在下个章节。

用于决策制定的 BI 输入

我经常在实践中听到这样一个小笑话：从数据到信息再到知识。当我问这表示什么意思的时候，很多人似乎努力给出一个连贯的解释。然而，这个小笑话触及到了商务智能的本质。我经常使用巴士行车时刻表的比喻。设想一下，你是一个咨询人员，正在马德里附近的塞哥维亚完成你的任务，你需要回到布鲁塞尔的办公室。

在图 12.7 中的时间表给出了坐巴士去马德里 Principe Pio 地铁站的出发时间，

LA SEPULVEDANA, S.A.

SERVICIO PUBLICO REGULAR DE TRANSPORTE DE VIAJEROS POR CARRETERA ENTRE

MADRID Y SEGOVIA

HORARIOS — A PARTIR DEL 1 DE OCTUBRE DE 2004

SALIDAS DE MADRID			SALIDAS DE SEGOVIA		
LUNES A VIERNES LABORABLES	SÁBADOS LABORABLES	DOMINGOS Y FESTIVOS	LUNES A VIERNES LABORABLES	SABADOS LABORABLES	DOMINGOS Y FESTIVOS
6.30 D	8.00 S	8.00 S	6.00 D	7.30 D	8.30 S
7.00 D	8.30 D	9.00 D	6.15 S	8.00 D	9.30 D
7.30 D	9.00 D	10.00 D	6.30 D	8.30 S	10.30 D
8.00 R	9.30 D	11.00 S	6.45 S	9.00 D	11.30 D
8.30 D	10.00 D	12.00 D	7.00 S	9.30 D	12.30 D
9.00 D	10.30 D	13.00 D	7.15 S	10.00 D	13.30 D
9.30 D	11.00 S	14.00 D	7.30 D	10.30 R	14.30 S
10.00 D	11.30 D	15.00 R	7.45 D	11.00 D	15.30 D
10.30 D	12.00 D	15.30 D	8.00 S	11.30 D	16.00 D
11.00 S	13.00 D	16.00 D	8.30 S	12.30 S	16.30 R
11.30 D	14.00 D	17.00 S	9.00 D	13.30 D	17.00 D
12.00 D	15.00 R	18.00 D	9.30 S	14.30 S	17.30 D
12.30 D	15.30 D	18.30 D	10.00 D	15.30 D	18.00 D
13.00 D	16.00 D	19.00 D	10.30 R	16.00 D	18.30 D
13.30 S	17.00 S	19.30 D	11.00 D	16.30 R	19.00 D
14.00 D	18.00 D	20.00 R	11.30 D	17.00 D	19.30 D
14.30 D	19.00 D	20.30 D	12.00 D	17.30 D	20.00 R
15.00 R	19.30 D	21.00 D	12.30 S	18.00 D	20.30 D
15.30 D	20.00 R	21.30 D	13.00 D	18.30 D	21.00 D
16.00 S	20.20 D	22.00 D	13.30 D	19.00 D	21.30 S
16.30 D	21.00 S	22.30 S	14.00 D	19.30 D	22.30 D
17.00 S	21.30 D		14.30 S	20.00 R	
17.30 D	22.00 D		15.00 D	21.00 D	
18.00 D	22.30 S		15.30 D	21.30 S	
18.15 S			16.00 R		
18.30 D			16.30 D		
19.00 D			17.00 D		
19.30 D			17.30 D		
19.45 S			18.00 S		
20.00 D			18.30 D		
20.30 D			19.00 D		
20.45 R			19.30 D		
21.00 D			20.00 R		
21.30 S			20.30 D		
22.00 D			21.00 D		
22.30 S			21.30 S		

D.- Expediciones DIRECTAS　　R.- Expediciones RUTA

S.- Expediciones SEMIDIRECTAS con parada en: SAN RAFAEL (Estación), OTERO y REVENGA

INFORMACIÓN Y VENTA DE BILLETES

MADRID　PASEO DE LA FLORIDA, 11　Tfno.- 91 559 89 55

SEGOVIA　ESTACION DE AUTOBUSES (Pº. DE EZEQUIEL GONZÁLEZ)　Tfno.- 921 42 77 07

ABONOS MENSUALES CON UTILIZACION EN TODAS LAS EXPEDICIONES DEL SERVICIO

图 12.7　时间表：数据或信息？

你可以乘坐地铁去马德里巴拉哈斯（国际机场）。在巴拉哈斯，你可以乘坐正规的伊比利亚或布鲁塞尔航空公司航班去往 Zaventem 机场。如果你想考虑便宜的瑞安航空公司提供的替代航班，你可以咨询其他的巴士时间表（见图 12.8），将带你从塞戈维亚到巴利亚多利德，这并不完全是去马德里，而且你从那里是飞往布鲁塞尔南部（实际上，是去沙勒罗伊），这并不完全是去布鲁塞尔。

图 12.8　时间表：数据或信息

所以这是你的数据。现在你基于最低价格航班做出了你的第一个决策，你选择了瑞安航空公司的航班。通过选择你将要使用的哪个机场，这些数据源中的某个数据就变成了信息，特别是在你知道 check-in（检票）时间的时候，因此，你选择了最佳出发时间去做巴士。下一个层次，在数据中找不到，也在信息中也找不到。

它是某种形式的强化，通过第三方来源或恰当的经历，会告诉你在塞戈维亚和巴利亚多利德之间的路上是否有道路施工会导致可能的超过 2 小时的延误。这是知识。现在你可以重述了：你还坚持你最初的决策吗？导致你的低价旅行花费了 2 倍（无价的）的时间，或者你选择经由巴拉哈斯的短时间旅行并获得至少 6 个计费小时？

这个过程清楚地阐明了你应该能够回到细节的最低水平，在这种情况下，你需要证实或重新考虑决策。一般来说，BI 系统应总是保存细节的信息，诸如发票上的行式项目、顺序、呼叫数据记录、过程步骤的测试等等。只有那样，你才能够创建数据有效性的接受认可和避免关于 BI 输出结果自身的讨论。回到我们在塞戈维亚的咨询人员，她将有段困难的时间给她的老板解释为什么她在手头没有巴士和航班时间表的情况下，选择了昂贵伊比利亚或布鲁塞尔的预订航班。

一些从业者和学者争论这个数据到信息到知识的链条在复杂世界中简直太简单了。他们假定语境作为决定性因素来定义数据、信息或知识。某人的知识是另一个人的数据是可能的，但是在 BI 项目的语境中，你在团队或机构层面整理知识，这些有趣的方面对定义 BI 项目并无帮助。除非某人能够指给我看某软件或工具箱可以使单个用户重新评估、重组团队并记录来自 BI 或 KM 系统的知识、信息和数据。我将对数据到知识的“D2K”问题采用简单而务实的方法。

12.4.3　机构组织的变化

BI 的引入将引起人们交流、收集和互换信息的方式以及如何做决策。这些变化是按计划出现的，但很重要的部分可能是突然出现的，最好未经检测到和管理上不要忽视。关于变化管理的许多好的书已经出版了，从 Kurt Lewin（1947）、Tom Peters（1997）、Rosabeth Moss Kanter（1983）和 Charles Handy（1978）等，因此，我将不再重复他们的理论。本章仅仅恳请大家认识到管理方面的变化，往往伴随着更快的民主化和更可靠的管理学习。“信息就是力量”的文化已经转移至“知识是唯一的你可以通过共享来开发的财产”，而且将充分利用所有的贸易技巧来使这些变化发生。让我根据我的实践给你一些技巧。

12.4.3.1　使贸易盈利

换而言之，当你向你的同事或员工询问信息时，确信作为回报，他们会得到某些东西：他们从来不知道未共享的信息。想象一下一个经典的例子，一个销售代表要整理归档访问报告并从未获得任何信息作为回报。如何调动员工积极性，你认为呢？现在设想这个销售代表获得了一个分析报告，分析内容包括他的时间消耗与最佳实践对比的分析、他从更好的时间管理中获得额外收入的激励、输赢分析、在其他销售情景下所使用的更好的收盘技术的小窍门，这样他将很愿意共享他的访问报告。

12.4.3.2　实现他们的梦想

每个人都想在他或她的工作中做得更好一些。列出一个清单说明什么是理性的工作以及你将提出的希望，诸如：

- 我希望获得更好的信息，而且我希望更快更精确的信息。
- 我需要有助于提升我的工作的反馈意见。
- 我想知道某某的相关职位。
- 我不想把时间浪费在做报告上，我还有很多重要和紧急的任务等着我。

你的工作是帮助管理人员通过更好的信息来创建一个更好的工作场景视图。如果你能够把 BI 定位为满足其希望的（部分）解决方案，你就首先赢得了竞赛的预赛。什么竞赛？对抗偏见、对变化恐惧和守成不变的竞赛。

12.4.3.3　使用肯定的反馈

声称每一个成功都有 BI 系统所做出的贡献。确信用户知道这些贡献。使用一个简单的句子表达获取更多信息的想法，诸如：“既然我们现在知道 x，难道我们不想知道 y 和 z 吗?”。确信用户知道 BI 是一个持续的管理提升过程而不是一个具有开始和结束的项目。

12.4.3.4　逐步淘汰旧系统，要快

你不能阻止电子表格迷瞎搞数据，但你可以终止或阻止他们发出的获得其数

据的 SQL 语句。一旦你已经证实了来自 BI 系统的数据是有用的或最好是更有用的——就没有理由去维护旧的信息管理过程了。电子表格迷仍然使用老办法，但至少他们注入的语句是可以清除和安全的，BI 的数据具有清晰的审计跟踪。

12.4.3.5 形成意愿联盟

我们已经知道了一个团队和其第二最佳成员是一样好的，因为你需要两个人，他们知道正确的答案并使团队其他人信服。为什么不按时积极地激励这种机制呢？通过在会议上演示 BI 用户正获得越来越多的权力，因为他们有正确答案。

12.4.3.6 适应机构组织的风险模式

我们正在应对创新者、早期的适应者、早期主流用户、晚期主流用户或落伍者吗？每个风险模式都有其自己的参数，例如：

- 创新者：这将改变商业运作的方式
- 早期主流用户：把竞争对手甩在身后
- 晚期主流用户：每个人都使用它
- 落伍者：如果你不改变你的信息管理方式，竞争将使你脱离商业

12.4.3.7 准备应对挫折

你会遇到不欢迎你说教的人，这可能挑战他们的信仰和价值观，特别是如果他们不能协调新方法与他们对工作的感受，他们将准备操纵任何可以操纵的内容来证明你错了。改变一个公司的 logo 标识常常要比改变其行为简单很多。借用 Kanter 经常引用的话：引入 BI 的机构可能是“果敢的措施”和“长征”的组合。准备好应对这两个方面。

12.4.4 明茨伯格的管理神话

明茨伯格在他的《明茨伯格谈管理（*Mintzberg on Management*）》一书（1989）中，揭示了关于管理工作的四个神话（或他称之为“民间传说”）。让我们靠近观察一下这些神话，并看看在我们的商务分析实践中能够从中学到什么。

1）民间传说：管理人员是一个反射系统的规划者。

事实：不断的研究显示管理人员以不松懈的步伐来进行工作，他们的行为可以用简洁、多样化和不连续性来特征化，他们被极力导向至行动和不喜欢反射性的活动。

2）民间传说：有效的管理人员没有常规的需要履行的职责事实。

除了处理异常情况外，管理工作涉及到履行很多的常规职责，包括仪式和典礼、谈判、处理与机构及其环境链接在一起的软信息。

3）民间传说：高级管理人员需要汇总的信息，最好由正式的管理信息系统提供。

事实：管理人员非常喜欢口头（oral）媒体，也就是电话呼叫和会议。

4）民间传说：管理正在或至少很快变成了科学和专业。

事实：管理人员的程序，包括安排时间、处理信息、进行决策等等，仍然深深地锁在其脑海中。

因此，为了描述那些程序，我们依靠诸如判断和直觉的用词，而很少认识到这些词仅仅是我们无知的标记。

12.4.4.1　对于我们的 BI 项目，我们可以从这里学到什么？

1）BI 系统应该能够在呈现出各个级别上的信息，从最高汇聚层信息到最底层微观的细节信息。考虑到现在的提取转换加载技术的性能，磁盘空间在粒度上的价格讨论所花费的时间要少于上个世纪。人们总是努力获取最底层的细节信息，即使今天没有关于微观数据的附加值的任何线索也是如此。

2）BI 系统应该允许来自用户的反馈，因为某些想法产生后，通过计算机网络传输是很有效的且便于管理。

3）BI 系统通过解释器和生动的讲解来增加其效果，以便向管理人员和机构中其他所有人传达有意义的和背景丰富的信息，因为我们的证据表明，包含了图片、比喻、比较和其他形式图形的生动的讲解相比一行行的单调数据更易于被理解吸收，即便是这些数字配有图时也是如此。比较表 12.5 所示同样信息的两种表现形式。你更喜欢哪一种？生动的讲解还是数字？

生动的讲解：总的来说，我们的客户喜欢产品 B，特别是那些 5 万欧元年收入的阶层。试想一下，有更多潜在客户处于更低收入阶层，我们不能忽视这些客户，并且我们应检查在这个阶层的更好的产品定位的可能性。

表 12.5　客户调查的结果：纯数字

	总　　数	男　　性	女　　性	<€50k	>€50k
全部客户	5，000	2，390	2，610	2，890	2，110
	100%	100%	100%	100%	100%
喜欢产品 A	2，010	1，120	890	1，470	540
	40.2%	46.9%	34.1%	50.9%	25.6%
喜欢产品 B	2，990	1，270	1，720	1，420	1，570
	59.8%	53.1%	65.9%	49.1%	74.4%

讲解中的斜体字增加了背景并引起了讨论。尽管报告中包括了数字和讲解，但后者显然在用户头脑里更为持久。

4）BI 系统必须能够同时创建有规律的预定的标准报告和临时的异常报告与分析，以及需要采取行动的研究报告。

5）对于所有用户，BI 系统应具有反馈可能性以便使软信息可以为用户团队中的每一位所用。我曾经找到过两种意愿之间的强相关性，即管理人员的委托代表意愿与其在同事和合作者之间共享软信息的意愿。

12.4.5　结论

Kahneman（2002）假设可访问性的概念，在以快速、自动和不费力的演示和以慢速、串行和努力的显示之间以连续的模式表示。他增加的感觉是我们不知道的选择，而且我们可以感觉到所选择的东西。感觉也是与参考物有关的。图 12.9 描述了具体情况：左边图画里面的中心正方形看起来颜色要淡一些，因为对比要强烈一些，尽管左右两边的中心正方形具有同样的颜色。因此，对于真实的 BI 表示层的预告是：基于信息汇聚和组合问题上的最小努力的展示是刻板的，因为这将使 BI 体验枯竭而不是丰富。

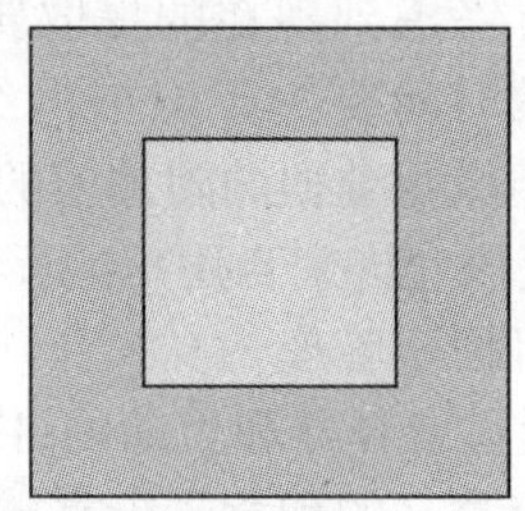

图 12.9 语境可以改变同一现象的认知感

12.4.6 商务分析问题

确信你清晰地了解 BI 项目定位的某个中心问题：将来的 BI 系统仅仅考虑正面信息和负面反馈环，还是鼓励探索与正反馈环？

换句话说，在赞助商脑子里，什么是 BI 项目的根本性假设？是控制、信息集中化和在预定义范围内的策略计划执行吗？或者允许通过信息民主化来使各种异议出现，学习过程和某种形式的分散化决策制定？和与机构中的人面谈相比，找出这些来可能会花费你更多的时间。通常，这是“不要听我说的话，要看我的行动”的事。

12.5 产生文档

启动一个 BI 项目意味着绘制机构中现有但尚未绘制的区域，并记录这些以便在各参与方之间产生某个层次上的理解及信心，参与方关心该过程将构建信任，对项目将产生有用产品持有信心。

考虑把一个项目视为日常工作和临时工作的一个灰色地带，你将同意这个看法：在赞助商准备支付费用和给予名声之前，一些关键议题、问题和决策的按部就班的迭代和重复，需要成功地完成。这个按部就班方法在项目方向文档、访谈总结、商业需求、商务案例和项目章程中都会记录下来，项目章程将该方法完全绑定在一起。项目章程对于 BI 项目犹如十诫对犹太教/基督教一样重要，例外的是项目章程是在很多团队决策制定过程中起草的，而十诫更多的是单方面制定的。一个好的项目章程覆盖了项目中所有重要的领域但是留下足够的余地用于适配进行中的项目。我们参考 16 章的模板以进行深入地讨论。

12.5.1　项目方向文档

不管你之前是否有一个小型或大型的项目，你不能跳过这个阶段，因为它并不占用每个人过多的时间并且从一开始就把每个人的注意力吸引到手头的问题上。（表面上）所有重要的方面都涉及到了（除了这个）：

策略过程（形成和明确提出）是如何在机构中完成的、信息源怎样在“现状调研”中发挥作用，且管理人员愿意实现怎样的“未来蓝图”？

本文档的唯一目标在于对更进一步的研究和对将要访谈人员的承诺接收到 GO 或 NO GO（做或不要做），承诺表明他们将合作产生需求。

12.5.2　访谈总结

这些文档将具备关于商业过程、功能领域和其所需要信息的细节信息。这些信息将与组织机构中的人和范例关联起来，这对实现阶段是至关重要的。如果不是名义上对这些信息领域或这些领域的子集负责，从长远观点来看，BI 系统并不能生存下来。不管谁来负责写商业需求，这些概要的信息将为 BI 项目提供语境和内容，并将帮助你来识别将来的盟友和麻烦制作者。

12.5.3　商业需求

你的客户对于他想要的东西可能会有个好主意。现在你可以选择：你可以充当一个公证人讲述这些需求，或者你把自己视为一个教练，在项目早期阶段挑战他。答案并不是十分明确：在某些机构中，你并不是做出该选择的人，客户将告诉你具体的角色。在某些情况下，在项目早期阶段最好不要干涉太多，因为这可能导致延迟，打消发展势头，甚至在项目团队内制造混乱。特别地，我把商业需求留给你做逐案例的判断以找到推动项目发展的最好方法。

12.5.4　商务案例

我所知道的每个项目方法学都把商务案例作为项目的核心，我遇到过太多的 BI 项目，其需求要么基于“我需要这些信息不管花多少钱”或者“这是我的预算，尽可能获得相应信息”。这与你在机构中所允许充当的角色相关。如果客户蠢得把你当作是跑腿的，你可以跳过这个选择，但是如果你有机会与成年人工作，他们将欣赏你对商务案例的输入，即便该案例挑战他们的假想并迫使他们减少（或扩展）商业需求。

12.5.5　项目章程

这是最后的交付物用于为项目赞助商产生所有必要的信息以形成知情的关于项目做（GO）或不做（NO GO）的决策。所有其他文档有助于形成这个最后交付物，因此我最初的建议在这里：不要丢失你的听众。确信他们能够遵循 BI 项目的从最初文档到这个最终基础的转变。

12.6 验证结果

在每个阶段后，在每次面谈后，你将必需去验证结果。从来没有什么是理所当然的，如下列真实生活例子所示。

12.6.1 “我想要绩效！”

一些管理者把列表和报告搞混淆了。他们想在报告中看到 200，000 个订单行且能够随意过滤这些行以产生所需要的信息。通常地，OLTP 系统应该能够产生明确的列表。但是某些列表能够产生大量结果集：“所有的产品在过去 3 年内通过所有的渠道卖给了所有的客户，被所有的客户经理。”这看起来更像是一个 OLAP 立方体[⊖]而不是一个报告。

在这个产生阶段中开始分析时，你可能没有认识到这个“报告”的容量和绩效。所以你要么为客户提供绩效预先告警，要么你根据查询响应时间和更新时间来检查该报告的潜在结果以在尽可能早的阶段提供反馈。于是，你的客户就有了选择：继续实现它并接受其性能问题，使用 OLAP 技术来产生更好的性能，或把“报告”分割成可管理的部分。

12.6.2 “为什么我需要全部客户?”

用户所期望的某些功能可能与他们的用户概要不一致。用户可能不具备技术知识或访问权限来产生所希望的报告结果；例如，大多数 BI 用户是报告的消费者。用户的工具可能通过互联网接口提供简单的访问或推送 pdf 文件或电子表格文件。通过检查用户概要-用户需求与工具功能之间的一致性来避免挫折，因此在早期阶段可以采取补救的措施。

12.6.3 “现在我看到了结果…”

这是个经典的小笑话，你将无法避免：当用户看到他的最初需求的第一个结果时，用户才知道他所需要的东西。经验丰富的商务分析家基于这些初始需求能够预见额外的功能，通过为该情况建议提供最小颗粒度的事实并建议增加额外的维度可以为相关措施增加额外的语境。在项目开始时期要求额外的预算要比递交

⊖ OLAP：即 Online Transaction Processing，联机分析技术，OLAP 由 Chris Date 在 20 世纪 80 年代引入．“立方体（cube）”是一个比喻，指 OLAP 数据的可访问方式，用于查询和“分割与分片”，以便重新安排数据用于分析目的。

第一份报告后面对失望的用户和昂贵的返工要明智一些。

12.6.4　检查商务案例

随着需求的增长以及用户表达新的希望，商务案例必须经历连续不断的发展、细化精炼和外延。任何时候当问道新功能时，你应该确信有一个成本效益分析来为决策制定者提供输入。

12.7　支持和维护

一旦项目章程完成且项目预算批准了，我们就进入到下一阶段：项目生命周期。在某些案例中，可能存在更加专业的商务分析人员的需要，但是即便当你待在团队中时，你将必须预见到某些时候要做一些努力把你的知识传递给项目团队中的其他人物。项目章程应代表自己说话，但在最终交付物之前的过程可能需要更进一步的阐明。

12.7.1　验证

项目章程的第一个目标在于向项目赞助商和督导委员会清晰地传达范围、风险、机会和对机构的影响力。传达意味着使消息适应事先不了解细节的受众。考虑到项目章程作为大量信息的抽象且你可以看到任务：向项目团队传递细节和项目章程的语境并使团队尽可能地验证你的观察、假设和分析。当矫正行为是切实可行时，误判或简单的错误在早期阶段可很好地检测出来。

12.7.2　愿景支持

赞助商对项目章程的响应是假定她接受了章程中所表达的愿景。当你仍然在项目团队中时，保持项目愿景的完整性将是你的任务。不要把这个任务认为是在公园散步那样容易！项目可能会遭受到来自项目团队中好心和不如此好心的人的仁慈而恶意的攻击，这些人主要是对其领域内的项目优惠感兴趣。设计和构建 BI 系统需要多学科的任务工作组，这使你可能面临着相关责任传递给错误人员的风险。

数据库管理员看待项目的方式与数据提取、转换和加载（ETL[⊖]）开发者不同，ETL 开发者将会与报告编写者发生争吵。在 ETL 开发团队中，在方法论上将会发生争执和拉锯等等。你的角色在于确保支持项目愿景的交付物在项目结束时出现。

⊖ ETL：提取（extract）、转换（transform）、加载（load）对数据的一系列操作，从源系统获取数据、清理数据、把数据变成可查询数据集的组块以便加载在目标系统中，目标系统可能是数据仓库或数据市场

第 13 章　项目生命周期管理

商务智能（BI）项目生命周期的一个示例如图 13.1 所示，其需受到商务分析人员不同强度地干预，同时依赖于本章所讨论的阶段和外源性因素的影响。

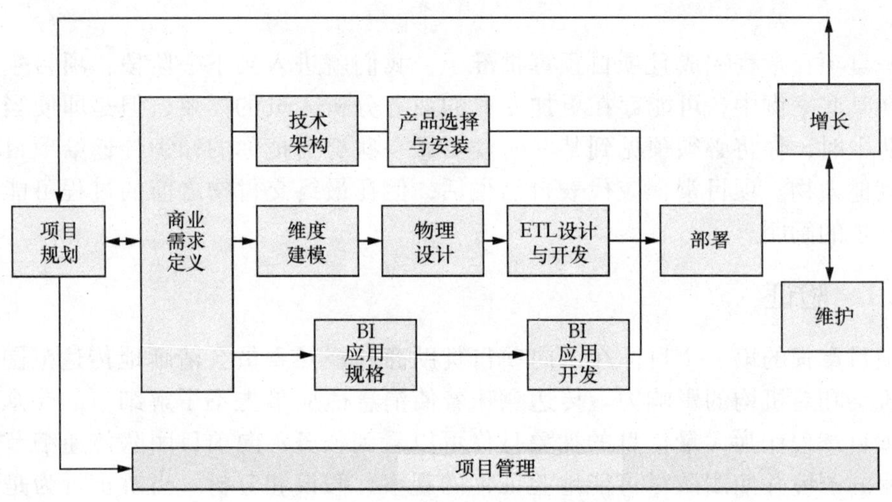

图 13.1　Kimball 的数据仓库项目生命周期

项目规划：本书不会就“我怎样逐步做出一份商务智能（BI）规划”而做出回答，但它会为规划人员提供有价值的输入。

商业（业务）需求定义：本书旨在提供各种工具、概念和明确的问题，以提高需求的质量。这是本书的重中之重。

维度建模：已有很多不错的关于维度建模方面的书籍，但本书总能将商务分析问题和建模问题连结起来。

商务智能应用说明：尽管诸如 Kimball、Pense 以及其他许多作者都已出版了大量相关书籍，本书致力于提供高水平的商务智能工具模型。

增长：从方法论的角度来说，增长阶段就是一种新的分析迭代法。基于此，我只标注那些在企业用户意识到需要一种新的迭代法之前，就已经给分析人员发出信号，让他们采取主动的事件。

本书为商务智能贡献了最好的着重于项目启动的业务分析实例，而这正是许多商务智能（BI）项目中的主要问题：如何克服惯性，获得动量以使商务智能项目转变为商务智能进程。

13.1　商务分析与项目规划

商务分析人员为项目计划提供了坚实的基础。以下是分析人员经过分析后列出的高水平项目的步骤。为获得更多深入的信息，我们将参考 Kimball 等著的《仓库数据生命周期项目工具箱（The Data Warehouse Lifecycle Toolkit）》(1998)。

商务需求：这一主题更多内容将在后文中述及。

应用前景：在分析现有的应用前景或城市规划时，分析人员能探测到在数据使用和数据定义间存在的矛盾。由于每次应用都有自己特定的目标和语境，因此存在着“窄带广播”的数据定义风险。

数据模型：分析人员有助于设计选择以及设计本身。

建立数据仓库或数据集市：一份优秀的分析能提供出具有可行性和商业价值的迭代法。经过深入全面的分析，分析人员能够相当精确地计算出工作量和建设阶段的成本。

加载数据仓库或数据集市：在理想状况下，一切都按部就班地在进行。但在很多案例中，当装载失败，就会需要进行深入分析。分析具有技术性，对譬如时间戳或数据库提交程序等问题进行处理。分析人员寻求改进商业程序，以使之对此类问题做出积极的影响。

在报表服务器中开发一层（功能）：商务分析人员能使团队聚焦于商业需求及同一语境中，以提供一个清晰的语义层，投用户所好，无论后期何时需要添加，都能保持稳定。

建构报告：在此阶段，分析人员进行最终真实性检验评估。将对“系统是否提供了预期的报告？”这类问题进行监测。

端到端测试：分析人员熟悉数据沿袭方面的情况，因此能协助技术人员一起进行单元测试与端对端测试。

用户培训：用户的认可是商务智能的精髓。分析人员所做出的以提高培训有效性的任何贡献，都会增强所有前期在时间和设备上所投入的影响。

13.2　商业需求收集

从寻求预期过渡到捕获战略形成和制定的方式方法，是困难的。最艰难的是将它系统化，以便于使数据建模人员能接触到这些信息，如果数据建模人员与分析人员为同一人，那么更需要系统研究方法以更大程度地保证从数据模型到技术人员的平稳过渡。

道理很简单：概念数据模型仍然接近于收集到的语境信息和组织战略进程知识。一旦项目中出现逻辑建模、物理建模以及提取、转换、加载（ETL）的优先级，则撰写不佳的分析和建模阶段将会使进程很快瓦解。在获得任何数据模型之前，需检查大型项目的商务智能需求采集周期，以确保涵盖所有方面，参见图 13.2。假设我们从空白页开始。

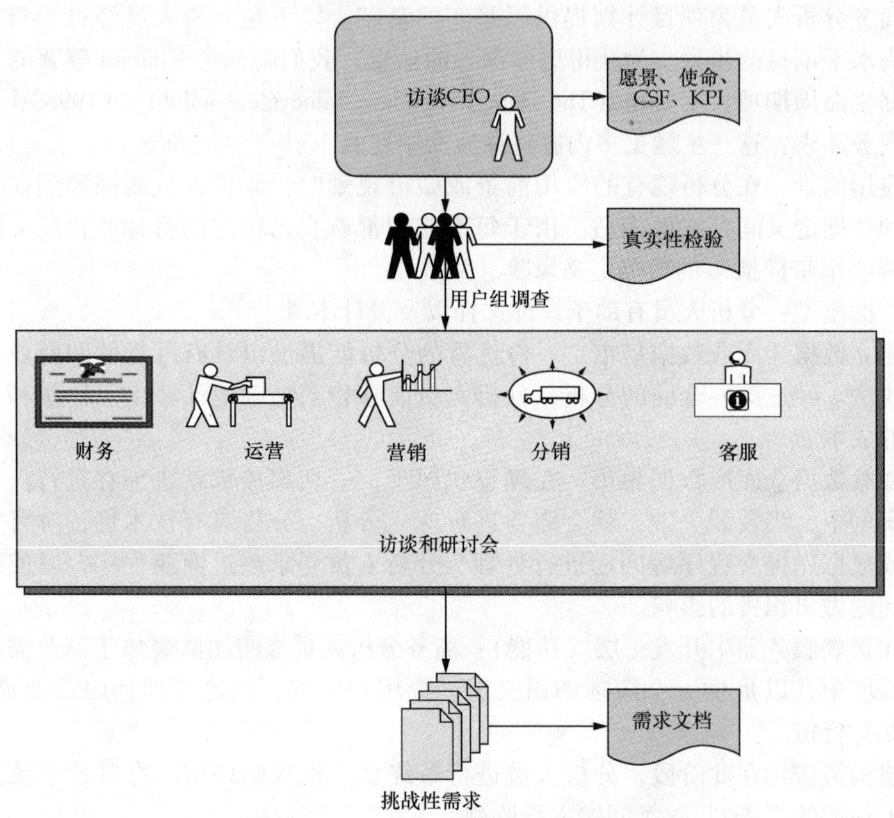

图 13.2 复杂 BI 项目需求采集过程的草图概貌

13.2.1 访谈 CEO

当做完准备工作，研究完相关图表，勘探完相关情形后，将会准备与做好计划的人会面（或计划做这项 pc 的人员）。

13.2.1.1 你的目标是什么

建立信任：确保在结束谈话时，能说服 CEO 认为你就是那个最合适的人选。单纯的背诵简历并不能成功说服她，更好的办法是向其展示你能理解她的战略重点，如何运用商务智能（BI）来帮助她实现目标。希望以上文字对你能有一定用处。

获取支持：你将会遇到那些比想象中还不情愿合作的人。通过不同层次的 C 级支持，在微妙的沟通范围内，“项目非常重要，我们期待你们的贡献”，达到

"按被告知的去做或别的什么"，你将克服这些抵制。

绘制组织结构图：CEO（首席执行官）会暗示你，哪些是他在组织中信任的人。警惕诸如此类的话："你应该去和 JIM 聊聊，他是市场经理，但你也应该去看看 Jack，他是我们的市场研究部门的头儿。"

正式交付：CEO 运用能捕获到战略重点的访谈总结、使命、带有主观色彩的愿景描述、一系列关键成功因素、关键绩效指标（KPI）来规范组织结构图。

13.2.2　用户组调查

某些批评家会发现这有些不当。但在大项目中，调查能揭开潜伏的障碍。

13.2.2.1　你的目标是什么？

进行真实性检验：使命和愿景陈述及其表述，是否已是关键成功因素：

1）已知；

2）集成到日常例程；

3）可操作性；

4）转换为个人层面的 KPI 指标；

5）集成到个人发展规划。

发现潜在贡献者：调查将一些谨慎的问题与"你的评论"或者"请详细说明"这些空项连接起来。在向全公司范围发布之前，需对调查进行检测，以确保其清晰明白，无歧义。调查样本参见"附录 D：采购部的一个 BI 项目调查"。

正式交付：调查结果伴随着描述性统计，这具有一定的附加值。我所说的"描述性统计"是指在各年龄组、功能层、各部门之间转换结果，以及你如何去描述组织的人群而不侵犯独立个体的隐私。

13.2.3　访谈与研讨会

当你从 CEO 那获得明白了总体方向，以及在公司范围内对如何采纳此种管理视野有了浅性认识后，是时候与职能部门经理、关键用户、分析人员进行深入地访谈以弄清所需信息的真实情况。注意，我将"访谈"与"研讨会"放在一个章节，是因为二者之间是可以交换的：在某些情况下，访谈能获取较好的结果，但在另些情况下，你将需要同事间的相互碰撞，这是一个研讨会才能做到的。

访谈能够迅速、容易地进行，比研讨会需要更少的准备工作。但如果需要与大量人进行访谈时，会耗去比研讨会更多的时间，尤其是受访者之间观点矛盾或者较为分散时。

经过了 20 年的访谈和研讨会，我仍然不知道最佳的出发点在哪里。有时，需要研讨会来涵盖正在审议的事的众多方面的观点和意见以详细阐述它，之后再与研讨会的各意见领导进行访谈，有时正好相反，你并不想它发生，但却不得不亲历研讨会里突然爆发的争论。在这种情况下，访谈更适合双向沟通，在此，分析人员能使争论各方达成一致。当然，跳出自己的角色，这是极其冒险的。这样的选择令人非常不安：要么保持中立，冒着对项目失控的风险，因为客户清楚表明他尚未能就 BI 项目形成一个连贯的前景。要么你将被视作反对派的一员，那么你最好选择正确的一方。尽管那样你也要时刻保持警惕，因为要阻挠一个商务智能项目比你所想的要容易得多。

13.2.3.1 你的目标是什么?

深入理解以下几点：

- 商业流程和流程数据的捕获、存储、更新以及删除；
- 商业流程间的数据流动；
- 主数据及其在部门间和各商业流程间的使用；
- 用于评估商业流程绩效的维度（或观点）。根据以下几点思考：
  - 通用（general）维度，譬如 CALENDAR，TIME，GEOGRAPHIC REGION；
  - 语境维度，比如 BATCH_SOURCE、ORDER_TYPE、NATURAL_ACCOUNT；
  - 决策维度，譬如 CUSTOMER、PRODUCT、EM-PLOYEE，以及你可影响管理决策能的其他维度；
- 被测事实的意义与粒度，比如 SALES_AMOUNT、SALES_VOLUME、COMPLAINTS_COUNT 等；
- 分析和报告需求：分析方法、细分路径、表示方法、更新速率；
- 真理的验证程序和来源。

为如下方面提供输入：

- 总线矩阵；
- 维度模型；
- 缓慢变化的维度使用及其类型选择；
- 下一阶段：商业需求挑战。

  正式交付物：
- 商业需求（参见模板）；
- 总线矩阵：[商业进程(数)] × [维度和事实(数)]；
- 总线矩阵：[报告(数)] × [维度和事实(数)]。

13.2.4 需求挑战

我必须承认：这是收集需求时最容易被忽视的阶段。每个参与的人都给你提供一份他的愿望清单，而作为对客户友好的你来说，都会接受这些愿望清单。这样就行了吗？不行。客户有权被质疑。你有义务向客户指出将来要面临的潜在问题，帮助他们做出合理的决策。现在你需要在可行性、数据质量、拥有总成本、商务案例方面对需求进行评估，这最初始发于项目章程中，而现在已细化到了属性水平。

13.2.4.1　如何质疑需求

需求的现实性检验存在于数据之中。只有把源数据和与其所有者的访谈结合起来检验，才能发现真相。这里所指的“真相”解答了两个问题：需求是否具有可行性？需求是否在未来的改进方面具有较好的前瞻性，或者说他们是否承诺过多，从而导致了僵化的解决方案？

剖析检查列表（单）

在源数据中检查以下几点：

- 环境：这并不是个简单的因素。你会对开发、检测、认可度或者生产数据进行分析吗？因为潜在因素的不同和数据模型的改变，每个环境都可能导致一个特定的结果。因为延迟是不同的，所以数据模型也许就发生了改变。
- 数据库架构（schema），例如：
  - 表；
  - 列；
  - 数出不同的记录：源数据的大小能为今后的负荷性能提供线索；
  - 域：容许的数值是什么？值列表？值范围？
  - MAX（最大值）与 MIN（最小值）；
  - 索引，索引类型；
  - NULLS%（空值百分率）：应用程序使用该列的情况怎样？如果存在大量的空值，那么可能的原因是什么？
  - 外键［表名称］：检查约束条件；
  - 数出孤立项：有失去父记录的子记录吗？这能证实数据库管理员（DBA）替代了应用程序所有者对数据库进行了更新；
  - 独特模式：一些输入字段实施独特的模式，比如用 DD/MM/YYYY/来表示一个日期，或者用 AA9999 来表示一篇文章编码。如果在数据中违法规则，可以再次质疑 DBA；
  - 非正常模式：例子；
  - 起止日期：想要追踪变化，源数据是否支持这一特征？
- 结论/评论：在以下三种可能的结论中选择其一：
  - 对提取、分析和报告的数据准备好了；
  - 数据不理想，需要在源系统进行修正；
  - 需要对大量问题进行更进一步的调查研究。

源属主检查单

我提到的源属主，有多种意思。它可以是负责应用的 IT 技术人员，可以是从商业角度进行系统维护的分析人员，可以是 DBA，也可以参与团队发展的高级用户。有时，需要与所有这些人员碰面来全面了解数据发生了什么。

确保能回答以下问题：

- 与数据库直接相关的数据的批量插入、更新或删除是否可能？过去是否有过这些情况？
- 首次使用后，数据域是否没有发生改变？
- 记录的起止日期变化是否可以追溯？
- 系统是否可以进行级联删除？
- 如果有多个记录来源，我们选择数据仓库内的哪一个事实？
- 如何处理无用数据：物理删除，还是把 Active_Flag（活动标志）从‘Y’改成‘N’，也就是说逻辑删除？
- 如何处理合并数据：
  - 创建一个新的记录，（逻辑或者物理）删除合并记录？
  - 创建一个新的“merger”（“合并”）记录，在与新创建记录具有相同 ID 的旧记录中加入列“IsMergedInto”。
- 需要特别注意起止日期的关系：日期是否变化？或者是否产生了新的关系？
- 层次结构是如何建模的？它如何影响 ETL 的复杂性？

图 13.3 是一个层次结构模型，显示了更为复杂难以控制的自联接（selfjoin），以及持续追踪层次结构变化不是一项简单的挑战。层次结构桥接表更具有更大的灵活性，能很好地持续跟踪历次改变，其中比较年月日数字是重要的，此时层次机构易发生变化，比如销售区域、产品层次结构、职员层次结构等。

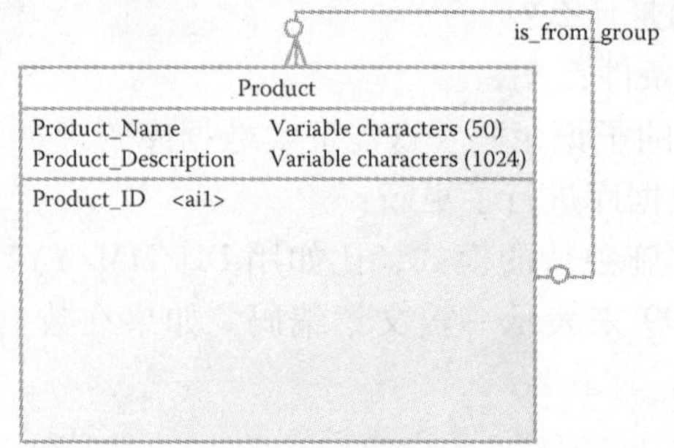

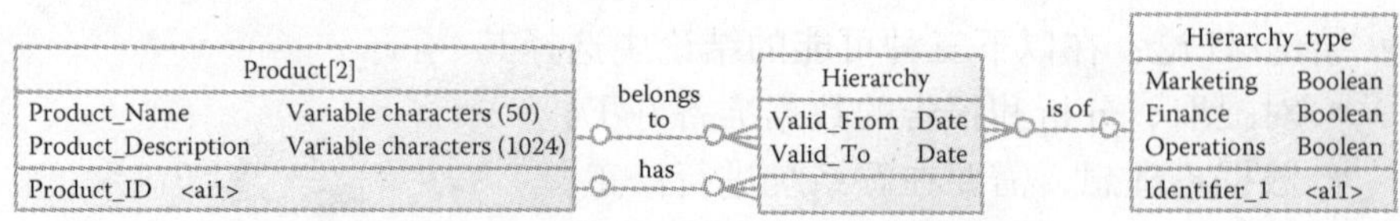

图 13.3 源系统中对一个层次结构建模的两个例子

13.2.4.2 对需求的鲁棒性进行测试

在需求范围内查验源数据时，可以做些额外有用的工作：检查候选实体，事实和维度的属性，这些可能在当前不需要，但在未来需求的情况下，可能需要重建或者从数据仓库里重新装载。

一个简单事例：为分析每个客户和每个账户经理的收入，对一个项目而言，必须有 FACT_INVOICES。检查源数据的全部属性（大多数情况下，INVOICE_HEADERS 包含了主要数据，INVOICE_LINES 包含了产品、单价和数量），标题记录里有合同编号，引导客户注意此类有用属性，即使不需要这个属性，也很容易把这些信息加入到 FACT_INVOICES 中。后期加入的做法，则在这次迭代中，可能需要在一个数吉（G）字节的表中进行一次 INSERT（插入），比捎带法可能需要花费更为巨大的成本。

正式交付物：在进程末期，必须能够指出隐藏的问题、风险和不可能性。必须让客户意识到商业需求的技术约束，从而满足如下条件：

1）客户能理解技术术语；

2）沿途可能会出现新问题；

3）客户做好准备精化商务案例，以便做出合理的决定（知情决策），这是就继续、推迟或者放弃那些会产生问题的需求而言的；

4）在针对未来增长而提高需求方面，客户看到机会。

13.2.5　坚持它

我经常听到这样的言论：很难预测到组织的未来信息需求，商务智能系统需要定期修正，甚至有时为了符合新的商业需求而彻底重建。在早起开拓的年头里，这的确是事实。但如果按照本书的途径操作，你将涵盖到未来所有需求的 99.9%，甚至客户都还没意识到的需求！商务智能的商务分析方法提供了 3 种坚实、持久的构造块以及 3 个辅助分析领域。

13.2.5.1　坚实的构造块

战略过程：如果你运用前三章提供的模型和信息对此分析，你就会有坚实的基础，来理解组织用数据和信息运作的方式。

4 个 “C”：从现在开始，所有商务智能需求都能浓缩到四个知识域，也就是公认的 4 “C”：客户、成本、竞争和能力。如果你可界定这些基础知识域的范围，并将你的所有需求映射于其上，你将会比客户更快地发现未来的发展路径。

主数据：从第一次循环开始，主数据就导向了一个可升级的商务智能系统。主数据能立即反映出组织的兴趣所在，因为在所有源系统中它特别关注着这些目标。你将所有这些方面都放入解决方案的范畴，或者如果对项目预算和时间约束是一项过重负担的话，则要针对未来发展，展望完美更新修正的可能性。

13.2.5.2　辅助分析领域

商业过程：你对越探究细节，则商业过程越有可能发生变化。用主数据和 4 “C” 去匹配高水平进程，能使分析富有弹性，以适应未来的转变。

功能区：职责调整、新学科形成或功能区合并也都会带来变化。如果把功能当作过程分组，那么它们也只是增加了语境内容，不应该从本质上分散开来。为产生所需的分析，数据是必要的。

可用数据：源数据分析能揭示出记录保存的易失性。在表中加入列，属性值改变或重新定义等等。在某些商业领域，譬如零售或批发，易失性高，而在政府或保险领域，关键记录就相当稳定。确保你对这种变化的速率有所了解，因为它可能是提高组织全面数据管理独立征途的开始。

13.2.6 维度建模

正如引言中所指出的，尽管在“附录 C：有关数据仓库的基础知识”介绍了概念，但这不是有关维度建模的课程。我更喜欢这是关于三种主要建模方法的讨论，以及作为一名商务分析人员在使信息基础结构与战略过程保持一致方面，这些方法如何影响你的工作。

一份很简单的图表指出了问题：

1）组织从竞争对手、政府、客户趋势和其他外部影响中拾取信号，并……

2）……调整它的战略优先级、过程、策略等等……它们……

3）……导致组织结构、行为及其信息需要的变化，这些需要……

4）相互作用，接下来它们影响……

5）……数据仓库。

因此需要做出决定：是否选择 Inmon、Kimball 或 Linstedt 的架构方法？每个选择如何不可逆的？能否混合这些设计选择？参见图 13.4。

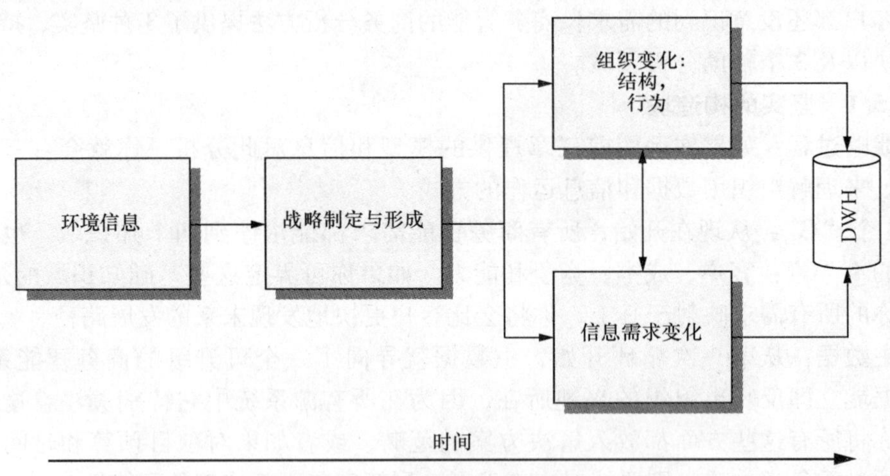

图 13.4 战略过程和对数据仓库的信息反馈

13.2.6.1 Bill Inmo 的数据仓库 2.0

几年前，“数据仓库之父“发布了概念，强调了数据生命周期管理和数据仓库中的混合的非结构性数据的必要性。我留给数据仓库顽固分子来决定这是要做的下一件事，还是新瓶装旧酒？简单来说，Inmon 方式就是由上而下的方式。从设计、建立和装载企业数据模型开始，接下来是作为企业数据仓库派生子集的数据集市。数据仓库涵盖了最低层面的细节，而数据集市是为一个主题或功能区特制的，可包含较高级的粒度、汇总数据和积累起来的快照。

Inmon 的方式（见图 13.5）在稳定环境中起作用。在这样的环境中，有大量的时间远离用户社区，为面向主题的数据集市交付（deliver）深入基础。这不是巧合，Inmon 发起他的政府信息工厂（Government Information Factory），同样不是巧合的是，我从未在混乱、快速变化的环境中运转的组织中见到 Inmon 方法。

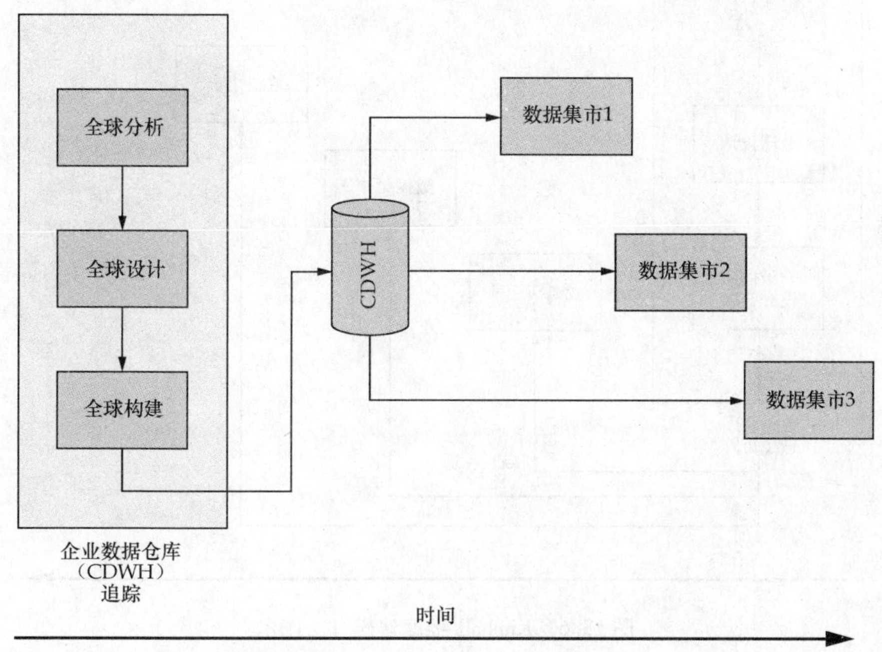

图 13.5 Inmon 维度建模方法图示

13.2.6.2 Ralph kimball 的一致性维度

如果 Bill Inmon 被称为“数据仓库之父”，那么 Ralph Kimball 就是数据仓库的医生。在没有通过创建新型烟囱而危害未来的情况下，他自下而上的方法快速减轻了信息病痛。数据仓库成为全部数据集市的总和时，它通过从最开始的一致性层面仔细研究一致性维度获得了成长。

数据集市围绕商业进程或者围绕消息源而建，信息能快速（但有时智能是组成部分）送达用户社区。这一方式的主要担心在于，阻止了数据集市的“大陆漂移”：当加入新属性、新的层级结构、快照、聚集时，维度会缓慢但确定地发生偏移。在这种建模策略中，商务分析角色非常关键，如图 13.6 所示。

建议提前考虑到事实的粒度，当更多数据集市运行时，允许稍后的阶段进行深入研究。Kimball 的方法的拥护者遍布组织生态系统的各个角落：政府、高科技公司、医药公司、中型跨国公司，甚至小商业公司。STAR 模式是商业和 IT 社区间的简单对话平台，而常在 InmonD 企业数据仓库中使用的 3NF，更难以对商业用户进行解释说明。存在了很多年的这个领域上的新生事物，声称能将深入全面的 Inmon 的方法与 Kimball 方法的灵活性组合起来：数据仓储（data vault）。

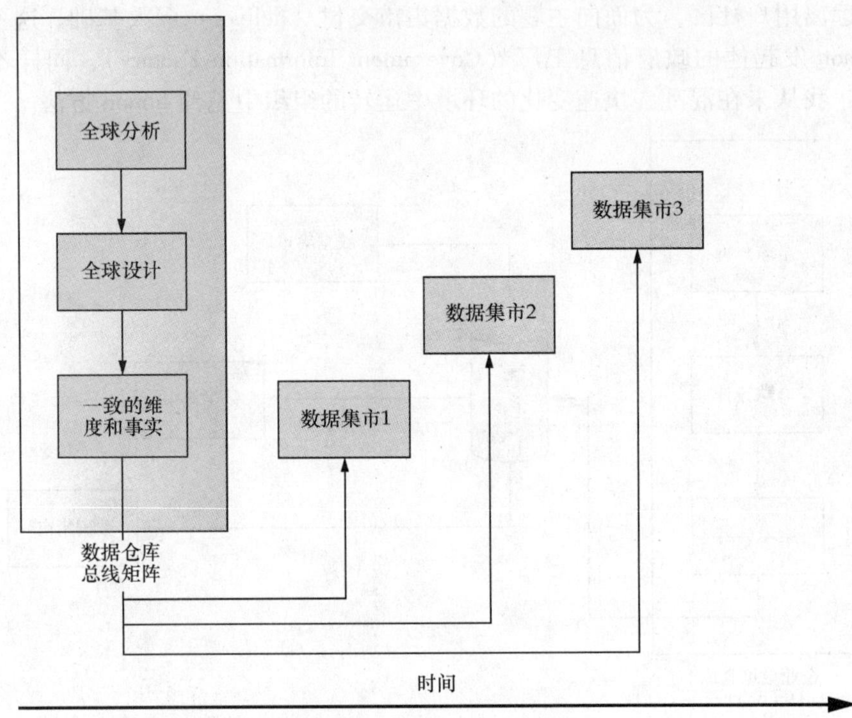

图 13.6 Kimball 维度建模方法图示

13.2.6.3 Dan Linstedt 的集线器、链路和卫星群

2002 年 7 月，Dan Linstedt 在“数据管理员通讯（The Data Administrator newsletter）”上发表了他第一篇数据仓储（data vault）方面的文章，自此他所提出的方法在 BI 商务智能社区内获得了信誉，如图 13.7 所示。

数据仓储被设想来设计、建造和开发企业数据仓库

数据分散在三种实体类型中：集线器、链路和卫星群。

集线器代表商业基本概念，这些几乎总是主数据，比如职员、客户、产品、地理位置等。

链路位于集线器之间，代表交易或关系。链路持有来自集线器的键（值）。

卫星群为集线器存储语境信息。与维度非常相似，包含有效性的指示。

属性值随其变化频率而分散在卫星群。

数据仓储存在于快速流转的组织中，这些组织需要合并高频率变化的大量细节型数据。试想一下电信运营商和一些快速消费品公司的情况。

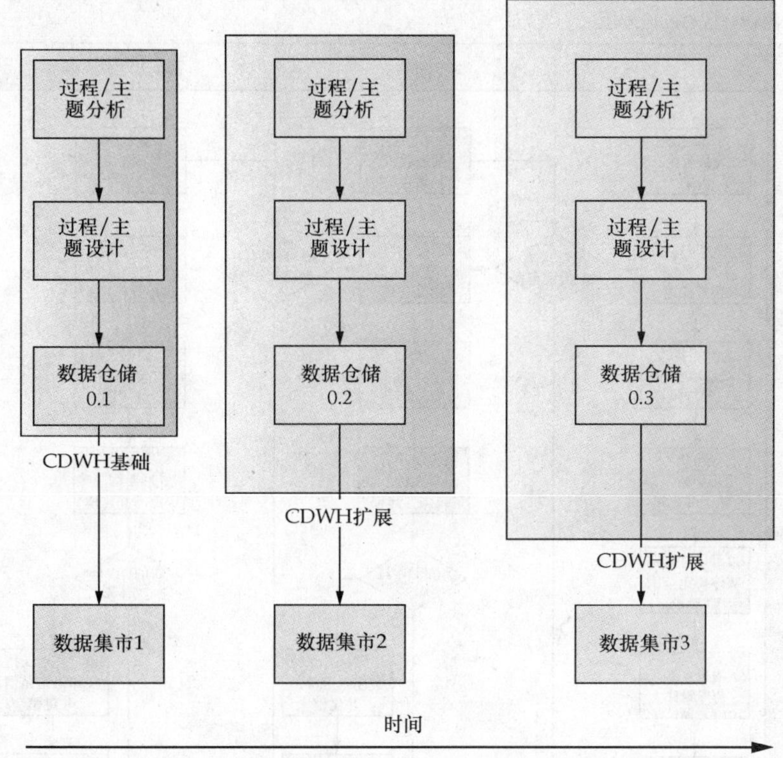

图 13.7　Linstedt 维度建模图示

13.2.6.4　设计选择混合

存在着一种混合的设计选择，将企业信息数据自上而下的方法与 Kimball 的一致性维度方法结合起来。图 13.8 对这方法进行了说明。

只有在企业数据仓库获得 100% 的完整性进化，才能实现优势。那么规模经济将快速帮企业建立新的数据集市。但如果仍然在 50% 以下，那么不利因素就占上风：发现新的见解，则（意味着）两倍的工作量，不得不重建企业模型的风险，或许再对历史数据进行一次新的初始导入。我的建议：三思，并选择一种不同的方法。

13.2.6.5　结论

在追求一种真相的道路上，（会发现）关于维度建模方式有很多种事实真相。Inmon 的反对者们声称，在等待最终的数据仓库的过程中，会损失大量的时间和金钱。那些抨击 Kimball 的星型架构的人，一直争论着，这不是为企业增长而建立，应对商业需求变化的僵硬表现，将导致卡壳（烟囱管道）。Linstedt 反对者们驳斥数据仓储的争论在于其灵活性，视其为运行系统的副本，在企业数据仓库和数据集市之间强制创建一个额外层。无论选择什么，始终不得不在商务分析之初，就

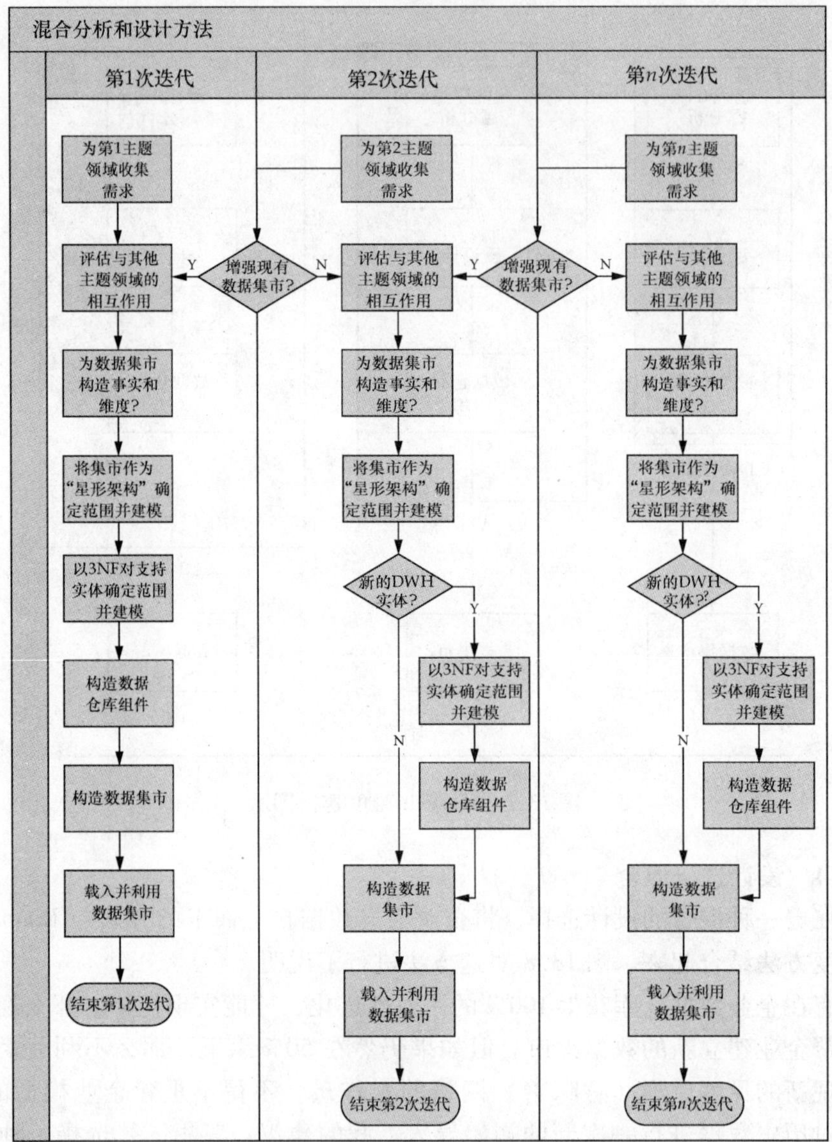

图 13.8 以与各种数据集市平行的模式开发企业数据仓库

得要完成以下任务：

1）即使客户不感兴趣，也要对全局有较高视角。

2）检查在需求中总是以某种形式显现出来的基本构造块，即客户、成本、竞争者和能力。

3）检查所有候选事实图表的属性：甚至在无人认为其是候选之前，这种分析就能为将来的维度做出暗示。

4）分析将快速功能交付给（总是紧迫的）商业和作为一流学生之间的平衡关

系，秉承急迫要求全球数据仓库标准的企业架构标准，直到完成为止。

5）追踪资金流向：将由赞助者做出最终的决定。务必保证这是一项知情决策，并准备就绪。

或许应该让市场来评判。因此，我对 29 位商务智能专家和经理开展了一次小调查，这 29 位专家和经理均来自于职员总数达 50 多万的企业。问卷调查表参见表 13.1，受访者可多选，这揭示了有趣的事实，而他们也的确多选了。尽管绝大多数人信奉 Kimball 的方法，但并不是每一个 Kimball 粉丝总是运用他的方法，有多达 6 名商务智能专家使用了“星形架构”外的其他数据模型。

表 13.1　建模方法和数据模型类型

建模框架	勾选框
从企业数据仓库到面向主题的数据集市，采用 Bill Inmon 的自顶向下方法	□
符合维度数据集市，采用 Ralph Kimball 自底向上方法	□
灵活的但滞后的建模选择，采用 Dan Linstedt 的数据仓储方法	□
采用第三范式（3NF）的数据建模法	□
采用去归一化范式（STAR）的数据建模法	□
采用第六范式的数据建模法（锚建模法）	□
其他（请注明）：	□

Linstedt 的方法对于共同体来说相对较新，这方法是一种解释低维数字的猫建模法。相比 Kimball 追随者们数量，STAR 模型的较低数量，有一个简单解释：一些受访者在开始建立数据集市之前，使用了第三种范式的连续阶段区域。在调查时，这些数据集市尚未投入生产。调查结果参见表 13.2。

表 13.2　调查结果

建模方法	Inmon	Kimball	Linstedt	其他
受访人数	4	22	1	
数据模型方法	3NF	星形架构	数据仓储	锚
受访人数	9	16	1	1

13.2.7　BI 应用说明（规范）

商务智能工具市场不断变化，因此本节就（比如）10 个市场领导者而言，在技术特点的时效性和精确性方面都无法和网络出版物竞争；至少他们自认为是市场领导者。作为商务分析人员，没必要深入了解工具，我甚至怀疑地球上是否存在这种人。你只需呈交一份结构严谨，经过验证的工具选择需求文件，以作为技术人员选择的基础，而不仅仅是有关绩效和全部购置成本基础，而且包括与适应组织。

几年前，我就得知这点，当时，美国一家大型跨国公司指导其欧洲总部用已购买的 BI 商务智能工具高票（high ticket）/顶级性能来进行了概念验证。从技术角度来说，概念证明进展顺利，但用户却是反感的。有人说，“我们没有可用的

DBA 来运行这个系统”，还有人附和“界面对我们的用户概要（profile）是极其难用的”。就是在这个时候，我开始想要在技术规范之外想到检查单。

因此，将对技术人员在负载平衡、故障处理、64 位架构以及内存或缓存方面支持的讨论放在一边，不做讨论。别用你对 AJAX 或者 SDK 选择的关注来打扰他们，务必确保包括了那些对用户体验有影响的技术选择，比如用户单一登录或者对企业名录的支持。

如果在所有相关各方投入的基础上，排除清单上的优先顺序，你将会做出一个合理的选择，这是非常重要的部分，它能决定 BI 项目的成败：用户接受度。没有这一点，无论取得了多大的技术成就，商务智能 BI 项目都无法存活。别忘了，是谁给技术人员发薪水？那么现在你有动机来考虑这份清单。

你可随意添加你的规格要求，精炼现有规格要求，或删除掉过时的（在阅读本书时，已经过时，或已被一种新的架构方法取代）。表 13.3 给出了一例实例。务必确保在调查中涵盖了所有用户概要，要求用户组在 1 和 7 之间给出每个 Likert 价值准则。事后，与商业赞助者达成高度一致，按照重要性递减顺序划分用户层级，为标准添加附加权重。即，如果 DBA 被视为主要决策者，那么她的所有分数乘以 1，而用户食物链中的最低生命形式将看到他的分数乘以 0.1。

表 13.3 BI 可使用性准则的高级准则列表

准　　则	源/DWH/DM/DBA	分析人员	报告设计人员	关键用户	BI 应用经理	其 他 用 户
零足迹观察者						
零足迹定义人员						
零足迹门户组件						
仪表板						
单一登录支持						
行级安全性						
列级安全性						
准则（Ctd）						
主动目录支持						
数据族谱						
元数据访问						
检出和锁定报告						
查询分析器						
查询优化器						
深入探究						
统计分析						
查询响应						

（续）

准　　则	源/DWH/DM/DBA	分析人员	报告设计人员	关键用户	BI 应用经理	其 他 用 户
用户定义的计算						
用户定义的结果发布						
输出到广泛接受的格式（xls、pdf 等）						
用户定义的分组和层次结构						
与统一消息集成						
瘦终端和胖终端的选项						
RSS 兼容						

13.2.8　商务分析及增长——维护

一旦使用首批报告，BA 就会关注维护阶段。将会涌现出大量的变化需求，要求现有情况变化变更的新报告，源系统将发生改变，并影响 BI 环境，工具升级将会影响 BI 开发的各种可能性，因此，一旦开始项目就转变为要监控的过程，你就要加强和更新分析文档。

本节讨论几个主要的维护问题，你应该与商业客户和 IT 人员商讨这些问题，以达成一致的做法，防止 BI 过程中的小磕碰和避免双方不必要的挫败感。新需求复现了分析轨迹，不会产生大量的问题。我们聚焦于症结之源：资源的变化以及缺乏用户支持。组织项目团队的知识分享将减轻这些风险。最终我们找到了建立商务智能能力中心（BICC）的理由，以使 BI 商业项目到 BI 商业过程的转变制度化。

13.2.8.1　源变化

源数据的两种变化类型：显式的和隐式的变化。

显式变化：新图表、新关系、增加的新属性和重新命名的图表等。所有这些变化是清晰的、可识别的，应该触发 BI 维护团队的形成一份简报。

隐式变化：可以是（意见）摩擦。

使用备忘字段来记录并不存在于价值清单里的新价值，因此无人知道的情况下，报告是不全面的，除非有数据输入的人员发现并提出问题，“为什么报告里没有包含 XYZ 型?”或者改变现有价值或测量清单的意义怎么样？大型物流公司使用重量级别标签（从 AA 到 GG）来进行货盘装运。这些标签涉及从 25 公斤到 450 公斤的 49 个重量级别。几年后，散货运输市场中开始使用一种新的分级，使用同样的重量分级标签，但代表了不同的重量级别：从 5 吨到 60 吨。与使用所有的 49 个组合形式做法不同，只使用10种组合。更不用说那些在收入和成本分析中的污损（pollution）情况。

我们如何阻止这些情况的发生？解决问题的办法存在于组织中，而并不是在技术之中。一些组织提议用百分之百的技术解决方法，比如对表的许可授权，或——更糟糕的是——BI人员的看法，因此，任何时候，一旦事情改变，开发者和DBA就会收到通知。其他人依赖元数据管理器和数据族谱工具，但这些工具并不总是能为数据源发生的变化，提供先验性的视点。在数据质量一节中，我将提到数据所有权和数据管理权。只有当这些概念在组织内和每个数据“消费者”的实践中扎根后，技术才能是有效的。

较小的组织可能没有资金来建立商务智能能力中心，但毫无理由不设置数据管理员来监控定期的源数据所有者的关键维度和措施。在小的商业组织中，一般是商业流程所有者，全面了解从源数据系统注册到终端用户报告所发生的一切，而在拥有较小商业流程的大型组织中，数据管理员监控所有流程间的这些数据。

13.2.8.2 减少用户支持

我在很多地方看到用户支持的减少，并承认我的一些项目也与此一样的命运：用户对商务智能环境失去兴趣和欣赏能力。并不是他们停止使用报告。而是他们不再提出建议、批评、评论、替代方案等。这意味着，BI系统的范围变窄，只为交付特定的产品而不再是为刺激战略主动而增强知识。

举个我在班级使用过的比喻。“怎么解释一颗棕榈树变为一个因纽特人？”（就此而言，或者一个圆顶屋怎么变为一个桑人[㊀]？）。逐步建立概念，寻找因纽特环境和语境的联系点。这就是大多数商务分析人员（包括我自己）悲惨失败的地方：咨询人员离开去接待新的客户，而将组织抛于脑后，在雪景里开心不已，（也可以说在棕榈树下，如果你更喜欢别的比喻的话），而不知BI系统能提供的其他的现实、可能性和机会。

13.2.8.3 共享项目知识

这一节基于Luc Bouquet的一篇文章《TEKA Info Pilots（TEKA信息导览）》（2010）。

1）项目进程中间，是否在整个组织中的其他部分或者具体部门存在需要分享的程序或者想法和见解？

2）能否以结构化的方法，描绘出可以共享的对象，以便其他人采纳？

如果两个问题都得到肯定回答，那么就有知识共享的空间。

所有项目方法都有“经验总结”的阶段，但要更深入地总结这个方法的经验。简而言之，这一方法提出一个中心路径，列出检查单识别出知识（值得复制的以及在哪里复制）、访谈技巧和发布建议。复制一个最好实践（已扩大到了别的知识

㊀ 桑人，San people，非洲原住民。〈译者注〉

概念）的模板包含了此方法。商务分析人员和项目经理集中地管理知识概念是有意义的：项目经理根据其 PMI BOK 或者 PRINCE2 方法来进行管理，记录问题、风险和经验教训等等，但他需要商务分析人员提供背景。但当事情进行到单纯的技术层面，BA 将需要开发者和 DBA 的帮助。

建议让专业的沟通专家来记录、描绘和发布知识对象。在你开始考虑："我能自己做"之前，尽力想象自己最后一次给别人提供菜谱或者驾驶指令时，别人是否明白。结构化撰写是一门艺术，也是一门需要专业技能的技艺，通过使用相对物（完全忽略有关所有我关心的项目、BI 或者信息技术），将知识对象分解为可再生的信息比特和信息片，就会确保不遗忘任何信息或者使其模棱两可。信不信由你，这能节省时间与精力，而这些节省下的时间和精力，你可以更好地使用在别处。

13.2.8.3.1　知识对象

清单上的第一条是些最佳实践。共享时间和资金节省组织进程是最有价值、最直接和最有直接经验的。

第二条是规程的一个较低层次版本，有时甚至非常短，就是一个指令的组合体。

第三条是最低级的：旨在一次直接获得事情的技巧和诀窍，比如："怎样根据示意图复制实体?"

可以将第二、三条视为更复杂最佳实践的简化版本，《TEKA 信息导航》一文中已开发出了个模板，模板已按 BI 目的做出了调整，该模板参见第 16 章模板部分。运用模板工作的优势是，在一致性描述中能覆盖到最佳实践的各方面，甚至那些你今后不会再需要的方面。

13.2.8.3.2　访谈

务必参加与最佳实践所有者的访谈以确保（访谈）范围。我的观点是，对一个局外人来说，这点很不容易。访谈人员要解释对话交流的目标，要让所有者始终围绕此主题展开讨论。在不止一个所有者的情况下，在推出最佳实践时，访谈需在同一时间同一房间进行，以避免矛盾或噪音。收集文件的复印件、图片、图表以及其他能说更好说明或帮助描述最佳实践的一切事物。

13.2.8.3.3　发布平台

有三种发布平台，各有利弊：

内容管理系统（Content Management System，CMS）提供内联网维护的不错功能，但该技术允许太大的自由度，允许最佳实佳分解为可重用的对象，而这些对象在大多数情况下却是不可重用的。有利的方面是，对比后两种平台，内容管理系统 CMS 更为廉价，而且用户角色的一种比较聪明的设置，可缓解产生信息混乱的风险。

文件管理系统（Document Management System，DMS）提供良好的版本控制

和搜寻功能，使用复杂的索引方法（虽然有些 CMS 也拥有相当不错的搜索算法），并非常不错地处理元数据。文件管理系统就快速回收性、近线存储和归档不常使用文件方面，管理文件生命周期。在一个大型组织内，安全和工作流管理功能比在 CMS 中更易管理。优良的 DMS 能很容易与其他应用比如客户关系管理系统（CRM）或者企业资源规划系统（ERP）集成。在此语境下，为完整地描述一些不太相关的特征：DMS 允许大量表格的快速录入和打印，甚至是使用光学字符识别（OCR）的书面材料。

企业储存库（Enterprise Repository，ER）管理着所有物件（artifacts）及其之间的关系，以及一个元模型中库外面的对象，元模型能够在不同层级上呈现出组织的活动（如果你更愿意使用“层”（layer）这个词）：

- 商业过程从高层价值链到微观规程（以及“如何做”）通过一、二、三层级进行分层。更准确地说，各级包含种类、过程、子过程、活动、任务和工作指令。
- 商业需求、用户案例以及其他商业和 IT 之间的图形化和口头的沟通方法。
- 支持商业过程现有和未来应用的功能性描述。
- 企业架构或者“应用风景线（landscape）”，对哪种应用程序用哪些数据做了什么的高级描述。
- 信息分层如下，（包括 PARTY 和 LOCATION 在内的）高层实体和低层实体的商务词汇表，为事务型应用以及数据仓库、数据集市、联机分析处理（OLAP）（立体型分析）和报告所使用。

ER 为在各层间进行一致性检查提供可能性，产生视图，并甚至生成数据库纲要（schema），比如 CASE 工具。这个长的描述，是否意味着我赞成企业储存库？我一点儿也不赞成。但如果企业有预算、有知识共享的文化，并在动态环境下具有复杂结构，这可能就是你所需要的工具。

13.2.8.4 准备一个 BI 能力中心

“能力（Competence）”是一个非常棒的词。它意味着“权威性（authority）”和“资格（ability）”，这正是企业在从 BI 项目转化成 BI 过程中需要管理的。多数 BI 项目在一个部门中看到曙光，在全组织范围内实施 BI 潜在能力之后的第一次迭代时，达到最佳状态。在这两种情况下，都需要某种形式的 BICC，来协调各部门、用户和源所有者间的 BI 工作。本节介绍 BICC，如图 13.9 所示，准备度评估和团队建立。

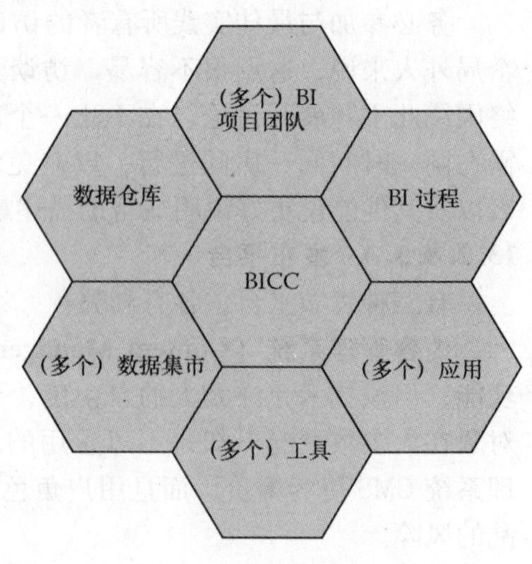

图 13.9 BICC 是 BI 系统的中心

13.2.8.4.1　评估准备度

大部分组织都非常清楚一个 BICC 应该管理什么：

- 数据质量；
- 主数据；
- BI 系统总拥有成本；
- BI 系统架构；
- 最佳实践管理和方法论；
- 战略和信息管理之间的调整（Alignment）。

基本没有组织机构对 BICC 如何管理所有这些，有深入思考。尽管很难去量化 BICC 对组织的附加值，但仍然存在着“施用合适程度的 BICC” 的争论。理论模型根据 Likert 的五点量表上乘以三个多基本因素（尺度、范围和异质性水平），其中管理得分扮演一个关键角色，因此，使用不同的尺度：

$$S \times S_c \times G_{ov} \times H = x$$

和

$$0 < x < 5^4$$

计算模型的输入为：

- （S）组织规模：BI 用户的数量。50 人以下的得较低分为 1 分，2000 人以上的，得较高分 5 分。
- （S_c）系统帮助下做出决定的范围：运营报告取 1，策略分析和报告取 3，战略性和前瞻性分析取 5。
- （G_{ov}）IT 管理水平，首选 IT 商业寡头，当然不会是封建环境（feudal environment）。为了使管理影响更形象，这里我将使用得分来表示：
  - 无政府状态：0，因为它会对 BICC 的到来确保百分百的当然（certain）死亡。
  - 封建的：0.1，表明如果这是你的 BICC 的生态环境，那么你将还有一段漫长的道路才能找到有经验的候选者。
  - 商务君主制：1。你将有一段艰难时期，找到有经验的候选者，原因是他们的学习曲线将非常陡峭。
  - IT 君主制：2。至少你能通过你的系统管理，实施一些重要标准。
  - IT 垄断：5。是的，只有商业需求和 IT 约束之间达成平衡，BICC 才能产生可工作的、可靠的（viable）和成功的 BICC。
- （H）在组织机构中使用的在线事务处理（OLTP）和 BI 系统的异质性水平：如果多于 5 种平台（数据库，操作系统等），使用 1；如果有 3 到 4 种平台，使用 3；如果只有一种平台，就选 5。

因此，你的计算越接近于 5^4，BICC 就越有机会产生附加值。

13.2.8.4.2 建立团队

BICC 团队一开始就要填补至少 5 种角色：

- 源系统应用架构师：了解源系统之间如何互动，知道它们之间通过哪种界面交换哪些数据。他最好也是企业架构委员会中的成员。
- BI 架构师：管理 ETL 架构、BI 应用架构、数据结构，以及与其他组织内外系统的界面和与企业架构委员会的界面。
- 数据建模师：他负责建立协调的和一致的建模方法，在不减少未来增长机会的情况下，能提供快速功能。
- 数据经理：她管理企业层面数据的内容、质量和生命周期。
- BI 领导：他是一名挂名首脑、信徒和冲突解决人。与 C 层管理接触，以确保 BI 系统充分支撑战略过程，由此，为战略进程提供输入。

更大型的组织机构甚至可能将这些角色划分成更小的部分；例如，在更大型的组织机构内，可能将数据建模师的的角色细分为：

- 概念数据建模师；
- 逻辑数据建模师；
- 物理数据建模师。

或者，一名数据经理也可以是主数据经理和数据质量经理（进而细分为一个 OLTP 数据质量经理和 BI 数据质量经理。）

13.2.8.5 商务分析问题

存在的主要问题是鸡和蛋的选择问题：在一个 BI 生命周期里，先有谁：架构决策在项目运行之前，还是在架构框架内集成项目结果？架构决策涵盖了四个域：商业结构、数据结构、应用程序和技术结构。我观察了这两种方式，它们都有成功和失败。如果遵循书中的商务分析方法，当定义好项目且需求变得清晰时，你将会观察到在开发架构方面的偏好。

项目开始时，商业架构应该是清晰的。或许会需要偶尔修正几点，但应该做出主要的决策：

- 商业前景和商业驱动力；
- 为支持战略、战术和操作层面的决策，需要优先排序信息。

对于源系统以及作为交易的、数据仓库或者数据集市（多个）你所负的责任部分，数据架构明显是清晰的，在商务分析过程中，这将得到有机发展。涉及到如下方面的决策：

- 建模方法；
- 事实表的粒度；
- 查找表和映射。

就 BI 系统所提供的而言（比如，流失（churn）分析、欺诈检测、财务报表等），在收集需求的过程中，应用架构变得越发清晰。

由于技术结构处于未开发（greenfield）环境中，应该尽可能晚地做出这项决策，以便确保你有用户需求以及预期应用的复杂性和业绩水准有最大输入时。在成熟的 BI 环境中，在项目开始之前，技术就被提出，但当客户更为欣赏健全的商务案例时，不要害怕挑战现状。

13.2.8.5.1　结论

一些简单的原因，使 BI 项目的结构限制要少于 OLTP 项目：

- BI 项目基本上是一项“只读，清洗，并为分析和阐释准备数据”操作。对基本过程的影响远不如事务处理系统。事务处理系统的结构缺陷可能会影响组织对待客户、供应商和全体职员；也可能如一位客户所说：“加快破产的速率”。
- BI 结构关于商业、技术、应用层面的决策相比 OLTP 决策，有较低的退出阈值。需要极度关注数据结构。这一领域的错误决策，将导致整个数据仓库的返工和重新装载，这成本是非常昂贵的。
- 尽可能早地涵盖结构问题：在项目初始阶段，项目章程包括了结构部分。在项目生命周期阶段，尽可能早地注意到技术结构。

我的建议：早期阶段咨询企业设计师，检测他或她是否与你在 BI 系统方面意见一致。如果架构委员会将 OLTP 标准移植到 BI 项目中，必须增加总计达百分五十的额外项目预算，以应付所产生的必要的繁文缛节。说服组织采纳你的观点，在早期初始阶段或者在项目生命周期的开始，处理这样的一个商务案例，它具有细节方面的异常水平（abnormal level）。

第 14 章 掌控数据管理

注意，我没有使用“主数据管理”这个术语。并不是说我不喜欢这个概念，恐怕在前 Kimball 时代，它与企业数据仓库走的是相同路线：一个非常好的主意，但在日常商业实践中却难以实现。对商业需求做出快速响应和维护结构良好的数据管理之间的矛盾，使得人们选择不够完美但实用的方案而不是完美的解决方案，这些完美的解决方案从未走出过规划房间。Ralph Kimball 的著作，对企业数据仓库工作的发展的真正价值，摆脱了手工数据集市，价值在于快速传递商业价值，但是不能低估用统一的维度来整合解决所有学科领域的仓库。然而，在进程中，任何项目方法（无论是 Bill Inmon 旧的自上而下还是 Kimball 自下而上的方法）数据管理都是孤立的。如同提交项目文件及其可交付成果一样，它被视为乏味而多余的，无论技术人员还是分析人员都不愿意为其花费时间。

商务智能（BI）项目的数据管理如同有机体内的血液循环：周身哪里都需要，但表现出通过主动脉到各种血管的各种不同的剂量和高通量，这些血管从提取、转换和装载（ETL）过程到对捕获在车间的每日毛细血管原子数据。接下来的部分将在商务分析过程中，弄清和理解统一主数据比如“产品”或“一方”（内部和外部，比如供应商和客户）。

14.1 数据管理的主要组成部分

14.1.1 概述

关于 BI 商务智能的数据管理和作为商务分析师的角色反映在以下几方面：

- 管理主数据和记录系统；
- 源分析；
- 数据剖析（profiling）；
- 源到目标的映射；
- 元数据；
- 数据管理结构；
- 商务分析问题。

14.1.2 主数据

商务智能数据管理需要时间，努力收集数据，把环绕在主要实体间的组织各部门统一起来：

- 组织：一般概括为
  - 内部方，依次可能是
    - ➢人员，DIM_EMPLOYEE 或 DIM_PARTNER；
    - ➢组织，即 DIM_ORGANIZATION 或 DIM_BUSINESS_UNIT。
  - 外部方，依次为
    - ➢人，也就是 DIM_CUSTOMER；
    - ➢组织，即 DIM_CUSTOMER 或 DIM_CHANNEL。
- 产品：为内外部客户描述物理或服务交付。可包括采购项、可销售品或消耗品，但不是总产值（gross plant addition，GPA）；
- 地理：是地域版图，是由经营类型或部门看法决定的区域；
- 时间：第一眼就会觉得时间更为棘手。商业时间如同加工工业一样在满载持续运转的过程中不断变化，逻辑上，在全球化或跨文化背景下，一个 8 小时工作日将被分散为 8、10 甚至 11 个小时。"午休"听起来是不是很熟悉？

时间可从三个观点加以记录：

- 发生时间：表示何时事件真正发生或者在有预算的活动中"将要发生"；
- 有效时间：这可以是一个事件或一个状态有效时的时间点或者时段。是 2 型维度向 3 型维度缓慢变化的派生值；
- 系统时间：也是"SYSDATE"，或是事件被记录的时间。

- 日历：工作日随着时间而变化，每个国家甚至每个地区远比预期所想的需要更多的关注。

更多概念参见通用定义一节。

在复杂的 IT 结构中，构建一个扩展的 CRUD 矩阵将非常有用，用以取代一个系统或数据库水平。这种高级矩阵展示了 BI 所需主数据与数据创建（C）、读（R）、更新（U）或删除（D）应用之间的关系。在 CRUD 矩阵中，能比较容易地追踪到潜在的矛盾。别期望在一次性过程中这么做。

表 14.1 告知我们主数据记录系统存在于何处：对于客户、订单和地域来说，它就是客户关系管理系统（CRM），对于产品来说，就是库存系统，对于人事部人员来说，就是人力资源管理系统（HRM）。但分散在各处的"U"指的是给主数据增加数据，比如在客户驻地，应收账款增加了客户合同应付账款的责任；在人力资源管理系统（HRM）的应用中，相比销售和市场人员，更关注人员的特定势力范围。

表 14.1　扩展的 CRUD 矩阵类型示例①

	CRM	应收账款	库存	HRM	应付账款
客户	CRUD	RU	R	R	R
产品	R	R	CRUD	—	R

（续）

	CRM	应收账款	库　存	HRM	应付账款
订单	CRUD	R	R	—	R
HR 成员	R	R	R	CRUD	R
地域	CRUD	—	—	RU	—

① 应用 x 目标数据元素

依靠以下几个观点，可以不同的风格构建扩展的 CRUD 矩阵：

- ［应用 x 目标数据元素］，如上例；
- ［应用 x 源数据元素］，当每一个源记录生命周期映射在矩阵中时，就会产生大量精炼的视图；
- ［用户 x 源数据元素］，这只在一个用户拥有许多应用程序 CRUD 通路时，具有相关性。在此情况下，需要深入探究“每用户的应用数量”。

14.1.3 来源分析

来源分析应产生每个实体及其属性的以下信息：

- 实体名称、定义、源应用、带有主文件的表和数据定义所有者；
- 属性名称、定义、数据类型、域（离散值的价值清单，数据波动连续量）；
- 物理数据模型；
- 访问和安全方法（规则、密码等）；
- 检查商业进程如何使用数据，并在复杂环境中，完成扩展的 CRUD 矩阵；
- 检查应用程序如何使用数据，并完成扩展的 CRUD 矩阵；
- 检查数据域之间的间隔（gap），例如：数据不够新、可用性或关系间隔；
- 评估 BI 目标所必需的转换的粗糙方法。

14.1.4 数据剖析

某些从业者将此排除在商务分析人员职责之外。我倾向于不同意这观点。数据剖析会衡量分析过程中的各种假定。有时，商业用户（甚至是源 IT 专家）花在公司上的时间，远比他正讨论的具体的表格少得多。客户不止一次地说，他拥有 78000 名客户，这项简单的统计有力地反驳了 50 万客户记录的证据！

表 14.2 表明，很大比例的价值会丢失，源系统不支持数据一致性。

表 14.2 简单数据剖析的分析

记　录	#实例	#空值	不一致的数据
FLE_VALUE	300，895，742	5，894，755	215
DESCRIPTION	300，895，700	42	0
ATTRIBUTE_7	300，895，645	107	0

（续）

记　　录	#实例	#空值	不一致的数据
PARENT_FLEX_VALUE	56，800	0	0
CHILD_FLEX_VALUE_LOW	89，478，484	58，799	0
CHILD_FLEX_VALUE_HIGH	12，874，595	450，022	0

数据剖析以两种风格出现：商业或语境数据剖析和技术或脱离语境的剖析。商业或语境数据剖析检查商业社区里的假定：那就是，“每个职员都有一位经理”，或者“在最近三年里，每一个积极的顾客收到了至少一张发货单”等等。技术剖析检查 ETL 的可行性，对界定 ETL 的复杂性和工作量，做出必要的回答。

在开始商业剖析之前，应该自问（或者询问客户），剖析想要达到的预期质量是什么。越高的质量要求，越需要彻底的工作，越要求更大尺寸的样本，达到一个大型剖析表格。不要低估所需要的时间和资源。样本可能随机，使用 SQL 功能每 n 个记录拾取一个剖析纪录，或者可以是个分层样本，用各种不同的重要决定以有意义的方式进行扩散采样。通用数据是“产品”、“客户”、“职员”和“时间”。

只有在需要评估端对端项目工作量时，才会进行技术数据剖析。尽管如此，如果没有实际设计 ETL 和构建数据仓库的技术人员的参与，不要参与技术数据剖析工作。忽视了这点，一旦建造者进入，你将会发现自己遇到了大麻烦。

14.1.5　源到目标的映射

某些从业者也将此排除在商务分析人员职责之外，在此，我倾向于同意。然而，还是应该了解它，并咨询其结果，因为事实证明源到目标的映射能检测分析过程中各种假定的现实性。在这一阶段，务必确保和 ETL 设计者交流想法和信息。至少表 14.3 中的转换列就一定能引起分析人员的兴趣。

表 14.3　一个映射表的例子

目标表	目标列	源表	源列	转换规则
GL ACCOUNT	GL ACCOUNT NUMBER	PND_FLES_VALUES	FLEX_VALUE	
GL ACCOUNT	DESCRIPTION_UK	PND_FLEX_VALUES_TL	DESCRIPRION	
GL ACCOUNT	DESCRIPTION_GE	PND_FLEX_VALUES	ATTRIBUTE_7	如果空，则取与 DESCRIPTION_UK 相同
GL ACCOUNT CHILDREN	GL_PARENT_ ACCOUNT_NUMBER	PND_FLEX_VALUE_NORM_HIERARCHY	PAREMT_FLEX_VALUE	

（续）

目 标 表	目 标 列	源 表	源 列	转 换 规 则
GLACCOUNT CHILDREN	GL_CHILD_ACCOUNT_ NUM-BER_MIN	PND_FLEX_ VALUE_ ORM_HIERARCHY	CHILD_FLEX_ VALUE_LOW	
GL ACCOUNT CHILDREN	GL_CHILD_ACCOUNT_NUM-BER_MAX	FND_FLEX_VALUE_ NORM_HIERARCHY	CHILD_FLEX_ VALUE_HIGH	以“9”替换“Z”，例如 7070ZZZZ 成为 70709999

14.1.6 商务分析人员的元数据管理

我非常赞同 Kimball（2004）在他《*The Data Warehouse ETL Toolkit*（数据仓库 ETL 工具箱）》书中所说的以下元数据工具：

元数据是个非常有趣的话题，数据仓库场内的每个工具空间包括了 BI 工具、ETL 工具、数据库和宣称拥有元数据解决方案的专用仓库，现有许多书都提出了最佳元数据战略。然而，施行几年，回顾数据仓库，我们仍然没有见到真正的端对端元数据解决方案。相反，大部分数据仓库手工维护，元数据块分散各处。

Kimball 完整描述了元数据结构，为想要深入此主题的商务分析人员提供了基础。让我找出商务分析人在项目前、中、后各期间可能问及的元数据相关问题。

14.1.6.1 项目开始前

这些问题主要与前端（front room）的元数据相关，从商业视角描绘了元数据，同时也描绘了事实表格中的维度及其属性和度量元。在报告需求和商业需求中，都会发现这些情况。在复杂环境中，应用架构为譬如客户和职员这类关键数据提供高级族谱观点。例如，一个组织可能有多个不同的投入可能性，比如检查和呼叫服务中心，一个需要在客户主数据库中趋于一致的外部客户数据源。

在此阶段，最初的数据总量估算可能会用于决定项目的技术层面。至于对严密安全措施需求方面，（比如 HRM 分析或者法律或政策目的的 BI），主数据必须包括那些有权进入数据的剖析方面（甚至人员）。最终，一个概念性或逻辑性的数据仓库或数据集市的数据模型成为了商务分析进程的结果和文档编制。这必将为项目定义和项目章程提供足够的输入。

14.1.6.2 项目期间

随着商务分析人员的进一步深入分析，并从商业环境的视角对主数据进行很好的记录，运用技术术语对源主数据进行描述：例如，数据类型、记录长度、源到目标的谱系关系、数据剖析结果、默认值/空值/缺失数据处理、强制标志（mandatory flag）、缓慢变化的维度属性处理、数据质量策略和战略、源系统上的商业规则等等。在项目期间，物理数据模型作为指南，也用于技术文档。

14.1.6.3 项目之后

建议商务分析人员更多地扮演文献资料工作者，因为这第三层元数据大多数都是关于 ETL 过程，更深入提炼数据体系，描绘出技术行和列标题间的转换关系。这是开发者的领域。

14.2　数据管理框架

以下是建议并非信条。无论选择怎样的框架分类和表达，只要它们是一致的、实用的，而且首先易控制的，就会避免数据管理的两个主要陷阱：一方面陷入不可行的程序泥淖之中，或者产生数据混乱，导致新的“不要紧，我自己来做”这种烟囱型的解决方案。我将都柏林核心元素目录的简洁与 Zachman 框架的降低复杂性结合起来，用结构化的撰写法交付这一混合物。在被这些弄混之前，先描述三种构造块。

14.2.1　DUBLIN CORE（都柏林核心）

源代码术语表（http：//dublincore. org/）为 BI 结构提供元数据构造集，以提高内外部系统的互操作性，同时也提高人与系统的互操作性，而这正是利益所在：把自然语言翻译成互操作性的信息件。图 14.1 提出了商务智能社区优先级的紧迫问题：主数据管理就是使用 MDM（主数据管理）工具吗？或者在没有使用工具的商务案例之前，开发 MDM 主数据管理语言吗？

4: 描述集概要互操作性
- 记录中共享的正式词汇和限制因素

3: 描述集句法的互操作性
- 可交换记录中共享的正式词汇

2: 正式的语义互操作性
- 形式语义学基础上共享的正式词汇

1: 共享的术语定义
- 自然语言中禁用的共享的正式词汇

图 14.1　都柏林核心和其他相当的本体

都柏林核心有两种形式：简单和合格的。简单的都柏林核心元数据元素集（在出版日）拥有 22 个数据元素，用于大型文档以及实体和属性。考虑到 BI 目的，从该元素集中去除两个元素，因为它们与 BI 无关。

在下一个模式中，见表 14.4，必要时，最初的都柏林核心定义随 BI 目的而调整。保持与原有要素之间的联系，包括“资源”（数据对象）和“收集”（数据库）都以原有形式保持着。由于都柏林核心是一个生命有机体，建议定期去它们官网检查更新和变化。都柏林核心通过比如 WHO-WHAT-WHEN-HOW（谁-什么-何时-如何）将元素翻译成这类经典的搜索入口，很容易使用户感到友好，见表 14.5。

表 14.4 都柏林核心元素

简单都柏林核心元素	描　述
名称（标题）	赋予对象的名称，例如 DIM_CALENDAR
创建者	源内容的负责方（们）：Is source Owner = "Johndoe"（源属主 = "Johndoe" 吗）
主题	关键字词或关键短语来表达资源的主题
描述	内容资源的描述：摘要、无格式（free）文本
贡献者（提供方）	在未知主要责任时将一直使用。实体为资源做出贡献。
日期	实体具有许多子类型：StartDate、EndDate、ValidToDate、ValidFromDate
类型	基于 BI 种类的资源分类：度量、维度
格式	资源的数字表现形式。格式 = TABLE
标识符	对资源的无歧义引用：URI、URL、DOI 或文件路径
源	对源的一个引用，以一个字符串表示：Is Source Ofdatamarttablename
语言	资源内容的语言
关系	对一个相关资源的一个引用，以一个字符串表示：Is Source OfsourceApplication. tablename（是 sourceApplication. tablename 的源吗）
覆盖范围	资源的程度或范围：空间、时间
权限	范围缩小到访问权限，原因是 DC 的原 IPR 概念与 BI 是无关的。形式为：dc. creator HasRights；dc. contributor HasRights
发布方	负责使资源可用的实体。可以是源所有者或者 DBA
受众	一类实体，资源为之所用或是有用的
应计法	增加源项目或目标应用的方法，使用控制性词汇，例如，Target Accrual Method = SCD Type1（目标应计法 = SCD 类型 1）
获利的周期性	将各项增加到一个集合的频率
获利策略	使用受控词汇，监管将各项增加到一个集合的策略，例如 Accrual Policy = "D + 1"（获利策略 = "D + 1"）

表 14.5 都柏林核心中的搜索入口

搜索入口	DC 元素
WHO（谁）	dc. creator, dc. contributor, dc. publisher
WHAT（什么）	dc. title, dc. title. alternative, dc. description, dc. subject
WHERE（那里）	dc. coverage, dc. coverage. spatial, dc. date
WHEN（何时）	dc. coverage. temporal, dc. date
HOW（如何）	dc. type, dc. format

因此所有都已具备：建立起了与如 Zachman 框架的结构化框架的联系。而且，如果能充分运用清晰的编码模式，那么机器和人类的读者二者都能解释元数据。

14.2.2 Zachman 框架

因为 BI 学科从纯粹的技术实践演变为具有方法论和质量标准的全公司范围的商业和信息、通信及技术（ICT）过程，则越来越难以明确其参与各方之间的接口。20 世纪 90 年代早期，作为第一个实践工作者，Séan Kelly 就在其研讨会论文集中把 Zachman 框架比喻成一个拥有所有必要的抽屉和搁架的碗柜，以此来映射 BI 过程。

图 14.2 表明了我对 Zanchman 框架的 13 个主要过程的解释，这些过程交付数据仓库或数据集市。我认为，你越想让 BI 项目获得成功，那么就越要做好范围、商业和系统水平方面的功课。Zachman（1997）框架帮助 C 级管理和 IT 技术结构取得一致。同时也是提高 IT 管理过程有用的工具。框架通过相关映射组成部分基础上的数据仓库的建造阶段，可以用于领域本体模型中以界定 BI 领域和 BI 企业架构。

	什么	如何	何处	谁	何时	为什么	
范围	1		1		1		战略家
商业	2						高层领导
系统	2,3,4,6	3,4	3,4	13		2,3,4,6	架构师
技术	5,7,8,9	5,7,8,9	5,7,8,9	13			工程师
组件	5,10	5.10	5.10	13			技术专家
操作	11,12	11,12	11,12	13		13	工人
	商务智能	过程	网络	组织机构	时序	动机	

图 14.2 Zachman 框架和 BI 过程

图 14.2 中，各数字表示如下阶段：

1）承诺开始进行（项目章程得到批准）；

2）草拟概念数据模型（完成首次商务分析循环）；

3）基于粒度、数据集市总线（完成第二次商务分析循环）的决策；

4）评估技术环境；

5）准备技术环境；

6）深度主题域分析和逻辑数据模型（完成第三次商务分析循环）；

7）深入源分析：源到目标的映射；

8）完成物理数据建模和数据仓库设计；

9）完整建立的规范说明；

10）建立端到端的数据仓库；

11）填充数据仓库：初始载入；

12）填充数据仓库：增量载入（多次）；

13）将数据仓库转化为监控、维护和微小更新，之后完成文档。

毫无疑问，“数据仓库”和“数据集市”的概念是可互换使用的。

14.2.3 结构化写作

交换知识的一种可获取方法论是结构化写作的任何好的方法论。采用 Darwin 信息分类体系结构（Darwin Information Typing Architecture，DITA）或信息映射（Information Mapping，IMAP），结构化的知识交换是可行的，其中通过使用严格的信息类型，广告文案写作和信息呈现为应用一些简单的指南原则。IMAP 方法论由 Robert E Horn㊀开发，而 DITA 方法论来自于 IBM 的标准通用标注语言（SGML）。

14.2.3.1 结构化写作和数据管理

如果都柏林核心采用元数据在机器和人类的交互之间的鸿沟上搭起桥梁，且 Zachman 框架清晰地将所有元数据从高层商业知识元素通过过程元数据到最低层属性描述进行分类，那么结构化方法帮助我们重新包装以商务智能系统的帮助文档、用户手册以及概念性描述。信息映射使用 7 种信息类型，它们是：

- 事实；
- 规程；
- 过程；
- 结构；
- 分类；
- 原则；
- 概念。

DITA 有一种不同方法，使用如下类型：

- 概念信息类型；
- 任务信息类型；
- 参考信息类型。

DITA 标准通用标注语言节省多语言文档方面的时间和精力，这种文档需要定期更新。

14.2.4 三个部分如何互动

非常简单：对于主数据，你有你的固有编码和描述，其中采用都柏林核心方法和一个结构化的工程框架，后者采用 Zachman 方法将主数据与战略和执行管理、应用架构和信息蓝图（landscape）联系起来。最后，但并非最不重要的一点是，可以通过结构化和模块化的方法与企业所有利益干系人进行文档记录和交流。

鉴于都柏林核心和 Zachman 框架为多学科 BI 团队的每个专家提供手头问题的

㊀ 欲了解更多有关信息映射的信息，请访问 www.infomap.com。〈原书注〉

清晰描述并引导他们处理这些问题，所以结构化的写作方法帮助我们更好地与商业用户进行交流沟通。认为将数据管理可留给应用程序和应用工程师去处理，就是幻想。只有从数据开发和维护过程中提炼出相关商业信息，并与之进行充分的沟通，我们才能留住用户。记住，通过呼叫中心代理、销售代表、产品、销售、营销、财务以及其他对数据使用和记录施加影响的外部数据源经理，我们与数据录入同事有非常多样化的接触（interaction）。确保他们理解结构、定义、分类、过程和主数据规程。

图 14.3 所示为一个框架的实例。左边一侧是作为事实和核心属性保持者的唯一版本的库，这需要遵循其价值，并用于全组织。右边一侧是在线事务处理（OLTP）应用，这为核心增加了域特定属性。事实上，掌握关键维度的核心属性，是你对数据仓库的 Ralph Kimball 一致性维度方法所给予的最佳支持。在中心处，两种应用平台展示了这 7 个核心过程：

流程整合：集线器为流程整合提供交换平台，作为不同应用程序上的总伞（umbrella）这些应用支持特定的商务流程。

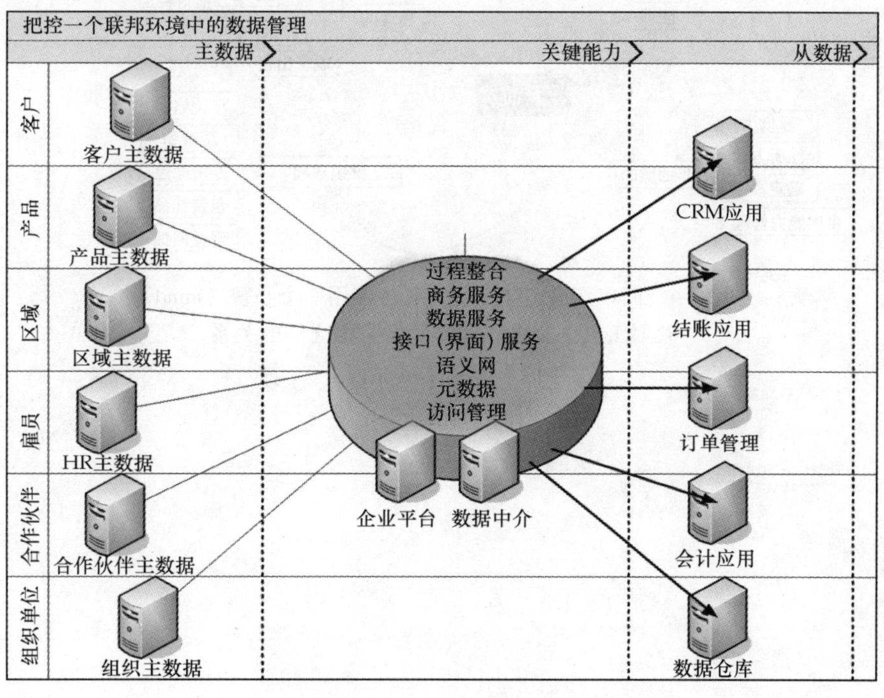

图 14.3　主数据管理架构例子

商业服务：这有助于用户抽象化理解作为支持价值链的商业服务提供者的应用程序和 IT 方式。如果我们想价值链中的各方一直共享概念比如主数据，就不会对此方面估计不足。IT 组成部分能更有效地支持商业目标，缘于商业更好地理解商业服务供给的机会，以及技术人员更清楚了解商业需求如何影响未来的IT发展。

数据服务：监测新数据源，清洗录入数据，以及属于集线器任务清单中的其他数据管理任务。

界面服务：作为一个参考帮助，为事实的正确版本指向合适的源。

语义网络（多个）：这是最普通的数据管理。将数据元素用概念连接起来，增加公司知识元素的意义和结构。

元数据：技术和商业元数据二者都需要是可用的和最新的，为商务智能用户提供信息支持，以便全面了解数据族谱。

存取管理：一些数据，例如，职员或合作伙伴数据、客户数据细分段等，它们需要在一致的跨应用安全框架内进行全存取。

图14.4表明了一个产品本体的实例，在第16章“通用业务对象定义”一节中，将会更多地讨论主数据定义。

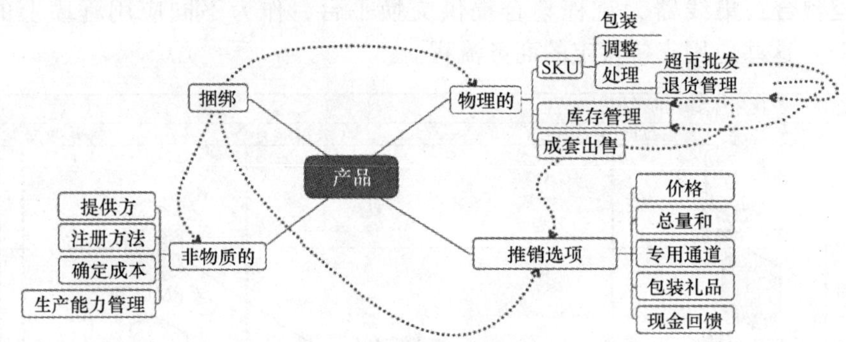

图14.4 简单产品本体实例，其中使用一个心智（mind）映射工具，刻画“产品”各方面之间的关系

第15章　掌握数据质量

本章只关注商务分析人员面临的以术语“符合BI目标”定义的数据质量的任务。可以参考Larry English（1999）、Thomas Redman（2000）以及其他作者的书，以全面了解这一重要主题。你的任务是与组织里数据管理的两位主要角色——所有者和数据专员进行访谈。

所有者可以是外部数据购买者、公司数据创建者、赞助者或者用户；无论组织决定谁扮演这一角色，务必与之取得联系。所有者负责定义、决定谁有权或授权谁访问数据。越大规模的组织，越需要确保他们在政策和责任方面保持一致，在他们之间没有领域冲突。数据专员管理数据集，特别关注数据完整性、隐私和数据质量。

15.1　哪种质量?

在许多商务智能（BI）项目中，数据质量问题是孤立的。经常只在商业赞助者关注到首批报告的尴尬结果时，才被解决。一个理由是缺乏理解商务智能隐含的数据质量。从交易情况来看，99%的数据都是正确的，而从分析人员角度来看，这些同样的数据可能是无用的。因此，在建立数据仓库之前和商业赞助者烦恼之前，要考虑如何解决这个问题?

当我们在谈到数据质量时，我们真正谈论的是什么？是产品质量吗？是用户自定义的质量吗？是生产导向的数据质量吗？基于价值的质量或甚至超凡的品质?数据质量的视角就是Joseph Juran's（2010）“适用性”方法。BI目标的数据质量参照由数据使用分析定义的目标适用性，来定义和度量，遵循三种水平的数据质量，有如下定义：

［水平1］数据库管理员

［水平2］数据仓库结构

［水平3］商务智能分析

在水平1，数据质量被窄化为数据完整性或者一个实例描述此实例的精确性的属性程度，和这属性是否有效，也就是，是否与商业用户管理的定义或者定义范围一致。这种定义非常接近于交易观点。

在水平2，数据质量就是分析视角的正确和完成百分比。换句话说，每个维度，每个事实图表，到达什么样的程度，是否完全能够为实现分析目标产生重要的信息？更加难以处理数据稀疏性和传播价值问题。需要控制和管理数据仓库水平的时间性和一致性。

在水平 3，数据质量就是可用数据能充分回答商业问题的度量。一些使用与数据使用性和明确性相关的访问准则。尽管这定义看起来有点儿模糊，但它与任何人的里程表里的里程紧密相关。我记得一个邮购公司的一个海量数据挖掘项目产生的如下令人吃惊的结果：99% 的服装都是由女士购买！

尽管也许世上没有 100% 的数据质量，而我们将符合目标的质量方法定义为主导准则，这也不会使我们不再朝最佳解决方案努力，也就是说，数据质量预防成本与不佳的数据质量成本之间的平衡点。

15.2 数据质量的投资回报率（ROI）方法

数据质量并不廉价。保证数据完整性，提供有效性耗费时间，花费资源，需要技巧，每日关注和整理，并为信息技术（IT）系统、人员和规程创建额外的开销。因此，我们最好在 BI 项目中为数据质量做出一个好的商务案例。我们可以参考比如 Lraay English（1999）的著作，他在第 12 页上做了一个惊人的声明："……优质数据的成本，包括不能回收的成本、返工的产品和服务、工作区和丢漏区税收高达营业额或者组织的总预算的 10% ~25% 。"尽管很难量化不佳数据导致的未发生的情况，我基本同意 Larry English 所说的好的数据质量管理的紧迫性和重要性。

比参考著作更好的方式，是为你的商业赞助者建立他受惠于好数据的切身体验。只有那样，才能在跨界的分析和交易生态系统的组织内发起唤醒运动。这是唤醒号召的精髓。如果销售人员注册销售订单，他会关注数据质量的什么呢？他只可能去开发个新的客户以提高自己的奖金。对客户地址变化，客户服务代理会关心什么呢？有了客户的 ID，她会尽快关闭技术支持请求（support ticket）。有很多实例表明，没有将数据的最后使用和价值纳入 BI 的考虑范围的过程，导致了不佳数据质量的产生。

如果你想在交易世界和自己的世界的拔河比赛（tug of war）中，发挥商务分析人员的作用，那么你就必须做出不是一个，而是两个商务案例：一个为源所有者，使他们能意识到不佳数据质量的成本，另一个为数据仓库用户，让他们意识到好数据质量的机会。希望以下的实例能给你些灵感，因为日常数据质量过程管理案例在最佳实践使用中都很相似，但是内容却总是不同的。

15.2.1 源系统数据质量

三种可能在组织内同一实践发生的可能的商务案例：一个营销、财务和运营案例。

15.2.1.1　营销方面

直邮的经历？这是与客户和前瞻客户沟通成本昂贵和密集（intense）的方式。因此，你不想要寄：

1）把两个或更多的同样的邮寄物品邮寄到同一个地址；

2）把错误的物品寄给正确的人；

3）把正确的物品寄给错误的人；

4）任何以上情况的混合。

有过呼叫中心工作的经历？这甚至是一种与市场更昂贵和更密集沟通的方式。数据质量在此比你想象中更为重要：

1）浪费时间寻找真正打入电话的人（甚至最好的计算机电话集成系统都不能在商业对商业的市场中提供太多线索）。

2）浪费宝贵的时间去纠正客户名字的拼读、性别、年龄或者其他特征。

3）甚至浪费更多宝贵时间去处理那些接到错误账单的客户打来的服务电话（没有统计那些账单，这些账单低于应收额，而且他们不会打来电话）。

以上操作方面的实例都能轻易地衡量和计算错误的产生成本，并产生预防和质量管理预算。要为 BI 结果做一个图表更难。基于低质量数据的错误决定的成本是什么？在公司内面临不可靠信息而失去信任的职员和经理的成本是什么？

15.2.1.2　财务方面

错误的账单不仅仅导致客户服务人员的额外工作；可能会导致收益损失和预订错误，做出有关成本和收益分配的不适当的决策。如果这发生在上市公司，会毁坏公司名声，并损失市场价值。

15.2.1.3　运营方面

你的库存折旧如何？我希望比这个零售客户更好，他刚发现还有价值 95，000 美元的狂欢节假发（carnival wigs）库存，而库存清单却并没有显示出这批货物的存在。在盘存体系中，狂欢节假发这批货物以特殊的前缀标明，它是个短期的产品。新职员把库存代码融合在正常的假发分类中，这导致了整个分类中的较低的存货周转率。只有管理层通过肉眼检查才能发现真相。

警惕像这些的转换错误，或者英制到标准度量的转换错误以及相反情况，包装类型转换（从 40ft[㊀]集装箱转换为大袋），警惕欺诈库存折旧报废或者把过去的销售日期转换为新的。

15.2.2　数据仓库系统数据质量

在我作为商务分析人员的经历中，偶然碰到过三个有趣的商务案例，但是我觉得会有更多更好的案例。

㊀ 英尺，1ft = 0.3048m。〈译者注〉

15.2.2.1 客户细分

从营销角度来说，可以用很多方式来进行客户细分（地理的、人口的和心理的等等），但有一方面总是起作用：财务角度。通过检查与收入、边际效益或可变成本的相关性才能证明客户细分方法相关性的有效性。因此，如果数据仓库没有将这些数据正确地分配到客户，那么细分将是有风险的。对客户的收入分配是BI相关的规律，将客户关系管理数据、订单数据、合同数据、销售订货数据、财务数据和管理评价结合起来，产生正确的数据。听起来像是把多种源整合到一个数据仓库或数据集市中，是吗？如果这些源中的一个或多个质量不合标准，那么细分就存在缺陷，你的客户经理或代理商就会来找麻烦。

15.2.2.2 客户信用分析

在分配一个信用评级之前、在货物和发票交付期间、在期望支付之后或支付处理后，不良的信用策略会使客户追求竞争。

之前：信用等级基于交易数据，比如订单和支付行为、客户服务数据以及其他来自包括外部信用等级数据的源，这些信用等级数据来自公司，比如Dun and Bradstreet worldwide、印度的CIBIL、德国的SCHUFA、比荷卢经济联盟的Craydon。在欧美世界中，因为系统里记录了大量具有不良信用等级的“史密斯”，已发生过不止一次，普通名字叫史密斯的人被拒绝信用。

期间：当存在如上所描述的错误否定时，也同样存在着误报。我曾经在80年代工作过的一家邮购公司，识别出大量欺骗性地址，这些地址连续以不同的人名订购昂贵的产品，却不付账单。如果我们将数据与竞争数据进行比对，那么这个“经验性邮件欺诈监测系统”的成本就会低很多。当然，欧洲隐私法禁止这么做，因此每个邮购公司的信用分析就不得不靠自己去发现这点。

之后：非常有针对性的催款行动会使客户感到恼怒，并使他们转向竞争者。

15.2.2.3 欺诈预防和检测

欺诈检测靠使用或多或少的复杂算法完成，这些算法的范围从通过K近邻法的回归分析和投影寻踪回归到更多的异域架构，比如多元适应性云型回归（MARS）、广义相加模型（GAM）和遗传算法。从BI视角来看，所有这些都共同具有在鲁棒性和敏感性之间的优化搜索。只有当数据质量达到最精确、及时、完整，并且每一个数据项都被相关各方很好地定义和理解时，才能达到搜索优化。一个像“性别”这样，与接触标题并不匹配的简单属性，也能在不太复杂的分析建立过程中造成破坏，或者产生只能靠数据所有者人工检测到的错误文件。

15.2.3 建立商务案例

并不需要很多用来计算数据质量管理预算的上限：来自Lesser、Feigenbaum和Juran（1951/2010）的预防评估失效模式，假设最佳100%以下无差错产品率。参见图15.1和图15.2。稍后，PAF模型扩大到-100%质量（Schiffauerova和Thomson，2006），将客户成本归结到有缺陷的产品时，完全能够理解客户成本是非常巨大的。当应用于数据质量，一方面预防和评估成本之间的衡量，以及缺陷成本就需要一个微妙的平衡方法。

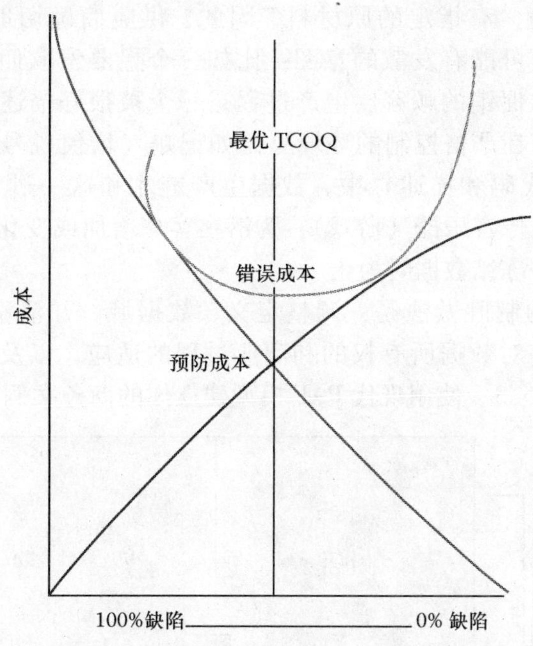

图 15.1　经典的 PAF 模型，其中质量总成本（TCOQ）可能产生次标准（substandard）的产品

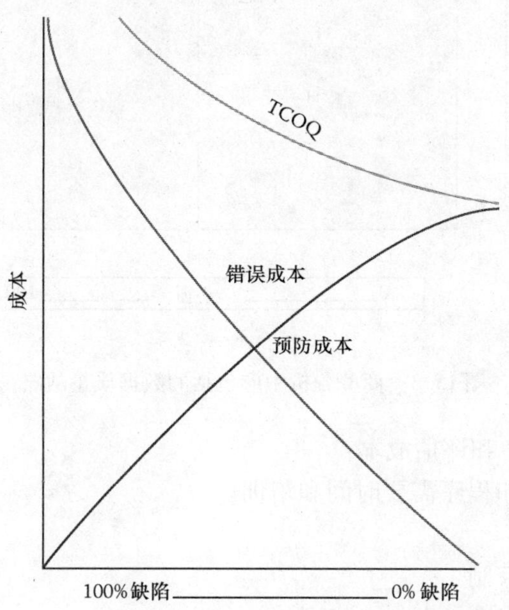

图 15.2　现代版的 PAF 模型，其中不允许质量退化

在某些情况，需要100%质量但却无法达到，在其他情况下，有可能达到，但却不是必须的，我将其他两个组合留给读者。数据质量可能与产品质量类比，但通向数据捕获的过程与工业制造过程截然不同。

在产品制造环境，有指定的原材料，因此，供应商确切地知道该交付什么。而对于数据，供应商可能有发散的意图：比如一个想要索取佣金的推销员，或者一个收集了超过一次促销的顾客。生产过程是一个被很好描述的从原材料到最终货物的转换链。只有在严格控制的环境里比如记账（增值税号码和账单地址）或者库存管理（产品代码和描述）中，数据生产链才和这一过程相似。但在CRM中，这一过程有时更像音乐椅（游戏）：为潜在客户增加或变化数据，直到某人或某个系统收到订单并冻结数据时为止。

典型短期快速的制胜做法是：调整定义、数据域，并清洗源系统中的记录。长期过程改进实例有对数据所有权的和商业过程的适应，以及对捕获数据的源系统的适应。参见图15.3。使用现代PAF模型建立你的商务案例：

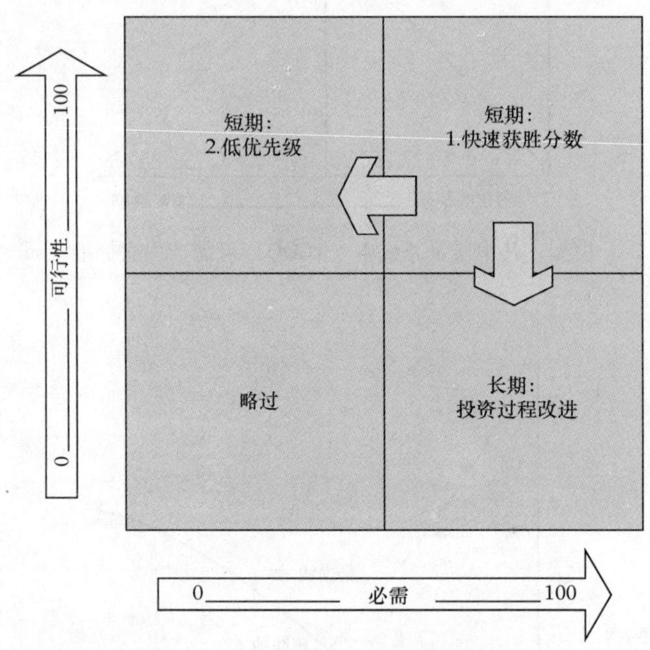

图15.3　商务分析中应包括的数据质量战略

- 数据质量预防和评估成本：
  - 执行政策和程序需要时间和培训；
  - 进行审计；
  - 统计过程控制。
- 不合格数据质量成本：

◆ 返工；
◆ 延迟；
◆ 错误决策；
◆ 处理客户投诉。

• 客户流失，最多是缘于生命周期价值分析或者最糟估测的机会成本。

即使一些成本比如客户流失或者错误决策的成本难以量化，你也会对这样快速有效地打破预防、评估成本和收益的平衡感到吃惊。

15.2.4　数据质量检查单

我知道，我保证过不使用太多的检查单，但在解决数据质量问题时，这是不可避免的一个检查单。与等待事故发生的做法不同，这份检查单会使相关各方都能意识到数据质量问题。"所有各方"是指：商业过程所有者（小心客户组织内没有人）、数据库管理员（DBA）、数据录入职员以及在 BI 项目中发挥作用的每个人：抽取、转换和装载（ETL）设计人员、数据仓库 DBA、报告设计师、能源用户（power users）、报告消费者、分析人员以及我称之为主题所有者的特殊剖析人员。检查单在过去、现在和未来都被视为数据质量的驱动。

15.2.4.1　数据源的历史回顾

问题 1：最后的系统转换或者迁移到新的源系统，发生在何时？

问题 2：源系统何时发生了较小或主要的变化？

问题 3：是否有新的客户剖析，目标或者数据录入方法增加到源系统？

问题 4：系统使用中的语境是否随时间而改变？

评论：公司或许已与吞并或合并其他公司，接管了其他公司系统，或者在其他组织内强行施行自己公司的系统。这就需要国家层面的商业模式，以适应当地数据方面，比如法规、邮寄格式等。

问题 5：能否跟踪数据元素的年龄？

评论：并不是所有的系统都使用时间戳或者记录，比如插入日期或者更新日期来追踪数据元素的变化。一些属性经过一段时间会丢失全部价值，比如国家企业统计资质或工业部门的指标。

问题 6：如何更新或丰富数据元素？

15.2.4.2　现状回顾

问题 1：能够概述以下数据输入验证系统、过程和规程？

问题 2：确保数据质量的指导原则是什么？

问题 3：客户数据捕获过程中允许的懈怠水平是多大？

问题 4：是否在客户识别方法中运用根计算模型？

问题 5：适用系统数据的商业规则是什么？

评论：只能考虑高水平的商业规则，例如：

- 多个客户经理可以服务于一个客户。
- 如果一个客户每年购买大约300，000欧元，那么集团客户经理将监督所有手上的销售活动。

问题6：是否有适当的数据质量管理政策，并且相关各方都了解这一政策？

问题7：准确的数据百分比是多少？如何检测这一KPI？

问题8：在一致性、商业规则、完整性、基于时间的完整性、参照完整性等问题方面，与其他系统的关系是什么？

15.2.4.3 未来前景

问题1：管理是否定义了数据质量的其他（新）KPI？

问题2：如果是的，是否有适当的计划来达到这些KPI？

问题3：什么样的数据质量作用和责任是BI系统能预见到的？

评论：想想比如法定所有人、DBA、商务分析人员等。

问题4：是否有投资回报率模型或者数据仓库中数据质量预算？

第 16 章　商务分析人员的工具箱

16.1　概述

这一节将先前的所有专题整合成商务分析人员主要可交付物：从初始阶段到对组织实现系统转移。在这些章节中被提到的这类问题和商务分析问题的回答，将会被碾碎，混合成你的信息管理战略可能性的愿景，在通过观察、访谈、阅读报告和检查源系统和他们的用户以交付能为项目启动提供动力和方向的里程碑文件前，展开战略过程各方面信息管理：项目章程。

成果，比如商务案例和需求将会在整个项目生命期内被重写、开发和调整。但在到达这一点之前，会产生其他的一些成果。尤其是在大型组织内，这种循序渐进的方法将要去满足你最大的挑战：创建接受变化和消除未知的恐惧。

工具箱内容：

- 项目方向的文档模板；
- 访谈总结模板；
- 业务分析成果模板；
- 商务案例文件模板；
- 项目章程模板；
- 最佳实践分享模板；
- 一般性引导；
- 通用业务对象定义。

16.2　项目方向的文档模板

16.2.1　导言

一个商务智能（BI）项目方向文档的主要目标是编制一个与发起一个 BI 项目相关的战略过程“as is（原样）”和“to be（将成为）”的目录。换句话说，C 层管理已表达了这样一个想法，一个 BI 解决方案或许正是当前问题或未来机会的答案。分析人员的工作就是通过快速扫描项目方向文件的结果来评估这一想法的可行性。访谈谈论以下高水平问题：

- 在主要商业过程（比如营销、销售、生产、购等部门）和外部主体（例如趋势，竞争者，组织裁判表现：客户？等）之间的因果关系的信任水平是多少？
- 所有层级是否共享组织目标？
- 今日的报告过程如何？
- 这一过程的优点和缺点是什么？
- 丢失了哪些关键信息？
- 哪些决策能提高信息质量？

在本书中我们提到了所有商务智能问题，以防受访者想要更多的时间来拿出更多的细节。但是相信我，善良的受访者会时间很紧地回答你的提问并阅读项目方向文档。文档不需达到一定的文学水平，但必须包括对以下问题简明扼要的回答：
- 这一想法的背景是什么？
- 如何定义项目？
- 项目组织结构会是什么样的？
- 如何在组织内交流沟通这项目？
- 项目最初的商务案例是什么样的？
- 我们允许怎样的时间、预算和质量偏差？
- 怎样控制项目进展？
- 怎样管理项目质量？
- 与其他已计划的或正在施行的项目的相关性是什么？
- 主要的项目风险是什么？
- 我们得出了什么结论：
  - 不进行？
  - 更进一步检查？
- 进行：深究并草拟出项目章程，以决定下一级？

让我们更多地关注项目管理方面，因为这可能会超出商务分析人员的范围；她会为项目经理提供输入，这也不是作为事实上的项目经理的第一个 BI 分析师工作，因为一个 BI 项目的内容和语境需要比一个不知道或者几乎不知道 BI 知识的纯粹的项目经理更多的东西。

16.3 文件记录内容

继续展开这些章节，这里假设重复与客户信息源访谈。

16.3.1 项目背景

运用所有可用的手段：来自 C 级管理报价、组织使命的引述，来自为 BI 项目提供语境信息的经理、客户和供货商的引述。

16.3.2　项目语境

在这一节中，由于要为商业生命周期和更长时期提供方向，需要详细的战略过程分析。这一节比前一节提供更多详细内容。在此，将会评估 BI 的能力成熟度模型水平（Capability Maturity Model，CMM）、主要项目风险以及与其他项目的相关性。

16.3.3　商务案例

就这一话题，我们引用特殊的一节。可以说，在这一阶段，商务案例就是一张草图，在项目期间，随着更多信息成为可用的，并发现更多事实和数字，草图会成为一幅详细的构图（drawing）。

16.3.4　项目定义

这一节以 BI 项目广义术语来定义目标、项目范围以及成果。也清晰描绘项目定义所基于的假设。

16.3.5　项目组织结构

描绘主要作用：谁是督导委员会或项目团队，或哪些是以获得这一文档初始信息的单个联系点？至于开发形成项目章程 GO（继续）情形，要联系哪些人获得进一步的信息？

16.3.6　项目方法

这是资源、时间、资金和需要达到最初目标的质量的高水平描述。它将组织内项目沟通内容和方式处理为任何项目所需的管理变化的一部分。主阶段的规划和这项规划所依据的假设，使这一方法变得完备。可选地增加用于开发的方法论。

16.4　访谈总结模板

访谈总结主要目的是质量检查，以评估商务分析人员是否理解了所有问题、定义、关系、愿望以及访谈中对受访人的约束。也可作为组织内新来者的文档项，新来者可能会好奇为什么 BI 系统要以现在的方式建立。这一模块将帮助你用分析来架构信息，而这转变到分析的方式是非常容易的。

16.4.1　背景信息

使用这一节来描述项目为何发起以及为何会与受访者进行访谈。因为受访者既可能是使用者、源所有者，也可能是其他形式的股东，从项目的开始，就必须明确这一点。

16.4.1.1 作用和责任

描绘出受访者在BI项目和企业中的作用。在不确定受访者作用时，使用条件句式（语气）。表16.1提供了一份BI相关作用和责任的检查单。

表16.1 BI相关角色和责任检查单

商务智能项目中的角色	主要责任
赞助者	在项目背后支持赞助者的倡议
督导委员会	将战略动机转换成项目目标，并控制项目
项目经理	管理时间、资源和资金以在预算、时间和质量限制下交付产品。项目经理界定分析发生的范围
领域专家	提供分析中所涉及的商业过程的相关知识
源专家	提供数据源的知识
应用专家	提供关于如何、何时、为什么等数据捕获相关的知识
风险经理	对数据、进程、应用……提供风险视角

16.4.1.2 商业过程

在这一节，描述在访谈中讨论的主要商业过程。

16.4.1.3 与商业过程所有权的相互作用

一些组织使用BPO概念（商业过程所有者），管理跨职能的过程以为内部或外部客户交付价值。在这种情况下，画出流程图，做出沿途产生出和使用的数据表格相对容易。如果企业里没有BPO，你的任务就是记录重要的过程（销售、采购、库存管理等）和与整个过程或者各方的受访者进行互动。

16.4.1.4 访谈总结

构建访谈总结的最简单方式是在一张问卷表格中，为受访者提出明确的、可证实的句子（论断）。我甚至建议为那些有重要影响或者影响整个数据仓库发展阶段的访谈的各方面使用引用，例如，“我想在每个工作周的每天早晨，在股票市场开市之前读到报告。”

16.4.1.5 开放性议题-问题

需要解决、决定或者避免将BI项目推得更远（即偏离目的）的任何事，对其中受访者可能有所帮助。

16.4.1.6 接下来的步骤

告诉受访者，在访谈之后，会发生什么，例如，“去看看你推荐给我的人”，或者“为现存的x、y或者z检查源数据。”

16.5 商务案例文档模板

16.5.1 导论

很长时间以来，制作商务智能的商务案例是傻瓜都知道的问题。在多数案例中，你所需要做的一切，只是去证明，在具有一个合适的 BI 系统中，为获得可靠报告所做出的艰苦而代价昂贵的问题已经成为了历史。最近，这还不够。你增加了价值，因为商务分析人员并不只是计算纠正问题的收益，而且能够瞄准机遇，更好地是战略机会的获利，为客户组织计算他们的战略价值。

然而，你仍将遇到那些只对节省成本或提高收入感兴趣的客户，因此，我在这章中探讨这些问题。在整个访谈会中，必须聚焦于商务案例。会帮助解决前期 BI 项目产生的通用改进措施。如果你做了，跳过这一章。但如果没做，那么当谈到商业时，请记住这一点。尽管我称之为“模板”，但如果要产生一个像文件记录模板这样被填写完毕或者完成的表格几乎是不可能的。商务案例如第 6 章说明的例子一样，是客户-情景特定的。

16.5.2 效率经济学

16.5.2.1 专案报告

检查组织是否花费大量时间在专案报告上，计算在小时率方面节省的人时数。

16.5.2.2 资产管理

优化可用资产，管理可接受的意外缺陷的合适维护，将会提高资产收益率。这较难计算；通过维修费用可以减少的百分比的场景近似，来揭示出这一机会的成本。

16.5.2.3 缺勤减少

任务、能力、客户、监督者以及经理的混合体将为提高人力资源管理政策提供投入，到了后来，会减少缺勤。

16.5.2.4 降低协调成本

提高 BI 系统的组织，会减少在各部门之间召开的协调会议的数量，减少以获得正确数据的检查步骤。

16.5.2.5 改进的谈判立场

货物交换和服务信息的不对称是许多博士论文的主题：一个购买者会预测他的供货商的销售价格，一个人力资源管理经理对每一个工作描述都有个清晰的流失风险观点等。机会多多！

16.5.3 收入提高

16.5.3.1 定价

定价是能将任何商业投资变成黄金或泥土的迈达斯公式。并不容易计算较好定价的商务案例，除非解决有关消费者价格认知的市场研究数据。然而，客户并不需要一个详细的商务案例来看到美元或欧元，以承认一个看到自身价值的更精明定价系统的价值。定价分析会议参见表 16.2 的贝叶斯博弈的支付矩阵。这个收入提高工具的意图是通过更好的成本计算，更好的客户价值估计和更好的计划能力来减少缺点（minuses）。

表 16.2 商务案例的更好定价战略

你的战略/客户期望	预期的较低价格	预期的合适价格	预期的较高价格
价格太低	不相关	-/-	-/-
价格太高	不相关	-/-	-/-
合适价格	不相关	+/+	-/-

16.5.3.2 素质建设

一个 BI 系统能提供快速匹配和参考信息以帮助销售人员更好、更快、更准确地胜任工作。

16.5.3.3 顾客价值改进

通过提供比关于顾客的完整的（长期的）财务事实更多的信息，并将这些与客户交互数据、外部营销数据、风险分析数据组合使用，组织能提高其决策的质量。但是路是漫长而困难的；不要有错误的期望。

16.5.3.4 订单取消方面的改进

取消订单有许多种理由。在销售和市场方面，一个热心的订单员可能会忽略了新客户信用分析，在操作层面，在履行能力上缺乏足够的洞察力，导致了乐观的交货日期的承诺，在财务部门过于敏感的信用评分可能拒绝了信誉良好的客户。这些都是 BI 能够克服的最普通著名的信息缺失例子。

16.5.3.5 提高预测

YogiBerra 说得好，“预测是困难的，特别是对未来的预测”。组织通过甚至最轻微的平均百分比误差（MAPE）的减少，来获得很多。作为分析师的工作是将过去预测的平均百分比误差用图表表示出来，与实际结果做对比，以报酬（payoff）降低这个 MAPE，形成各种场景。在一个库存为年总销售额 10% 的贸易组织内，MAPE 提高 5% 就能减少库存的 2%，换句话说，20% 较低的库存持有费用。欲了解更多有关这一主题的信息，见第 9 章。

16.6 战略机遇

16.6.1 你的顾客信息价值

如果你的客户能够通过为她的顾客提供更好的、更及时的信息来提高市场效率、生产率，那么她会感兴趣。当 UPS 和 DHL 花费大量资金投资在一个通过网络的、由数据仓库支持的包裹跟踪系统时，他们的顾客可就以遵循包裹的轨迹，他们并不能提前计算出系统的价值。但事实证明，这个系统却是一个差异化特征和高价策略的基础。

16.6.1.1　更快地响应变化的情况

“抢占摊点”是一个迅速应对不断变化的消费者的喜好的重要性的说明例子；特别是在快速消耗品市场，最小的产品调整或改进都能带来成功和失败的不同。

16.6.1.2　决策质量

这对于读者来说，看起来似乎是个深奥的概念，但却让你感到最大的舒适：知道你涵盖了许多方面、观点、可能的情景，在作出重要的战略决策之前，在将来的几年里将深深地影响你的结果，或者围绕基于经验和直觉之上的最佳预测的一组共识。

16.7　商务分析成果模板

16.7.1　简介和概述

这个模板提示出了在商务分析过程最后产生的主要成果。它基于 Lingua Franca’s 的项目管理和“FlexIS”商务分析法，这一方法是 20 年来许多人在大量项目中实际经验的结果。我们从譬如 Bill Inmon、Ralph Kimball、Sean Kelly 和 Dan Linstedt 等其他先驱学习到这些方法。

此模板可以用作一份规范文件，根据人员-日期、质量水平、生产时间和项目组织等，为技术范围和报价提供必要的输入。作为商务分析师，这份文件就是你的终极目标：减少错误理解的风险，减少冗余的工作，甚至是避免 BI 项目的完全失败。文件为 BI 项目章程提供输入。这一章后面将讲到项目章程模板。希望你能将它作为你项目的指南，但不要被其束缚，对主题、细节水平、项目范围构想和成果，要有自己的主见。这个商务案例描述的是一个办公用品公司，直接面向大量顾客销售，并拥有连锁零售店。斜体表示的例子在整个模板中形成的，为读者提供一个连贯的线路图。

16.7.2　成果概述

1）高水平现状分析；
2）BI 项目目标；
3）干系人矩阵；
4）商业需求；
5）项目管理约束；
6）产品范围；
7）数据需求；
8）表示方法；
9）安全需求；

10）其他需求；

11）项目规划和任务清单；

12）文档；

13）词汇表。

16.7.2.1 高水平的现状分析

这一成果是与一般功能管理、商务过程所有者、业务总管、客户、供应商以及其他股东讨论的结果。包括以下几段：

1）一般假设；

2）环境状况和外部驱动要素的感知；

3）内部驱动要素感知；

4）4C；

5）战略目标；

6）功能性目标；

7）将目标转换为成功关键因素（CSF）、关键绩效指标（KPI）和度量。

这些段落不仅为BI项目，还为信息控制决策提供了背景和输入。因此，结论标明了决策结构以及信息与业务一致的决策过程。

一般假设

第一段将基础范式、价值、C级管理理念文档化。它试图捕捉一种文化，在这文化中，BI项目兴盛、幸存或者死亡。因此，那些认为这是“软”方面的人，再想想，我曾见过许多商务智能BI项目交付100%的技术成功，却伴随这100%的组织采用失败。

环境情景和外部驱动器感知

大多数公司都进行优势、劣势、机会和威胁分析，因此，你可以在这些实践中找出一些有用的元素。然而，由于大多数SWOT分析都由市场部门展开，那么就必须面临一些挑战，一个BI项目就要比市场方面看得更深远些。

内部驱动要素感知

成本驱动因素要么已知，将提升BI项目的复杂水平和深度，或者——这是大多数情况——它们是一个BI项目的对象。参考第7章有关ABC和BI的内容。但也需要为BI项目制定其他的内部驱动要素：

HRM：管理层和雇员的奖金（分红）体系，能影响业务方式。缺少或拥有大量的某种资源也将会对此有影响。

R&D：研发努力水平、组织技术采用程度当然会影响商务。

4C

公司对这些4C了解了什么？它必须了解什么才得以生存或者改进开展商务的方式？

客户知识
成本知识
竞争知识
能力

战略目标

确保你理解了本节的大部分内容。许多组织与外部世界沟通交流非常通用的目标（甚至有些对他们内部受众也这么做）。这也许作为新闻稿来说很不错，但对于一份完整的商务分析文档来说却远远不够。我们都知道那些乏味的表述，譬如："我们旨在亲近客户，由于这种顾客亲密度比市场增长率增长要快：7% 的亲密度，而市场增长率只有 3%。

据我所知，只有长期坚持承诺于拥有潜力创建一个独特的差异化竞争，才能达到战略目标。如果用这一定义，会感到很惊讶，几乎没有组织能制定战略目标。下一步是通过在你的质疑中，制定所有相互排斥的组合来获得战略目标的优先级。例如，你不得不在增加市场占有率和减少每单销售的可变成本间进行选择，你的优先级会是什么？这允许受访者进一步明确策略。我们来想想这一问题的几个可能答案：

1）我会选择增加市场份额，因为我确信，市场份额增加 1%，单位可变成本就会下降 10%。由于需要非常好的 BI 资料和手边的外部数据来得出这样的结论，那么现在是时候提问，这些假设建立在什么数据之上的？或者，这是一位热心的市场经理的假设吗？

2）我会选择降低单位可变成本，因为没有必要通过增加昂贵的特色产品来加深产品的差异。或者市场份额伴随或不伴随这些增加而增加。

3）我不知道，或者，不是很确定。如果你的受访者是诚实的，这个答案会为 BI 分析和项目范围提供输入。

将目标翻译成 CSF、 KPI 和度量

管理将战略目标设为优先级，并识别出每个目标的成功因素。相应地，这会为 BI 系统内带来信息需求。关键成功因素在表达中总是包括主动动词。在高度不确定的情况下，CSF 描绘了用于商务规划情节中的内部和外部影响因素。如果受访者对 CSF 如何互相影响有自己的观点，你会获得影响 BI 分析、数据模型方法和源分析的因果关系的有价值的信息。

战略的 CFS 应该是：开发一个新的价值 1 亿欧元的商业潜力，信息需求可能是，BI 系统应该提供每个产品组商业潜力的数据。量化这一需求的 KPI 可能是：构建由 150 个前景组成前景序列，其中每个前景最少价值 65 000 欧元。

当然，更别说，也是 CFS，转换成关键业绩指标来影响它们，比如在我们发起需求倡议运动之前，高带宽连接的市场增长应该跨过 500 万户的标记线。如果外部源无法能够提供这些数据，那么你的 KPI 只是停留在学术层面（没有可操作性）。

功能的或商务过程目标

这些源自整体战略目标，并使这些一般的和长期的目标得以运行。尽管大多数组织用关键成功因素的概念来定义其所需要的元素，以完成使命，还用关键业绩指标来量化战略目标和度量组织及其各方的战略表现，许多组织将这些中间水平的CSF和KPI集合分类，进一步精炼，为HRM、市场等建立功能记分卡。例如，市场需要为三种新产品作出客户潜力评估。或者通过精炼的预测方法来降低库存成本的操作。

一个功能性的KPI例子将是：操作能在同一天内交付95%的包裹；有直截了当的信息需求；度量每个包裹离开仓库和（送货）司机PDA上的签收之间的耗费时间。不用说，高水平分析的最低收获是公司的CSF和KPI。在后一阶段，可能会包括功能的或过程的记分卡。

信息治理结构

在《IT Governance, How Top Performers Manage IT Decision Rights for Superior Results（IT治理，为得到卓越的结果，顶级操手如何管理IT决策权限）》一书中，Peter Weil和Jeanne Ross（2004）检查了IT和商业一致取向的过程和结构，并在专题讨论中做出了关键性的决定。作者不仅描述了IT治理，还在对300来个组织进行研究的基础上，制定出最佳实践。对那些想要把BI项目运用于一个较大的IT治理框架的商务分析师来说，这描述部分具有非常大的价值。当书的论调从描述性转为灌输时，作为一个BI商务分析师的观点来看，我对他们的这些争论持保留态度，并提出一个BI项目中商务分析师的更为谦逊的描述态度。作者对自己的结论做了大量提炼和修改，但恐怕这些与之前的研究走了同样的路子：一份有4000页的研究结论被缩减成了250页的书，而这还被缩减成会议和咨询研讨会上播放的4张PPT幻灯片。

尽管他们的研究建议了组织所有类型的最佳实践，我发现有两个障碍，阻止我将他们的处方运用于一个商务智能项目的建立：结果的重大意义和调查方法本身。

MIT-Sloan研究是全球性的和通用的IT研究（Weill and Ross，2004）。因此，在这项通用研究中，考查了IT投资的所有种类，这也是我所撰写书籍《The Western World and Business Intelligence（西方世界和商务智能）》的范围，而这仅仅是MIT-Sloan研究的一小部分。在此基础上，还有使用调查的方法，将复杂商业过程的产出及其结果相联系，譬如那些仍让人怀疑的资产收益率（Reture on Assets，ROA）、投资收益率（Reture on Investment，ROI）、盈利或者增长。我参与过许多管理调查，同时作为访谈人员和受访人员的经历让我明白，多个来源的偏见将会大大降低研究结果的价值。

我只描述一种偏见来源（心理的）：经理想看起来是理智的。因此，在20世纪80年代早期的比利时，我就市场对生物降解塑料的准备开展了研究，研究结果非常令人振奋。当地政府部门、工业、农业的大多数决策者、媒体的意见领袖以及学术界都非常渴望采用这一新的类型。一夜成名就在跟前。然而，在生物降解塑料成功之前，花了二十年时间来获得政府的鼓励措施和强制性立法。

研究方法、抽样法或分析都没有任何差错。多年后，在对塑料的定性研究中，我发现存在一个非理性的抗战“塑料不会持久”。教育我们的调查对象，让他们确信塑料的不可降解性。因此，如同这个一样的一份简单直接的管理调查问卷，都会失败，不能提供可靠的结论，那如下的复杂的问题又将如何呢？

决策；

投资；

就它们的影响而言，大型组织是例外；

资产收益性(ROA)-投资收益性(ROI)-利润-增长？

我们来更进一步了解这四个方面。

1）决策

你可能读过亨利·明茨伯格的文章或书（或者我的不起眼的第4章，供硕士阅），他在其中拿出了锋利的手术刀，去除了管理活动的理性层，展示了他的发现。他认为组织结构由社会甚至是富有感情的驱动者驱动，当进行问卷调查和与其他组织类型比较时，他的这一见解让我们看到了各种来源偏见。MIT-Sloan样本产生所有组织配置及其对信息技术的态度的一个分层样本，这看起来似乎是不可能的。

技术问题的决策过程很少是纯理性的。在任意组织类型中，有精通技术的派系、联盟的怀疑论者、创新爱好者和新技术的普通反对者。决策过程的结果，可能是一个理性的总结和方向宣言，但仍然会非理性地保留着下面的派系。

2）投资

相比投资的角度看，从科学角度看，没有什么理由认为商业影响更难以量化：你不能创建一个控制组，该组包括完全同样的组织，这些组织并不和测试组以同样的方式投资。因此，你的猜测和我一样的好。

3）大型组织

组织越大，越难以提出单一的成功来源。大型组织将财力、巨大的人才库、构成竞争进入壁垒的资产、市场力比如市场份额、市场渗透率、品牌价值、基于学习曲线的效率奖金、最佳实践和规模经济，是的，它们还有IT架构。因此，在决定利益、增长、资产收益率（ROI）或投资收益率（ROA）属性时，你怎样挑选出IT治理措施。

有很多把IT当作这四个丰富结果的属性的案例，但导致这些投资的决策过程几乎不可能提出。Weill和Ross（2004，第135～136页）提到的，在IT和商业之间的共同决定的结论与我想的一样。但我猜，这一原则适用于商业和技术人员间的共同决定。

想象一下，一个汽车制造厂，技术专家没有与公司高层咨询 HRM、资金、市场和 IT 等，就建造了一条生产线。这可能是为商业产生大量问题的新技术。

4）资产收益率（ROA）-投资收益率（ROA）-利润-增长？

是的，这就是问题所在。我们拿什么和什么比较？我举出一打中的三个问题来说明我的观点：

- 你如何比较资产收益率，也就是资产负债表的左侧？或者结构性度量的结果，过去、现在和未来的利润激活的，处于收益表底端的利润或者由资产负债表两侧的资金结构驱使的商业过程结果？资本劳动强度的混合决策是组织在捍卫其市场地位的一个决定性的战略选择！看到循环论证了吗？
- 当我们度量投资收益率时，如何在投资组合中测出 IT 组成部分的增加的价值的量？
- 增长-利润是折中分析的“快照方法”的主题，但如果你使用“电影方法”，我们如何来估计度量，在其中，将自动增长以获得未来收益或者收益如何点燃未来的增长？
- 最后但同样重要的是：研究从来不会产生的是：组织是否会从这些四个观点中选出正确的财务目标，这四个观点能把研究结论颠覆。

沟通和复杂决策环境中的想法和知识沟通总是能产生良好的决策。这正是我建议阅读此书的理由：以使商业与信息技术更好地沟通，反过来亦是如此。绝不会让我的研究评论削弱 Weill 和 Ross 的书（2004）的价值。它将信息技术管理放入每个商业的议程，希望严肃使用信息技术以作为一个竞争因素。在对组织的信息技术方面问题上，我使用了他们的模型来评估沟通的方向和水平，功劳全归于他们的工作，对此我非常感激。基于 Weill 和 Ross 书中的理论，接下来的图示结构是商务智能项目的业务需求文档的理想产出：

1）五个关键 IT 治理决策；

2）IT 治理原型；

3）企业如何管理；

4）常见治理机制。

五个关键 BI 治理决策

1）BI 原则决策：

a. 以什么办法来对交易系统中的数据质量进行评价？

b. 如果在来自于更好的信息分发中的潜在收益和安全问题间进行权衡，我们该选择哪个方向？

c. 对我们的 BI 用户，我们该选择一个主动的还是反应性的态度？是否只提供所需要的信息还是为做出增强建议？

2）BI 架构决策：

a. 是遵循通用的架构策略还是由于强制性原因而选择一个替代路线？

b. 如果需要选择，哪一阶段很重要：数据库、选取数据、转换、加载（ETL）工具，BI 服务器或者客户端软件？

3）BI 基础设施决策：

a. 数据仓库将要使用的共享 IT 服务是什么？

b. 每一个部门或者业务小组会组织哪部分的基础设施？

c. 信息消费者的访问方法是什么：本地客户端 PC、PDA、基于网站的还是 VPN？

4）商业应用需求：

a. 指定商业需求；

b. 说明紧迫性；

c. 提出可供选择的解决方案；

5）BI 中投资的优先顺序：

a. 我们将如何评估优先级？

b. 谁来处理相冲突的利益？

c. 最先服务哪份用户概要？

d. 最先处理哪些主题领域？

BI 治理原型

在我和许多我的同事的经历中，大多数 BI 项目中，无政府主义（anarchy）是不存在的原型。虽然如此，BI 项目常常作为阻止访问转储和电子报表混乱的方法，在此，BI 人员声称他们的数据就是正确的，每一个人都自己动手（DIY）。其他所有的原型，就 BI 项目而言，都随情景不同而发生；见表 16.3。

表 16.3　IT 治理原型

风　　格	谁拥有决策或输入的权限？
商业君主制	一组企业管理人员或者个别管理人员。包括高级企业管理人员委员会（可能包括 CIO），不包括独立行动的信息技术管理人员
IT 君主制	个别 IT 管理人员或团队
封建制	业务小组领导，关键流程所有者或者他们的代表
IT 双寡头	IT 执行人员和另外一个团队（比如，某首席官或者商业小组或流程领导）
无政府主义	每个个别领导

基于来自于 BI 项目的约 50 个经验教训报告，至少有两个主要因素影响着原型：归功于 IT 的重要性：在 20 世纪 80 年代早期，我还从事邮购业时，当时 IT 被视作战略性资产。20 年后，仍然存在 IT 处于食物链底端的工业和服务类组织。另一个因素是组织结构；在企业家组织结构中，双寡头或者商业君主制占统治地位。在机械官僚主义体制中，封建制商业君主制原型很普遍。在 20 世纪 90 年代，在其存在要归功于 IT 的组织、移动电话公司或电子商务企业中，观察到 IT 君主制，尽

管如今已转换为 IT 双寡头。

企业如何治理 BI

构建输入和决策制定矩阵（表 16.3；原型×管理决策），用来说明在何处准备和作出决策。

共性治理机制

大型企业花费很多努力来协调机制。表 16.4 来自于 2003 年 MIT-Sloan 学院信息系统研究中心，BI 分析师可以用它来对客户端使用的信息管理机制中的项目进行定位。从开始到吸取教训的阶段，密切留意一个或更多这样的协调机制，在整个项目过程中充分利用它们。

表 16.4　治理机制

机　制	目　标	期望的行为	观察到的非期望行为
执行和高级管理委员会	包括 IT 的整体商务观点	集成 IT 的无缝管理	忽略 IT
架构委员会	确定战略技术和标准-增强措施?	商务驱动的 IT 决策制定	IT 监督和延期
拥有 IT 会员身份的过程团队	有效地使用 IT（和其他资产），采取过程观点	端对端过程管理	功能性技能的停滞和分片式的 IT 基础架构
资本投资的审批和预算	将 IT 视作另一种商业投资	稳健的 IT 投资：不同投资类型的不同方法	分析麻痹。避免正式批准的小项目
服务水平协议	规范和度量 IT 服务	专业供给和需求	管理 SLA，非商务需要
退款	从商业中收回 IT 成本	负责任地使用 IT	关于收费和不合理需求间的争论
IT 商业价值的正式跟踪	常使用平衡计分卡来衡量 IT 对商业价值的投资和贡献	使目标、利益、成本清晰透明	将 IT 从其他资产中分离出来关注资金而不是价值

16.7.2.2　BI 项目目标

BI 项目可交付物目标只需要一个明确的总体性描述，例如，BI 项目需要产生必要的绩效分析以决定我们最高收入贡献者的价值。但在拥有多个决策者的更大型组织内，这些总体性描述需要给每一个决策者一个规范说明和翻译解释。我们将在例子中对以往一般性描述进行详细说明。

财务目标：运用报告工具中的帕累托算法，按年对与发票和直接成本数据有联系的整个活跃客户数据库进行分析，以确定最高收入客户。

营销目标：将活跃客户数据库定义为分析对象，在账户管理层面和法律实体层面，也在网络价值基础上，通过确定相关销售中产生的收入来正确整合或巩固客户。

经营目标：确定每个客户的质量成本，产生可供选择的客户评估程序，经验表明，客户意见能严重影响公司利润。

在某些组织中，这甚至远不够。在此情况中，建议将目标进一步分割为基于 BI 过程的目标，包括伴随每个目标的风险。同样的，在表 16.5 中，我们进一步详细阐述了财务目标以说明细节水平。

表 16.5 基于 BI 流程的目标表述示例

目标	能力	风险	缓解措施
在每个客户基础上，组合所有的收入和成本数据	在具有同样粒度的源系统中，确定连贯收入和直接成本数据（比如销售订单行/工作批次分类行/发票行）	在可用源系统中每个客户无连贯性成本数据	采用代表性的样本，手工计算每个客户的直接成本，产生货物销售百分比的代表成本
提取活跃客户名单	识别出适合全公司范围定义的活跃客户	无可用的全公司范围内的定义	在管理层面发起流程以产生单独的定义，并预知 BI 项目中有不止一种客户观点，之后可被映射成单一客户定义

16.7.2.3 干系人矩阵

干系人矩阵简单而强有力地呈现了项目所涉及的各方（一个人或者一个角色），以及为什么他或者她会被牵涉其中。我们在四个层面或者角色上考虑这种介入程度，在此，一个人可以承担一种或者更多的角色：

- 客户或者赞助商：出钱购买 BI 项目的人员、部门或者角色。在交易项目中，只能有一个赞助商，但在 BI 项目中，可以有很多。
- 客户（顾客）：直接从 BI 项目中获利的人员、部门或者角色。
- 干系人：被 BI 项目积极或消极影响的人、部门或者角色。
- 用户：使用有直接经验的 BI 产品的人、部门或者角色，也就是，报告、前端工具或者分析数据库。

我们使用前期成果的元素来详细阐述这些目标，见表 16.6。

表 16.6 一个干系人矩阵示例

角色（如果知道的话，则列出姓名）	赞助人	客户	干系人	用户
CEO（Jim Beam）	CEO 就是赞助人。因为他意识到了 BI 项目的战略价值，原因是新竞争者影响公司的边际利润			CEO 将使用需要个人关注的前 10 大成交量的客户报告

（续）

角色（如果知道的话，则列出姓名）	赞助人	客户	干系人	用户
CFO（Jack Daniels）		CFO 将跟踪每个顶级客户的直接成本演变情况，并与 COO 一起对之做出调整		CFO 将使用至少 4 个总额和收入报告：每一项商务单元一个报告
账户经理		账户经理将需要调整她的销售战略以提高边际利润（在边际利润为至关重要的情况下）		账户经理需要个体客户盈利能力报告
数据库管理员			DBA 必须对 ETL 过程进行 24 小时监控，这迫使他们需适应其人员规划和工作日程	
控制人员			控制人员要避免成本分析中所需做的乏味的重复工作	控制人员是所有成本报告的看门人（gatekeeper），验证确认结果

16.7.2.4 商业需求

在访谈中就已捕获到的商业需求，需要以商业和 IT 社区都能理解的形式来呈现。

用例

商业用例是不错的转换平台，它基本描绘出了使用者与系统如何相互作用的场景。在 Susanne 和 James Robertson 的著作《Mastering the Requirements Process（掌握需求流程）》（2007）或关于统一建模语言（UML）的许多手册中，都能找到更多的用例和情节推演法。图 16.1 就是一个 AS IS（实际）商业用例的例子，描述了客户盈利分析目前单调冗长的手工过程。我们建议开发一套 AS IS（实际）和一个 TO BE（未来）版本，这样，涉及的各方都能对项目自身及它引起的转变或变化有个大概印象。

报告需求描述

细节的下一个层次也是各方都能理解的：最低报告需求描述，包括被有关各方忽略的更多可能性。后者检验了一个经验丰富的商务分析人员的技能。

每一个报告需求描述都应该包括下列描述：

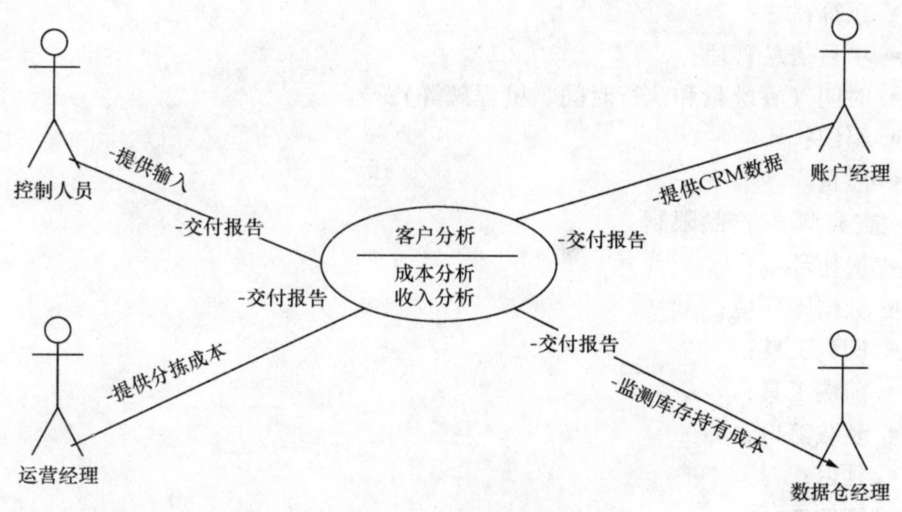

图 16.1　用例范例：客户订货点（COP）
（供应链中的三角形代表了库货，长方形代表了高层过程步骤。模型说明了管理中的两个对立面：降低库存和风险，以及最高可能服务水平（由于库存逐步积累导致的）。）

- 用什么方法，通过哪种维度来提出；例如，我想要迄今为止的每条生产线每个客户每年\去年、和前年的销量报告。
- 通过增加粒度，向下挖掘的可能性来精炼之前的表述；例如，“客户”，我指的是每个人的增值税标识号（Value-added tax idntification，VAT），不是订购产品的部门；时间追溯停留在每周的水平。
- 起源或静态属性描述可能并不存在于预知的数据仓库解决方案中；例如，每个账户经理或存储类型的每周总量，停车场表面等。
- 用户报告。
- 展示选项（屏幕、PDF 文档、电子表格、可执行文件等）。
- 布局实例（如有必要）。这一特征依赖于前端工具为其使用者所提供的自由度。
- 商业规则会影响评论、展示或报告的其他用户方面；例如，“一名客户就是12 个月内买了至少一种产品。”

16.7.2.5　项目管理约束条件

一些从业者认为这超出了商务分析师的范围，将此问题留给项目经理，但我却不同意这点。项目经理需要一些决策要素来想出她能贯彻执行的现实计划。如果项目经理不懂得分析方面的知识，那么你就会失去宝贵的时间，总是解释 BI 项目的业务和技术方面。我更愿意提出建议草案，这随后会由全职 PM 从业者在大型项目中给予定义。但对于小于 250 人天的项目，我倾向于由分析师对项目进行管理。任何项目都不得不处理以下这 5 个重要的限制条件：

- 预算；
- 项目信息管理；
- 时间（吞吐量和执行时间、里程碑等）；
- 组织；
- 质量。

检查典型 BI 产品限制：

- 操作环境；
- 数据库环境；
- ETL 工具；
- 前端工具；
- 装载窗口；
- 延迟；
- 刷新率；
- 报告使用的同时性。

检查其他外部限制：

- 法律的；
- 政治的；
- 文化的。

现在是为开发团队给出输入的时候了：范围和数据需求将很大程度决定成本和开发阶段相关的元素。

16.7.2.6　产品范围

范围界定了 BI 项目的边界。在高层次上地描述事实、维度、源和迭代。Ralph Kimball 开发的图形辅助之一是数据集市总线（见图 16.2），这是描绘主要商务过程以及受影响维度的一个矩阵。

一个好的范围描述也同样考虑到了并不在其内的其他方面（源、维度、事实等）以避免所有可能的歧义。范围也同样反映了商业和报告需求，明确指明了将要处理哪些需求，和在项目结束时哪些需求不在交付的产品之中。在强烈需求某个并不存在范围中的某个特征的情况下，准备一个商业赞助者能够理解的好听的解释：缺乏资金、时间、资源、技巧、财产诸如此类，那么商业赞助者如果想要在范围内实现她的需求，她就会采取行动。

例如，这个公司的总线矩阵在概念层面上涵盖了所有的事实以及数据仓库所包含的维度。

16.7.2.7　数据需求

商务分析成果中的数据需求描述仅仅需要描述目标数据，如图 16.3 所示。通过指明每个属性的源，技术分析人员从中挑选属性，并进行技术分析和数据剖析。取决于项目的复杂性、源数量和客户的组织结构，可以对此进行两个层面的深入

	事实	度量，粒度和使用	维度												
			客户	地区	产品	零售店摊点	雇员	预算修正	度量单位	日期	一天中的时间	账目表		更新频率	技术维度
销售	销售订单	订单行层面的详细销售分析包括销售额和销售量、订单以及赊销金额	●	●	●	●	●	●	●	●	●			逐日	
	预算销售	预算销售单价×数量=收入和标准单位成本×数量=直接成本	●	●	●	●	●	●	●	●				逐日	
财务与经营	日记账	详细的总分类账交易			●	●				●		●		逐日	
	总账余额	月度总分类账余额								●		●		逐月	
	发票	客户和供应商发票行的详细分析，包括欠款单据，不包括内部交易	●	●	●	●		●	●	●		●		逐周	
	预算财务	销售、采购、售出商品成本和人力资源管理成本的财务预算	●	●	●	●	●	●	●	●		●		逐月	
	质量成本	每个订单和客户的错误成本的有效追踪	●	●	●	●	●			●	●			逐日	

图 16.2 总线矩阵例

分析：实体层面和属性层面。

ISO11179-4数据定义需求

1数据定义将要：

a）以单数形式陈述

b）陈述概念是什么，而不仅是陈述其不是什么

c）以一个描述短语或句子来声明

d）只包含人们熟知的术语缩写

e）不用嵌入定义的其他数据或基本概念表达

2数据定义应该：

a）陈述概念的本质意义

b）精确和无歧义

c）简明扼要

d）能够独立存在

e）不用嵌入理性，功能使用或过程信息来表达

f）避免循环推理

g）对相关定义使用同样的术语和一致的逻辑结构

h）适于元数据被定义项

图 16.3 依据国际标准组织的数据定义需求

总是检查企业数据模型是否存在。拥有企业数据模型的组织证明了信息管理

规范可避免重复工作，并寻求数据管理定义的清晰和一致性。在大多数组织中，这种项目不间断地进行着，因此，别期待对你的公司和属性定义和描述有百分百现成的准备。

描绘数据仓库所需的主要的实体，列出实体贡献信息的主题领域。确保你是否知道实体是一个公司标准实体，列出数据定义所有者、源应用、记录数以及历史跟踪是否必要的，且可能发生安全问题。

如果需要，向列表增加必须的属性，对其所属实体进行同样的检查，增加应用引用记录，是否需要数据剖析，如果可能，给出一个值列表。如果属性及其相关的因果（父母和孩子）需要在数据仓库中分层、分组，或者聚合导航表，且如果你的分析为其揭示了需求，别忘了指明它。

16.7.2.8　陈述方法

陈述方法描述可以有两个方向：既可以是提前所知的前端工具，它将严格决定陈述的可能性，也可以是项目稍晚阶段发生的工具选择。在那种情况下，良好的商业需求文档应该为工具选择追踪提供良好的输入。

显而易见，我不会提供基于普遍皆知的工具的陈述方法描述实例。如果你去访问供应商 的网站，你会发现丰富的信息。它为工具选择提供输入更为有用。图 16.4 提供了检查单。

特征	解释
通用使用性和可视化特征	
• 易用性	组织内基于各种计算机熟悉程度的通用评估
• 屏幕设计	
• 任务兼容性	工具是否适合使用者必需执行的任务?
• 有条件地实施格式化	例如，if [invoiced, sales]<[budgeted, sales] by more than 5%,Color([invoiced. sales])=RED
• 风格表单支持（css）	能轻易地将报告适应于一致的网站基础上的报告陈述的风格吗?
• 在图中元素上支持细节展开	
• 支持PDA和黑莓机	
• 分类汇总积分	不开发额外的SQL代码，工具允许插入分类汇总吗?
• 图形和可视化（图）数量	

图 16.4　BI 前端工具陈述、使用性、功能性准则

功能性方面和呈现方法	
• 基于角色的仪表板和汇报	基于报告使用者角色，是否能以不同的格式呈现同一个报告?
• 在存储库中存储常见的展开路径吗?	加速展开处理的一项特征
• 展开路径依赖与用户的角色吗?	
• 可被调整的标准报告	
• 能够为个体用户存储调整吗?	
• 导出到Excel，其中包括格式化	
• 导出到PDF	
• 为图加注	
• 分配注释	
• 可连接到特定维度成员的注释	
• 支持SQL SELECT的全部语法	设计者能够使用通用SQL语句建立查询吗?
• 由菜单支持的SQL SELECT	
• 一名端用户能够完成SQL SELECT吗?	
• 购物筐分析支持	在客户端上展示查询结果集后，购物筐分析需要进行计算。并不是所有的工具都支持这一特征
	您不想做，但…
• 回写设施	
• 当数据变化时，保持历史	
• 支持缓慢变化的维度	
• 显示两个选项（历史的和现实的）	
• 支持平衡计分卡	你能建造与全景连接的战略地图吗? 你能描绘出KPI之间的相关性吗?
• 定义一个KPI对另一个的影响	
• BI自服务支持	
• 报告或仪表盘的日程安排分配	
• 发布和订阅	
• 产品是实时感知的吗?	

图 16.4　BI 前端工具陈述、使用性、功能性准则（续）

16.7.2.9　商业安全需求

我们将安全概念限制于商业方面，比如技术安全，这应该由技术人员在产生备份计划、存储冗余、防火墙以及你必需用来减少记录的完整性、有效性缺失以及物理删除或者复制时所涵盖。

安全需求对项目的复杂性产生巨大的影响。甚至超过范围，安全需求能影响开发的总量时间、ETL 的过程时间以及报告服务器。尽管有很多需要强安全性的理由，例如，在客户自助报告环境或诸如薪资等人力资源数据情况下，确保你并没有在技术成本的顶部创造一个大的机会成本。正如 Gartner 所描述，我们所指的 BI 的本质是，“信息民主将在具有前瞻性的企业中出现，这些企业具有 BI 信息，广泛应用于职员、顾问、客户、供应商和公众……”

在复杂性增加顺序中，如下是共同的安全需求：

报告层面安全：某个报告用户仅仅能接触到其预订的报告，而不能查看其他报告，也不能改变那些能让其进入别的报告的报告定义。

联机分析处理过程或视图层面的安全：用户组拥有整个 OLAP 多维数据集的阅读权限或查看数据库中的视图。

数据库表层面安全：用户组拥有阅读数据库中指定表的权限。

数据库中的行或列层面的安全：用户组拥有阅读数据库指定表中的特定行或列的权限。

16.7.2.10　其他需求

本章意味着你想要描绘什么——文化方面、用户及其计算机熟悉水平，嵌入企业历史的敏感方面——任何能影响到项目结果的，都值得在本章中提及。

16.7.2.11　项目规划和任务清单建议

对技术人员而言，一个高水平的项目规划和所涉各方的任务清单，能使事情变得更为清晰，能帮助他们抓住客户组织的期望。一个历时一年、只有四个里程碑的小型数据仓库项目与有十个里程碑、历时 18 个月的大型数据仓库项目的经历是完全不同的。项目各阶段之间高水平的依赖关系增强了技术人员在项目陷阱中的洞察力。

16.7.2.12　文件记录

文件记录（documentation），任何 IT 项目的这个孤儿，由于其特别的方面，在 BI 中需要特别的关注：

一个 BI 项目的成功是由用户驱动的：如果她不能找到信息来提供其使用系统或解读数据的（水平），那么就将放弃，从而使一个技术成功转变为一个项目的失败。

BI 系统从各种资源中整合数据，并回收利用其为有用的信息。然而在有疑问的情况下，文件记录为更好地解读和质量检查提供语境。

BI 系统如同源数据在交易系统中一样，总是在发展变化。良好的文件记录帮助技术人员跟踪系统的演化。

因此，文件记录追踪始于第一份商务分析文件的书写。

16.7.2.13 术语表

一份合格的术语表应避免冗长、误解和平淡混乱。我不得不一次又一次地处理那些使用在分析文件记录中的错误概念术语，这些错误导致效率的缺失，使项目几乎遭遇了灭顶之灾。这或许不是商务分析过程最性感的一面，但却是基本的和必需的，它将为你提供控制和方向感，而这却是一个成功分析过程的先决条件。

16.8 项目章程文档模板

16.8.1 概述

一旦商定最初的商业需求，就是时候把项目转入到下一个阶段，让客户签署项目章程。章程将详细说明要求并重点阐述贯彻在项目之中的指导原则。尽管这不是一个正式的合同文件，但我见过许多组织将其当作合同文件来使用。因此，谨慎解决将或能或应该影响项目结果的所有问题。

这个模板建议商务分析师怎样提出项目章程，让其在项目期间作为一般指南来使用。它的主要目的是使项目赞助商和所有其他干系方安心，以正确的方式将项目导向成功，并管理每个人的期望。

每一个章节在对组织情感的反映的细节水平和长度上各有不同。我们认为你足够精明，会明智地填写这些建议的章节。以下是主要章节：

1）项目范围；

2）项目组织；

3）外部关系和依赖关系；

4）项目方法；

5）项目资源；

6）风险分析；

7）商务案例；

8）初始项目规划。

16.8.1.1 项目范围

在商业需求文件中，运用数据集总线矩阵以一种混合的、商业技术的途径来表示产品范围。通过明确定义范围，也根据完整的商业过程描述、功能性描述以及对受益于项目及其产品的企业内的各种功能性层次进行描述，现在是让商业赞助商更清晰情况的时候了。

每个管理层面的商业主题的良好解释和每个管理功能将使情况对所涉及各方更为清晰明确。避免使用技术行话，但不能让妨碍你制造一个一致的、可验证的和精确制定的范围描述。通过增加最新版本的数据集总线矩阵和一个项目将要交付的高水平的报告描述，来完成这一章节。

16.8.1.2 项目组织

这部分制定项目组织：确保照顾到所有项目管理功能或角色：督导委员会、项目团队以及报告程序概述。督导委员会由高级用户、高级供应商、预算持有人或赞助商构成，在更大型的组织内，还包括项目经理。

项目团队由顾客、项目经理、商务分析师构成，以确保正式项目管理方面的平衡，获得内在产品质量。我知道，如果你让一个不了解 BI 项目特定方面的项目经理占上风的话，将达到所有的最后期限和预算，但在项目交付后的长时间内，将出现质量问题。

16.8.1.3 外部关系和依赖关系

无论正式还是非正式，项目都不是公司举措海洋中的一个孤岛。识别出这些举措及其潜力，同时预测或知道他们对 BI 项目的影响是至关重要的。检查经典方面，就是 ISO 质量项目、业务流程再造、平台迁移项目、管理重组、并购、新的政府法规倡议等。

16.8.1.4 项目方法

项目方法与项目资源章节一起，都是有效项目规划的基础。包含了项目方向的基本选择，比如：迭代次数的选择和排序、项目各阶段概述，如果可能，还包括主要工作包。

16.8.1.5 项目资源

对必需的内外部资源的描述以及对其时间和成本的预测，进一步提供对预算和项目规划的输入。确保你包括了受访者、客户的 DBA 以及在项目章程中的其他客户资源。一旦项目启动，没有什么能比缺乏客户资源承诺，更令人沮丧。

16.8.1.6 风险分析

风险管理在 BI 项目中必不可少。相信我，其中蕴含了许多风险。简单地列举几个：

- 客户参与：用户、客户、其他干系人，特别是主数据所有者。确保你有覆盖商业赞助商的风险管理过程。
- 范围控制：我总是警告客户要关注范围控制问题。它并不是在雷达上显现的主要变化，而是进行相应处理，（既不是通过一个变更请求的过程来接受变化，也不是延缓或者拒绝这变化），这就是风险；分散的、细小的局部调整总计起来可能会导致重大延误和项目成本超支。
- 未能充分表达客户需求："只有在看到 BI 项目的结果时，我才能说出我想要什么"，这种常见说法在界定范围阶段以这样那样的形式普遍存在。如果不能减少这项重要的风险，那么你将会面临严重的问题来捍卫你在 BI 项目中的附加值。
- 外部因素总是威胁着项目：立法变化、外部数据有效性、压力集团以及任何外力都会影响 BI 项目的结果。

- 执行：能够执行的计划才是好的计划。一路上将伴随各种障碍与绊脚石，确保你的项目计划已为解决这些问题留有余地。

16.8.1.7　商务案例

我们提到商务案例模板，强调企业评估是一个基于信息质量不断改进，评估和预测不确定性减少的连续过程。

16.8.1.8　初始项目计划

在此章节，我们一致明确同意以下几点：

- 质量管理；
- 风险管理；
- 变更的管理流程；
- 文件记录、知识和专业技术的协调。

初始项目计划概述

在大多数 PMI BOK 或 PRINCE2 案例项目管理中，总是声明你的“流派”。任何良好的项目管理方法至少都具有以下特点：

- 过程导向，强调商务案例为驱动力；
- 使用可控的、易管理的项目阶段；
- 在每一个阶段末尾，得到能交付具体的物理产品和经营产品，比如会议既要、风险日志、问题日志等。

初始项目计划包含：

- 所有交付物概述；
- 活动概述；
- 时间、成本和质量水平的计划和预测基础；
- 项目里程碑概述。

计划基础

在你界定完项目范围，并与客户完成了项目方法部分后，你就描绘完这一项的输入。现在该把它们及其他因素整理归档，作为计划基础：有关可用数据源的假设、有关 ETL 复杂性的假设以及能影响全程的时间、成本和项目质量的任何别的事物。

全局规划

表 16.7 说明了一个项目章程所需要细节内容：

表 16.7　全局规划表

数据集市	#人日数	T.T.	E.S	E.F.	L.S.	L.F.
财务						
运作						

（续）

数据集市	#人日数	T. T.	E. S	E. F.	L.S.	L. F.
销售和市场营销						
质量						
能力管理						

注：全局规划表的组成部分是：人日数、产出时间（T. T）、最早开始、最早完成以及最后开始、最晚完成。注意，在此阶段，你不用记录项目各阶段或工作包之间的依赖关系。

质量管理

贯穿项目的主题、方法和数据质量管理目标：

- 源数据
- 客户期望
- 抽取、转换、装载过程（ETL）
- 展示层

风险管理

描绘出你所预见到的各种风险管理程序，来预防、避免、减少、接受或者转移项目风险。

变更管理流程

对大多数 BI 项目而言，经典的变更管理流程是够用的：记录变更请求的日志，与顾客一起对其进行排序，作出每个变化的影响分析（或者将相互依赖的变化结合起来），请求批准。

专业知识（Knowhow）的文档化和协调使用

确保拥有文档和在项目中各行为体间交换知识的规程。在交付了 BI 环境后的长时间，有太多的项目都失败了，就在于没有得到好的维护。

初级架构

尽管架构呈现需要项目自身中更多的资质，但在初级架构描述中仍然有一些附加值，来确保让客户意识到，他正在参与到其 IT 环境的变化之中：需要新服务器、新的平台、新的软件，且图像比语言更有效（眼见为实），如图 16. 5所示。旧的系统需要加载一次，而在这种情形中，使用中的系统则在天的基础上需要增量负载。在本节，也可能会表达一些关于建模方法的想法。

甘特图（gantt chart）

如果客户批准了前面各章程，那么现在该提出第一次迭代的项目计划草案，在此，细节和依赖关系引人注意。现在，你的项目章程为合同阶段做好了准备，在这一阶段，客户可能会就价格、生产时间和质量进行谈判。谈判阶段后，项目章程会发生极端变化，你需处置好基线描述，设置一个评估项目谈判影响的基准。

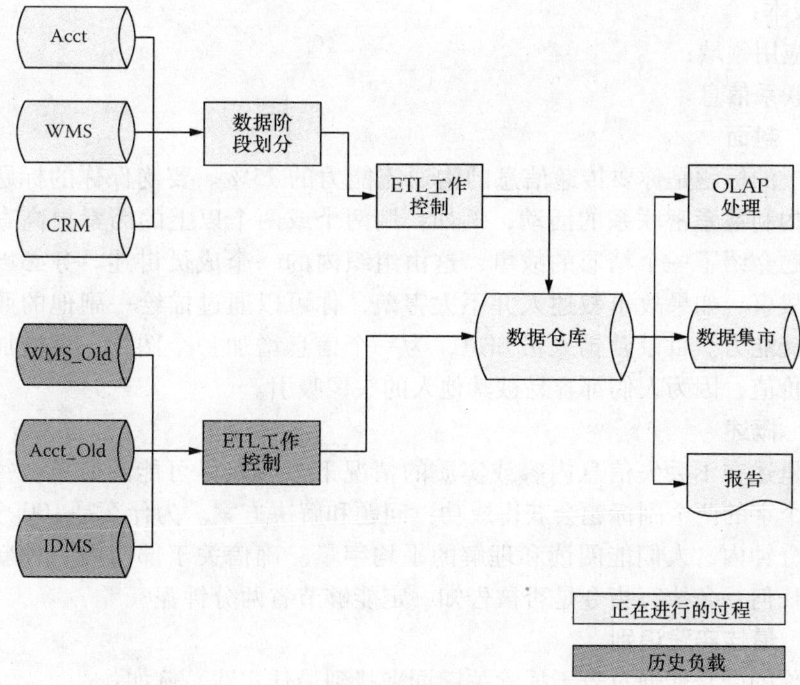

图 16.5　一个高水平 BI 项目架构范例

16.9　最佳实践分享模板

16.9.1　概述

最佳实践分享模板用作访谈指南，它从最佳实践拥有者的经历中得出知识，同时也用作 11 个专题的结构，这些专题编制在目录中，被描述出来，以提供一个有效的知识共享文档。这一模板建立在 Luc Bouquet（2010）出版的一个模板的基础之上：

1）封面；
2）概述；
3）最佳实践识别；
4）为什么这是最佳实践；
5）定义；
6）最佳实践所用资源；
7）最佳实践如何运作；
8）具体指示；

9）成本；

10）应用领域；

11）联系信息。

16.9.1.1 封面

封面上的标题是你要传递信息的沟通流能力的75%。要确保你的标题提到了与可度量的利益紧密联系的活动；例如：用两个或两个以上的因素提高查询相应时间。标题介绍了一个精彩的故事，这由组织内的一个成员讲述。务必以自然的语言叙述故事，如果故事叙述人并不太害羞，你可以通过描绘一副他的照片来增强他的交流能力。目录营销人员知道，为一个信息增加一个图片，会增加信息自身的关注价值，因为人们都容易被其他人的头像吸引。

16.9.1.2 概述

管理概述在不丢失信息内容或实质的情况下，应该尽可能的简单。每条最大包含100个字的两个副标题会获得成功：问题和解决方案。为什么是100个字？因为那是一分钟内，人们能阅读和理解的平均字量。确信关于部门内一种新的工作方式，其任何一条执行指令是否被告知一定能够节省两分钟呢？

16.9.1.3 最佳实践识别

确保你的受众能通过若干搜索关键词来找到最佳实践，例如：

- RACI信息（RACI = 负责任的、可说明的、可咨询的和了解情况的人员）；
- 该实践所影响的产品和过程；
- 顾客；
- 有效起止日期；
- 语境关键字，比如：
  - 功能；
  - 部门；
  - 技术；
  - 学科（discipline）。

16.9.1.4 为什么这是最佳实践

为什么我们在组织内做任何事？选择合适的那些原因：

- 增加客户满意度；
- 增加收入；
- 降低成本；
- 减少浪费；
- 改善环境；
- 减少周转时间；
- 降低员工离职率。

16.9.1.5　定义

别指望读者能明白你的最佳实践描述中运用的所有重要概念。避免产生误解或者避免他们的注意力完全从你所说的转移出去。通过描述他们是什么，他们不是什么，并举例说明来定义概念。读者将会以额外的关注和友善来回报你。

16.9.1.6　最佳实践所用资源

概括所需的资源：

- 人员及其能力；
- 软件；
- 设备；
- 消费品；
- 文件记录。

16.9.1.7　最佳实践如何运作

这是你的文件记录的实质。当你含蓄还是非常明确地编写指令时，运用全部可用的方法无歧义地传递信息。考虑：

- 逐步骤的指令；
- 流图；
- 图形符号；
- 照片。

16.9.1.8　具体指令

这部分只在你必须为那些需要具体指令的不太重要的读者（subaudience）扩充指令范围时，才有用。诸如“仅适用于安保人员”这类的副标题能直接让读者阅读最佳实践的合适部分。

16.9.1.9　成本

你已用利益极大地激励了读者；现在该毫无保留地偿付最佳实践的成本了：

- 一次性成本比如投资；
- 重复成本；
- 间接努力，比如学习或培训；
- 直接努力。

16.9.1.10　应用领域

这部分只在最佳实践识别部分不能够明确提供其元数据时才是必要的。存在这项实践会吸引不合适的人员的风险，那么你就要明确指出这一实践对哪些人服务最好，而不适合哪些人。如果最佳实践对毫无经验的用户来说，容易出错，那么这正是沟通存在风险的地方。

16.9.1.11　联系信息

确定人员及其与这项实践的关系：单一联系方式、所有者或组织内的实践领导者，这三种角色可能都让读者感到有趣。

16.10 一般性访谈指引

16.10.1 引言

我表达过对有技巧的 BI 分析师的访谈清单的不信任。他们损害自然的对话、语境丰富，快速聚焦于手边的问题，而不是采取逐步深入的方法，这扼杀了自发性和创造性，而这通常又能产生真正的创新的商务智能解决方法。那么为什么用这访谈指南？

因为你要遇到的管理人员喜欢为访谈提前做好准备，并要求一份访谈指引复本。因为你想确保你涵盖了商业的各方面。到目前为止，这是好的。但帮我一个忙：不要把它放到你的面前。用心学习或者用它指导你来做任何你想做的，不要仅仅把它放在你的桌上。你在进行一个探索性的讨论，而不是口头考试。

16.10.1.1 如何介绍面谈指南

我总拿这段介绍文本作为基础：

数据仓库项目说明与交易系统的说明从根本上是不同的。事实上，BI 系统必须能够解答——至少能支持回答最初甚至并不存在组织内的商业问题的分析过程。因此，如果这个系统能够产生完美的、相关的信息，那么可以将这个访谈当作增加你获得工作机会的可能性的一个创造性的探索。

这个访谈与你目前的工作无关，受助于更好的信息，它主要与你未来的工作相关。

然后，我通常以一个简单和综合性的方式来增加一个信息范例，比如一个图表，将其定位为 BI 项目可能的交付成果之一的数据视图，我知道，组织非常想要这种信息范例。

16.10.2 一般访谈列表

16.10.2.1 参照系

- 通过询问所有干系人下述一般问题来绘出组织参照系图表。下列主题是所有访谈的基础：
- 能否向我描述下你的业务：主要驱动因素，你的业务目标？
- 你的业务主要关注哪些：顾客亲密度、运作绩效或者产品优势？
- 你的组织的主要的一般性战略是什么：成本领先、集中化、差异化或者混合的焦点和其他两个中的一个？
- 你需要什么数据以及哪种要素和资源来取得成功？
- 如何使用这些数据？
- 你愿意和同事、供应商和客户分享哪些数据？

- 下至什么样的分析水平，你会需要信息（比如个别客户，部门等）？
- 你目前报告需求中的最低细节水平是什么？
- 你需要用来架构或者分类数据、过程、事实或原则的主要层级关系是什么？你部门或者商业小组的相关时间周期是什么？
- 你现在使用哪种可用的报告？使用频率是什么？
- 这些报告来自于哪里？你想从这些报告里提炼出什么样的信息？一旦你有了必需的信息后，你会怎么做？

看，这些问题都很简单、直接、直奔主题。原则是你，而不是访谈人员，必须解决需求分析的困难。

16.10.3　一般性问题

- 你在组织中扮演什么角色？
- 你的职责是什么？
- 你需要在何时生成什么样的信息、结果和其他交付物？
- 丢失了哪个能做出最好决定的数据（通常/有时）？
- 你经常使用什么样的法律的、商业的、逻辑的以及其他管理术语，你如何定义这些术语？
- 哪些过程：
  - ■ 你设计吗？（D）
  - ■ 你领导吗？（L）
  - ■ 你执行吗？（E）

    （——例如，中央银行的财务报告 = L

    ——股东报告 = D，L

    ——数字分析 = D，L，E）
  - ■ 使用什么样的信息来决定你的部门/工作/团队的成功水平？
  - ■ 你如何对产品、客户和合作者进行分类？
  - ■ 你的部门/商业小组（BU）使用什么样的奖金制度？
  - ■ 你提出什么样的标准来决定数据仓库/BI 项目的成功？

16.10.4　最后

哪些方面与你相关？

1）产品；

2）SKU；

3）位置；

4）时间（Time of day）；

5）日期；

6）雇员；

7）客户；

8）资产类型；

9）传输/运输方式；

10）货运代理；

11）资产；

12）竞争者；

13）销售渠道；

14）自然的/总分类账；

15）文件记录类型；

16）供应商；

17）对你公司类型有代表性的其他（例如，覆盖率、经纪人或者保险中的被保险人）。

我忘了问你对项目的其他重要问题了吗？

16.11 每一功能领域的访谈指南

16.11.1 战略决策制定

你对组织的长期观点是什么？

哪种趋势支持了你的观点？

你的基本战略选择是什么：提高效率还是增加商业影响？

如果选择后者，你会选择增加客户亲密度还是增加产品优势？

请对下列高水平关键成功因素进行排序：

- 达到财务目标；
- 内部客户满意度；
- 外部客户满意度；
- 最佳容量使用；
- 风险控制；
- 持续质量改进；
- 技巧熟练和可用的人员。

在这些 CSF 中，你发现了什么因果关系？

在你的工作中，你能决定/影响/使用下述哪些 KPI？

- 客户满意度调查结果；
- 可用容量使用百分比；
- 雇员满意度调查结果；

- 需要形成的能力；
- 工作日工作场所缺勤率；
- 员工流动率；
- MTBE（Mean Time Between Failure 平均故障间隔时间）；
- 订单录入（order entry）变化；
- 市场上少于三年的收入百分比；
- 从报价到订单的转换率；
- 客户终身价值；
- 交付的货物和服务符合百分比；
- 每一时间周期已解决和未解决的投诉数量；
- 准时的外部或内部营运（carrier）提取；
- 每吨/公里成本；
- 每次交付的规格偏差；
- 变更的或取消的订单数；
- 符合质量标准的过程百分比；
- 吸收（absorbed）返工的人-小时数量；
- 存货周转率；
- 办公室/零售店/仓库/工厂每平米面积的回报；
- 每个地点的维护成本；
- 每个地点维护费用规定；
- 每个地点的风险库存。

16.11.2　财务和控制

你是否运用杜邦分析法⊖对损益表和资产负债表进行分析？

是否使用调拨定价，如果是，基于什么原则？

- 成本加成？
- 分享利润？（调拨价格 - 总成本）/（市场价格 - 调拨价格）
- 其他。

使用成本核算种类？例如：

- 直接变动成本（原材料、直接人工）；
- 间接成本（办公用品、间接人工，例如，维护、监督、机油等）；
- 直接固定成本（机器、仓库等的折旧费或租赁费）；
- 间接固定成本（办公场所、车辆租赁费等）。

⊖ 杜邦分析法将 ROI 和 ROE 分解为其确定因素，这些因素提供资产运作和使用的有价值的和基础的分析。〈原书注〉

你的盈亏分析结构是怎样的？

能描述你的审核过程吗？

- 过程；
- 规程；
- 审计追踪。

对主要资产是否有经济和技术方面的描述？谁决定财务业绩、营运绩效和资产风险概要情况的交易筹码？基于什么样的决策基础？

16.11.3 市场营销

你使用什么样的预测方法？

预测时用哪种外部和内部数据和信息？

是否使用矩阵分析法？如果是，分析中，哪些是可量化的因素以及数据和信息源是什么？

如何计算市场份额？

你了解竞争对手的什么信息？

- 收入和销量；
- 收益表和资产负债表；
- 市场份额；
- 成本核算；
- 其他。

在详细审查/计划的/进行中的/被评估之下的改进的积极性是什么？

是否使用品牌个性类型或品牌战略的正式描述？如果是，那么哪种属性、优势和价值与你的品牌相关？

3 到 5 年的趋势对你现在的决策有什么影响？

使用什么样的定价策略？

- 目标成本法？
- 以盈亏分析为基础？
- 竞争性定价？
- 成本加成？
- 其他。

16.11.4 销售

你怎样报告你的销售管道，可度量的、相关的阶段是什么？

描述你的商业发展过程以及在此过程中你所收集到的数据。

平均销售周期的持续时间是多少？

销售涉及多少个顾客，他们的大概情况如何？

在何时容易受到竞争对手的攻击？
打败竞争对手的获胜论据是什么？
描述费用账户报告和审批过程。
你传递给客户的什么信息最有价值？

- 存在缺少的信息片吗？
- 信息及时到达吗？
- 在时间和资金上，你花费多大的努力让信息到达你的办公桌？
- 在这个过程中，涉及外部信息提供者吗？
- 他们收费吗？或你是否知道他们的成本？

在详细审查/计划的/进行中的/被评估的情况之下的改进积极性是什么？

16.11.5　物流与运营

你是否从贯穿整个供应或服务交付链的销售预测中预测了需求？
使用什么样的外部和内部数据和信息来规划你的能力？
它们的来源是什么？
你如何评估你的外部伙伴？
在详细审查/计划的/进行中的/被评估的之下的效益改进积极性是什么？
你如何评估这些积极性的灵活性？
是否使用边际成本计算来评估效益改善？

16.12　元数据检查单

不能低估良好元数据的重要性。这就是为什么从项目启动开始，我们就必须关注这一重要方面的原因。

16.12.1　元数据集成

以下与可用数据相关的数据需要被整理归档：

- 来源；
- 目标：输出/其他程序/其他文件/表格；
- 文件名称；
- 字段名；
- 关键字（外键/主键）；
- 用于什么；
- 数据要素所有者；
- 应用所有者；
- 用户应用程序；

- 数据类型；
- 长度；
- NULL 值规则；
- 默认规则；
- 数据输入域值；
- 使用的索引；
- 转换规则；
- 派生规则；
- 聚集规则；
- 日志统计；
- 版本；
- 发行；
- 有效起止日期（Valid_From_Date 和 Valid_to_Date）。

16.12.2 元数据转换

在下一阶段的分析中，在定义提炼、转换和加载过程时，我们需要增加以下信息：

- 数据派生和计算的处理规则；
- 数据出现于其中的各表的商业定义；
- 数据类型容许值的商业定义；
- 数据的层次结构。

16.13 通用商务对象定义

16.13.1 概述

在数据仓库或数据集市以及在分析工具中，能区分出三种不同类型的维度：

通用维度比如日期，时间，货币，位置等。这些维度的商务分析问题仅仅是与时间维度的详细程度有关的问题，或者日期维度的完整性；那就是，我们是否包括了每个国家的所有非工作日等。

语境维度，为数据增加情景语境。维度表明数据起源、批次来源、审计追踪都是良好的例子，当然，它们都不同地依赖于主题领域。再次，从商务分析角度来看，这些都是无须动脑的事：你可以需要它们或者不需要。

决策维度，这既有助于分析也有助于作出决定。鉴于前两种类型解释了商务问题，它们几乎都不属于管理范围。你将在任何数据仓库和 BI 项目中都能遇到的决策维度是客户、组织、雇员、伙伴、领域和产品。

在接下来的几页，我们试图为这些重要的维度形成一个通用的、足够宽泛的定义。把这些定义作为探索的起点，调整它们以适应客户的需求和愿望。它们也能帮你检查组织是如何处理主数据的。

16.14　定义组织的主要资产：客户

16.14.1　引言

几乎没有一个信息对象能比“客户”定义得更粗略松散。至少客户关系管理和 BI 实践的过去 20 年时间内 Lingu Franca 的经历是如此。这是我的一点点建议：一个“客户”的通用定义，你可以用来质询你的客户组织定义。为这一主要资产创建一个清晰明确的定义，不仅能提高 BI 使用者的沟通有效性，当人们意识到每个客户类型的特点时，还能极大地提高销售和市场营销。某种程度上，这种定义是有经验的销售和营销人员意会知识的外部化。

16.14.2　客户分类

为销售和营销目标而着手 BI 项目的任何组织，如果想避免定义、结果分析和管理决策的权利斗争，都将必须采用图 16.6 所示的分类方法。请注意，由于其观点并不允许这种划分，积极和非积极的客户概念与营销相关而与财务和运营无关。发票和交付注释（note）具有合法的长期寿命，比如：产品的可追溯性、保修或保险。

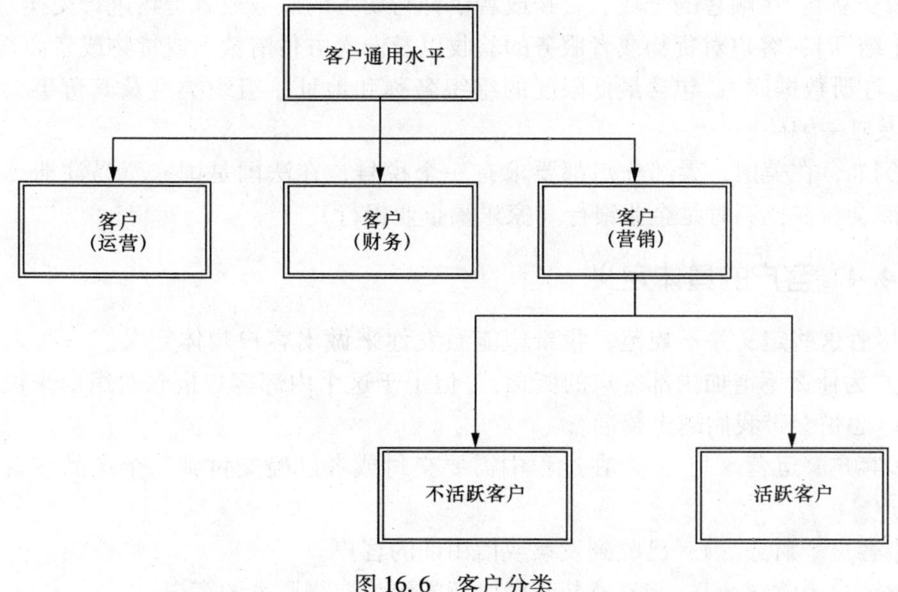

图 16.6　客户分类

16.14.3　客户的通用定义

所有企业都以明确的方式定义。尽管大多数组织倾向于宣称“我们是不同的”，我只偶然见到企业减少而不是加强或延伸定义。为确保定义全球适用，我下面举出一些依赖国家的［注册数据库］例子。

［客户<通用水平>］：一个［客户］是与过程中或记录在书面或口头合同中的［卖方］有一个或多个［交易］的［一方］。

在这个案例中，［卖方］是一个［合法实体］，也是卖方组织的一部分。

［一方］在这个例子中，是一个［私人］、一个［公共实体］，一个［群体实体］，或一个［合法实体］。

［私人］：是一个拥有社会安全号码、身份证号码或者名字/地址的活人。在参与官方经济活动的情况下，他也能被和法实体的［注册数据库］中的一个号码识别身份。在这种情况下，［私人］被认为是一个［合法实体］。

［公共实体］：能通过［合法实体］［注册数据库］中一个号码识别（在某些国家）的政府组织，或者一个名字，组织类型和地址的结合（例如部、公共卫生组织等）。

［群体实体］：是在［合法实体］［注册数据库］中没有正式身份，但又以定向方式行动各方的集合组织。例如：政治党派、工会、教会、特殊利益集团和采购团队。

［合法实体］：是能通过［合法实体］［注册数据库］中的一个号码识别身份的组织，或者一个名字、组织类型和地址的组合。

［交易］：用顾客的金钱、货物或者信誉与卖方的服务或者货物进行交换。

［结算］：客户对货物或者服务的验收以及向卖方付清款项或货物或者商誉。

［注册数据库］：包含最低限度的组织名称和地址、组织类型及其董事会、资本以及唯一编码。

例如，在美国，大部分州都要求有一个税号，在法国是国家贸易注册，在荷兰是商会，在比利时是企业银行（家乐福企业银行）。

16.14.4　客户的具体定义

尽管这些定义并不规范，我希望能激发你来做出客户具体定义。一些人可能会说“为什么不增加内部客户的概念？”但由于这个内部客户概念对组织来说具体得多，恐怕会带我们越走越远。

［客户<运营>］：一个在过程中需要交付或者已经交付到一个产品或者服务的客户。

［客户<财务>］：已收到发票或信用证的客户。

［客户<营销>］：与有意与其做生意的组织取得联系的客户。

[<积极的>客户<营销>]：在不超过 x 个月期限内，与有意与其做生意的组织取得联系的客户，x 是组织的一个具体时期。

[<不积极的>客户<营销>]：愿意在比 x 个月更长的时期内，与其做生意，并与该组织取得了联系的客户，x 是组织一个具体时期。

[客户<住户>]：在法律基础和组织标准上，一群客户都属于一个最终的母客户。

16.15　组织，一个有意义的概念？

J. Watson 的这句名言被广泛引用“如果你深入挖掘到任何问题，你会得到‘人’”。组织是社会系统，因此一些分析人员得出主要的结论：在某种设置上，组织维度就是人的总和，比如，营销人员、财务人员、东部区域办事处人员等等。我认为这仅仅是构成组织的复杂现实的一部分。

组织行为理论将组织视为人，如何形成正式和非正式团体，定义组织正式关系的结构，与期望的组织输出大量相关的技术以及组织运营其中的环境之间的互动。人员、结构和技术是组织的组成部分，但它们同样在组织外部相互作用。环境与组织互相影响，也分别与它三个组成部分互相影响，如图 16.7 所示。

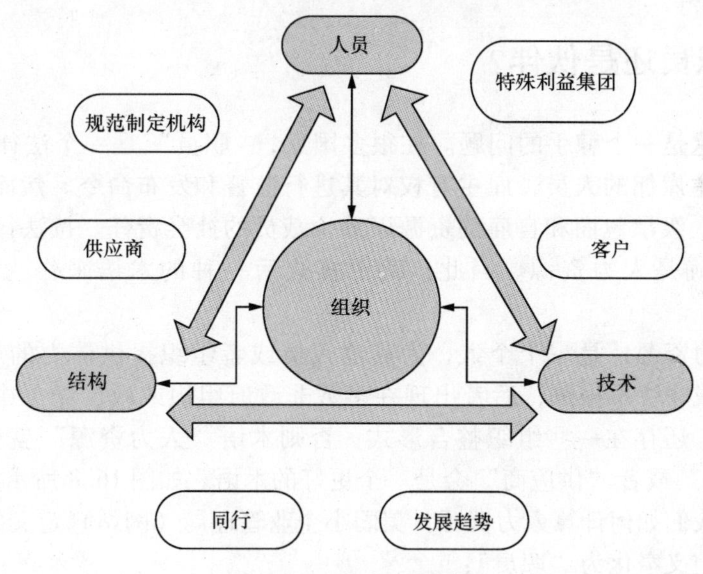

图 16.7　组织概念示意图

因此，我们得接受这样一个事实，那就是从 BI 角度来看，DIM 组织不仅仅是 DIM 雇员的总和。为 BI 目标，我们确切定义什么，如何定义以使其产生一个有意义的概念？让我以我的方式从最简单的方法上升到一个更为复杂的概念（但并不总是有效）。

16.15.1 组织的多种定义

组织的最低限度定义是人们工作在一起，将输入转化为输出。这种低水平过程是我能找到的最窄范围的定义。举例如下：

- 刷漆部门是将完成的货物刷漆的组织。
- 客户服务组织处理所有查询、投诉和其他来自于客户的非交易型沟通。

让我们更进一步。组织是一个一起工作的人员实体，共享组织目标，而这些目标正是组织被如此定义的理由。组织定义这些目标，并跟进向其他组织单位汇报的表现。例如：

- 营销部门负责定义市场，细分市场，创建并遵循市场计划来确保企业能与其客户群进行高效地货物和服务交换。
- 课本（School Books）商务单位负责教育市场，管理整个供应链，销售和营销来为细分市场服务。

继续："组织"是一群人或者其他一些按照共同的原则或价值或理想运营的组织。例如：

- 相比公司管理层，工会捍卫劳动者权力。
- "同等机会"项目团队监督公司人员招聘、选拔以及奖惩的同等机会政策。

16.16 职员还是伙伴？

哎呀，这是一个棘手的问题。在很多国家，"职员"是一个法律定义，意思是一个被雇主雇佣的人员，雇主有权对其进行监督和发布命令。然而，许多公司更愿意使用次级承包商和自雇的资源以减少裁员的社会责任。按法律来说，他们不是职员但确是人力资源。因此，我更喜欢后一种的术语来作为职员定义的泛化。

一个人力资源，是一个个人，为其他人员或者组织提供体力的或脑力劳动，以换取金钱或非货币报酬，后者出现在多数非政府组织或政治党派中，以及其他志愿者组织。还存在一些组织整合形式，否则术语"人力资源"就变得不合适，"次级承包商"或者"供应商"会是一个更好的术语。如图 16.8 所示。

那么，我们如何计算人力资源？美国小企业管理局（网站）定义的"总人数"将人力资源定义窄化为"职员"：

> 关注职员的数量是在关注最近 12 个月中每一个支付期中雇佣的平均人员数量。不管其已工作的小时或现在的状态，工资册上的每个人都是职员。那就是说，是总人数。在 12 个月里企业关注的职员数量，是基于企业平均的每个支付期的。

试图将此与荷兰的跨国公司总人数定义相一致，这个跨国公司包括了组织的所有人力资源，包括实习生、打工学生、自雇的、承包商等。

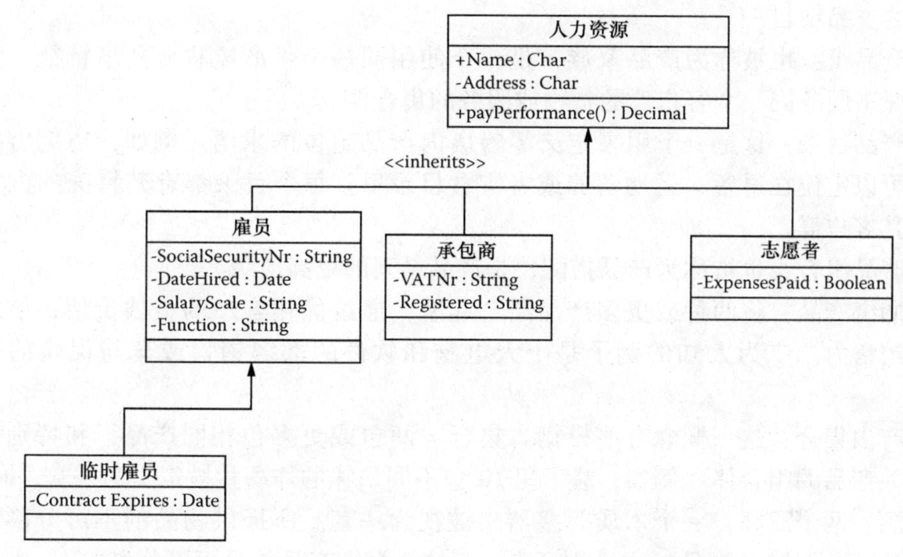

图 16.8　一个 UML 图示的例子，说明人力资源的各种选项

16.17　产品

从过程管理观点来看，产品是输出，是在一系列条件下将输入转化的过程结果，是一个化学或物理的过程。从项目管理观点看，产品是客户和承包商在项目末端生产结果的一个协议结果。项目也生产管理产品包括过程报告、风险和问题日志等。

在其最广义的营销观念中，产品是在为市场提供满足一个需求的任何物体（一个商品或一件手工物品）。产品可以是有形的或无形的。消费市场上大多数有形的产品具有唯一的标识符：一个 EAN㊀代码（或者在美国称为 UPC㊁）。其他产品有它们自己的代码体系，比如书：ISBN，药品：药品编号（Pharmacode㊂）等。可以对产品的不同表现进行多层面的分析。深入检查不同产品水平和表现，以确保在商务分析过程中明确理解分析对象“产品”。

产品项目：这是最低的粒度，描述了特定版本的产品被制定为组织产品中的一个独特的呈现形式（offering）。

㊀ EAN：欧洲物品编号。〈原书注〉

㊁ 唯一产品码。〈原书注〉

㊂ 例如，法国的 Club Interpharmaceutique（俱乐部药品码），以六个数字和第七个模 11 数字定义和分类所有药品。〈原书注〉

产品线：因为营销术的或者终端使用考虑，被认为同属一个单元的一串密切相关的产品项目。

产品组：也被称为产品家族，是一个使用同一个生产流程、共享特征，大多数情况下服务同一个客户群的货物或服务的集合体。

产品目录：这是一个用来定义零售店内产品定位的术语。例如，巧克力牛奶什锦可以定位在早餐、运动营养或者零食目录里。每个目录都有其特殊的方式来接触其客户群。

产品组合：也被称为产品搭配，是产品系列的更高层级。

捆绑产品：将两种或更多产品结合起来，通过优化客户的金钱价值，增加彼此的销售力。广为人知的例子是个人电脑和软件的捆绑销售或车与保险的捆绑销售。

产出集合：这一概念有些模糊。集合 = 两包或更多包相同产品，和特别包装的相关产品的组合体。例如，袋子里10包不同口味的炸薯片被定义为一套，同样，三瓶酒，两个酒杯，一个木质开塞器也被视为一套。所提供物品的不可分割性使后者从一个捆绑（产品）中区别开来，而这个捆绑产品总是可以分离的。

产品包装单位：每个包装的产品单位数量，是产品销售单位，例如30片口香糖盒。

产品每日推荐剂量：这是在制药和食品补剂市场上运用的一个共同特性，以从产品形态中摘录要点（例如，500毫克胶囊与鼻滴液相比）。

所有这些产品混合的例子都可以是我们分析的对象。

16.18 疆域

在20世纪80年代早期，第一个销售队伍自动化技术工具见到了曙光。很快，数据建模人员发现：要充分使数据库正常化，会获得更多。其中一个发现是，“地址”不应该作为公司（company）表和联系（contact）表的一个属性，而应该被视作一个独立的个体。因而，所有2.0版本以这种方式接近它，而没意识到水平线（horizon）外的潜力。在那些日子里，GIS系统还不是主流，但大型社会学研究已经在使用这种建模方法的分析可能性了，比如英国的ACORN（居民住宅区的分类）以及邮购公司使用这种潜力来覆盖，瞄准他们客户的邻居。

疆域，作为一个对象，并不是像客户或者雇员那样的一个社会型构造。用绝对的、数学的方法来定义它，即是一个拓扑坐标链，描绘了地球表面的点、线、面。但使用地理方面，疆域也被分配给人们或组织单位。可以在两个层次上建模疆域对象：纯GIS层次，将空间信息、绘图学与数据库技术联结起来，第二个，派生层次，将地理坐标（经度、纬度和高度）作为参照点，线或者道路范围、邮编、边界等等，来建模地理方位。用于一般商务使用的地域主数据表不需要额外的GIS

功能或者数据，因为大多数 BI 工具能够运用这些坐标来完成工作。

16.18.1　疆域的地理方位

地理的销售区域是一个好的候选。不要将这种类型的销售区域与其他依赖于其他数据，比如客户类型、产品、销售渠道等等的其他类型混淆。其他商业地理区域名称包括尼尔森地区、房屋类型、邮编以及术语此类的配送路径。

附　　录

0　概　　述

附录旨在确保读者能基本了解商务智能（BI），阐明作者使用的概念。附录B“1960年至今的商务智能”是关于BI历史的，它并意图是完善的，只是将战略管理焦点的发展与BI的发展联系起来。附录C“数据仓库的基础知识”中定义了主要数据仓库架构。

0.1　你如何成为一个BA4BI？

你可以如许多你之前的人一样，走一条困难的路：通过代价高昂的试验和错误。由于一些组织没有投资特殊的训练计划，他们明显并不想采用任何其他的方式。但由于BI抓住了董事会的注意，这一部分代价快速缩减。对100个主要Benilux公司进行的小型电话调查，显示有70%的公司在寻找旨在商务智能分析的培训计划。在这一部分，我会描述在培训计划中发展形成的一系列技巧。

一个商务智能分析师（BA4BI）需掌握5种重要的技巧：

- 数据知识；
- 应用知识；
- 过程知识；
- BI技巧；
- 社交技巧。

0.1.1　数据知识

分析师必须将数据质量问题与基于数据剖析的主数据管理和数据谱系分析联系起来。这些数据知识，在纯技术层面上，仅有部分存在于语境之外。这是数据域被固定、无效处理被定义的层次，并描述了低层次的商务规则、基数（cardinality）和参照完整性。不了解数据背景，你不能简单地对之进行全面分析。用什么过程、由哪种应用支持来创建、使用或者修正数据？关于数据的各种观点是什么？因此，你需要获得这些过程和应用的知识。

0.1.2　应用知识

抓取事实记录的源应用，比如销售订单、发票、付款、雇佣和开除等等，除了传统遗留系统——n 层应用，在其中，数据库、商业规则和表示层都明确分开。尽管这些系统市场围绕 10 个主要活动者（player）是稳固的，仍然有很多这些系统定制，由于部门几乎不需要功能，在部门层次，仍然在使用较小的系统。

为学生们提供企业资源规划（ERP）的主要参与者的一些信息，或许是个不错的主意。一般结构、与主数据相关的数据模型各方面、常用的纬度，比如客户、地区、人力资源、产品、销售渠道等等。订单管理、客户关系管理、存货管理等最佳实践概述有助于更好地理解在线交易处理（OLTP）应用是如何工作的。但明确的是，没有一个一般性的课程能为你完全充分地提供与源应用相关的知识。这只能在工作中获得。

0.1.3　过程知识

由于分析师只关注影响数据需求的业务过程，而这正是他们的不足之处。他们忽略了其他过程的重要背景，比如战略过程、信息技术控制过程，甚至于在最佳端对端过程管理组织中的功能性过程，这一过程不会进行太快。

业务过程比信息系统捕获产生更多的数据。理解所发生和所登记注册之间的精细的细微差别，有助于高质量的需求收集。在此，一个有经验的业务分析师能为客户展示额外的机会，该客户没有意识到商务智能这样的机会。

对战略过程的理解，始于对战略驱动要素的理解以及理解它们如何相互影响、如何与组织和功能性的单位和业务过程相互作用。包括成本价格、营销、销售、研发和供应链管理都受到这些较高水平过程的支配，如果不能理解它们与大局之间的关系，那么就不能全部理解它们。特殊过程比如信用分析和欺诈侦测在某种程度上，被认为超然于这些高水平过程之外，但它们在被营销、财务和运作定义的环境中运行。因此这些较高水平过程的情景知识对更好的商务分析交付物总是有利的。记住，你不是商务需求的一个被动接受体，你有责任为你的客户指出机会和威胁的情况。

0.1.4　BI 技巧

有与特殊的 BI 技巧相似的吗？是也不是。分析技巧、计划技巧、变化管理和开发一个商务案例，并不限于 BI 领域，但它们肯定是一个特化，有利于产生一个 BI 项目所遵循的项目章程。BI 控制和愿景管理技能的水平相当，但它们支撑更长期的 BI 过程，并将这些嵌于组织之中。

0.1.5　社交技巧

不用说：一个不擅长访谈技术、需求收集、研讨会、头脑风暴、模型研究，以及斡旋于对立派别的商务分析师，那么就可能拥有最高的技术资质；如果没有这些“软技巧”那么她的工作就会失败。

附录 A 在你的工作面试中，问什么

A.1 导论

这部分基于这样的假设：没人毕业时就是一位商务智能经验丰富的分析师。你可能已经是一位商务分析师，具有敏捷软件开发经验或你是一位想要转换职业生涯的 BI 开发者，或者一位想将其分析技巧提高（其中产生信息）的信息分析师。无论你的起点是什么，下列工作访谈问题将吸引你关注那些形成你未来工作环境的关键方面。

A.2 问题

1. 组织结构是什么？

窍门：使用明茨伯格类型（企业的、机器专业的、多样化的、革新的、传教的、政治的）

2. 如何执行管理。也就是，谁决定 IT 原则、结构、商务应用需求和一般投资？谁提供输入以及由谁决策？

窍门：IT 君主统治、IT 业务双寡头垄断或者业务君主制是赢家。警惕在商务单位或过程组内的分布式决策。这些都是 BI 项目的特别领域，也是你未来成为 BA4BI 的特别领域。

3. 组织中什么水平的正规化是惯例的？

窍门：查看正式记录、文件和需求收集协定、分析、开发、单元和系统测试、用户验收测试和产品的水平。

4. 组织中平均 BI 开发者的 BI 功能数量？

窍门：对这一问题的回答（不知道（“don’t know”）或者 x 功能数量（“x # of functionality”））将帮助你决定 IT 组织的 BI 项目成熟度。如果出现了第一种答案，不要惊讶。

5. 从以前的 BI 项目中能得到什么经验教训？

窍门：调查技术的、组织的甚至社会和心理方面的教训。BI 是一个有关决策的过程，因此也是一个混合型的项目（社会的和技术的）。

6. 如何度量客户满意度？

窍门：理想的度量是一个客户问卷调查，该调查与商务案例实现的度量组合使用。

附录 B　从 1960 年至今的商务智能

B.1　导论

历史的观点对更好理解客户的 BI 文化贡献良多。因此，我收集了一些有关商务分析师职业的历史事实和数据。为了全面了解 BI 历史，我建议读者参考 D. J Power（2007）。尽管作者使用了如“决策支撑系统”这样一个过时的术语，文章却是一篇完整的综合性概述。我向那些想要掌握贸易各方面知识的每一个分析师推荐这文章。

B.2　早年

从计算机时代的开始，人们总是自问，计算机是否能够像人类那样思考。Karel Čapek 等作者在 20 世纪 90 年代就预测了机器人，Alan Turing 等科学家在 20 世纪 50 年代就在着手解决这一问题。相关的术语（市场营销）比如“思考的机器”和“人工智能”在此轨迹上不断深入，出现了像 MYCIN 这样的医疗领域的专家系统。与此同时，从二战的新兴学科逐渐发展出了一个更为普通的方法：运筹学。兰德公司的科学家们，比如 George Dantzig 开始使用计算机来对目标进行优化和规划。20 世纪 50 和 60 年代是规划时代，当时，战略管理被削减以进行谨慎的规划并实施这些规划。明茨伯格（1994）深入浅出地描绘了越战期间规划时代的终结，越战让人很快明白，比起如阵亡人数统计这样的数量数据，应更多地考虑战略管理。

IBM 发布了管理信息系统概念，它在大多数情况下，是静态报告的纯金融和操作的描述性统计。在 20 世纪 70 年代早期，管理层发现了决策支撑系统（DSS）的可能性。由于来自 IBM 的每一个严肃供应商支持共享信息系统理念，不仅支持结构的也支持半结构的和无结构的决策，模型驱动的 DSS 概念获得了特别动力。不用说，DSS 保留了自上而下的方法，后台的分层数据库不灵活的、昂贵的且不是非常直观。

如同 Power 教授在其论文中所说，McCosh 和 Scott-Morton’s 关于 DSS 的书在欧洲很有影响，欧洲的商学院开始在课程中介绍管理信息系统。我还记得 1981 年我的第一门 MIS/DSS 课程，该课程局限于基础编程导论，将名为 Visi-Calc（见图 B.1）的电子表格程序与一篇关于良好管理信息的章节串起来。

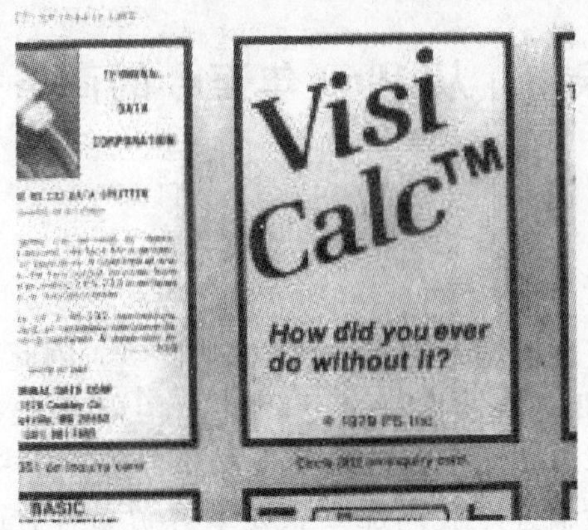

图 B.1　用于 PC 的第一种带品牌的电子表格产品：VisiCalc

B.3　数据仓库的出现

不灵活的、缺乏维护的 EIS 和 DSS 系统很快证明，决策需要灵活的数据驱动支持。进入数据仓库，由事实表格组成的关系数据库包含了已被度量的事实，比如销售量、开过发票的总量、生产的部件数量等，维度表包含了像地区、产品、客户这些量的观点。输入操作数据存储（ODS）以改进如欺诈侦测和处理大量数据的微观分析。

从 20 世纪 80 年代早期至今，大师们（如 Bill Inmon，数据仓库之父），以及 Ralph Kimball“DSS 博士”（the doctor of DSS）更进一步地详细说明了数据驱动概念。特别是 Ralph Kimball 将这概念从一个商务问题的纯技术解决方案演化成了一个业务驱动、自下而上的过程。他的书（1996，1998，2000，2002）总有一个章节，讲述商务案例。在欧洲，Sean Kelly（1996）大肆宣传数据仓库的需要，将大规模定制用于主要的商务驱动力。后来，Peppers 和 Rogers（1997）加码到 1：1，市场甚至需求更大数量的商务案例。

B.4　商务驱动的商务智能时代

商务驱动的 BI 环境是关注于商务案例的数据驱动的方法的自然演化。在 90 年代晚期，就已经有了数据仓库领域的讨论和关于电信、银行、欺诈侦测、零售和你所有的预建模的通用解决方案。尽管它们并不能总是实现它们所承诺的，但它们关注快速部署、商务驱动因素和易用性，这在之后三个方面的发展中反映出来：面向服务的体系结构和 Dan Linstedt 数据库，以及数据仓库装置，换句话说，就是 BI 的软件即服务（SaaS）。数据库建模方法减少快速变化的数据捕获优先级的返工时间时，则数据仓库设置就减少数据仓库的准备时间和准备成本。面向服务的体系结构允许近实时数据仓库，减少低复杂分析的 ODS 需求。

附录C　数据仓库的基础知识

此附录帮助你快速抓住数据仓库中的主要概念和最佳实践。为对商务智能的基础层进行更深入的研究，我们参考三个流派：Bill Inmon（1992，1997，2008）的自上而下的企业信息工厂，和DWH2.0方法，Ralph Kimball（1996，1998，2000，2002）的自下而上的数据总线架构，以及Dan Linstedt（2008）数据仓储方法倡导者。但要帮助你选择从哪个作者开始，这里是基础知识。

C.1　商业需求

你已听过不只一次了（如果还没有听过，那么一旦你开始作为BI分析师，就会听到了）："我需要一份及时而精确的报告，建立在客户信任、产品和收入的真实版本的基础之上。"或者，"我想更准确地定位我的客户，更好地了解我的成本和收入驱动因素"。也许你听过这个："我不能侦测到趋势和演化的出现，除非我准备研究，直到结果出现的时候，但此时它们已经过时了。"所有这些都是一个主题的多种说法：被设想为处于交易系统顶端的报告，为我们提供了组成我的组织环境的复杂现实的一个零碎的、不完整的和不准确的观点。有时，商务需求是来自于政府实体的强制性需求，如巴塞尔2（Basel II）报告，或萨班斯-奥克斯利（Sarbanes-Oxley）法案规定或者一个引发数据仓库需求的外部事件：企业并购和收购，以及股票在市场上市对信息需求提出了更高的要求。

因此这就是你所处的状况：在焦急、没有耐心的商务赞助商和IT部门之间，IT部门拥有所有的一流问题，来自于过去的遗产，手边令人兴奋的新项目，给你留下的无数的应用，数据库、数据字典以及你所有的来创建信息巴比伦（Babylon）。

C.2　技术障碍

但我们有来自于上一代的崭新应用，使用同样的开发框架、程序语言以及单一的数据库技术，那么问题在哪儿呢？我将告诉你，问题在哪里。

去规范化和3NF：数据库为快速编码、检索单一交易线而设计的，并完全规范化地来支持这一点。只有通过整合主题区域内数据，我们才能全面地反映商务问题。主题区域可以是功能性的（即营销、财务、销售）或者是基于过程的（即从订单到发票、从发票到应收账款、从原材料到已完成的货物）。

定义：调整操作对象定义，而不是决策对象，也不是各种时间功能、部门或者过程。从会计的角度看，客户与营销人员所定义的客户相比，是一个完全不同的种类。

对多个源开放：商务智能能够也应该比独立的组织源系统走得更远。与外界相连的 BI 系统能提供更丰富的背景内容和更好的决策基础，但几乎确定的是，你会面对不同的技术和数据库系统，远非你公司在全公司范围内整齐划一实施的那些技术和系统。

让我们深入讨论更多的细节。

C.2.1 去规范化和第三范式

为得到一个查询结果，在表之间所做连接（join）越多，就需要越多的处理能力和时间来浏览所有这些表，而一个不符合规范的方法可能会产生更大的数据量，存储冗余记录，但能在几秒之内响应查询而不是几分或者几小时，要理解这些，你不必成为 SQL 大师。

一幅图胜于千言万语。看看图 C.1 的去规格化模型，在此，中心事实表仅仅是所有维度的预想连接，这些维度有一个或更多的记录度量，比如索赔的交易量、每一方、每一个政策、每一个组织等等，产生一个快速而准确的响应。图中的每个维度与“数量”事实都有一对多的关系，代表了支付赔款。在“解决方案”一节会有更多此方面的内容。

我甚至不试图继续向你展示源系统的数据模型（尽管它本应该说明理解这个简单的星型模式的过程并不像是在公园散步一样简单）。在某些传统系统中，必需从四个记录中重建数据域：日、月、年、世纪。至少它们不会有 Y2K 变换问题。

C.2.2 定义

大型物流组织使用这样的东西，我只能将之描述为一个“部门相关的产品定义”。我确信你们中的一些人能识别出这个案例。组织的核心商务是从 A 到 B 获得商品，暂时存储货物，并从 B 到 A 获得它们。为市场化这一服务，他们开发了 8 个不同的销售渠道，他们区别这一基本产品以满足市场细分。如此，他们为这一简单的业务创造了 4000 个不同的情况，为运营和财务分析制造了一个恶梦。

数据仓库实施产生了核心属性的分层的产品定义，该定义是所有之后能增加运营、成本，营销和销售层级的销售渠道的基础。提供具有这种分层的产品维度报告，组织内的每一个决策者都了解他们必需达到 KPI 的团体水平的理由，赋予他足够的自由度来定义其部门 KPI。

C.2.3 对多来源开放

我没有提到一个大型的 ERP 供应商的名字，它将客户建立数据仓库定位为 OLTP 解决方案的自然延伸，给予客户这么一个印象，那就是所有你需要的是整套方案，且你都准备好了。恕我不敢苟同。应该将数据仓库设想为与涉及的来源无

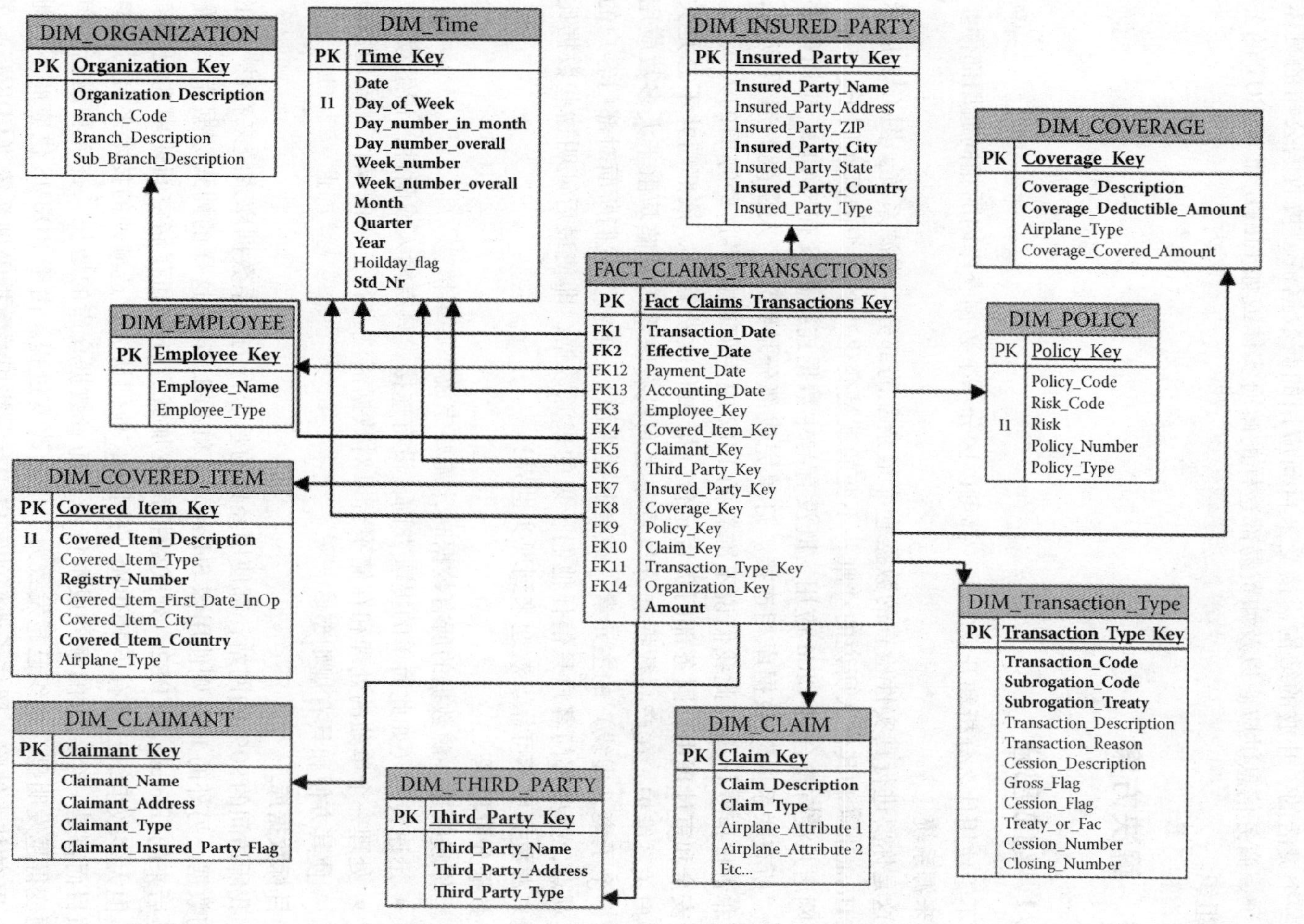

图 C.1 一家保险公司的星型纲要（schema），来自于150个以上的来源表的数据密集运算得到这个结果

关的交换平台。企业数据仓库的投资是巨大的，你无法负担全部返工。因此，你需要一个灵活的、开放的结构，接受来自新应用的新数据流、被收购公司的具体IT系统、商务信息供应商以及如贸易部这样的政府实体或如LIFFE和NYBOT的公司间组织。

C.3 解决方案

C.3.1 组成部分

不管使用什么分析和开发方法，都可以区分一个数据仓库内的相同通用部件。

来源系统

这是你要进行真实性检查的数据仓库最杂乱的部分：来源系统。图C.2展示了如Heraclites和其他人所说的“唯一不变的就是变化”的组织的真实例子。

网店并没有整合进CRM应用，既没有与主数据连接也没有与CRM应用程序中的“所有联系人”数据库相连接。订单完成部分是物流工人喜爱的遗留应用，他们非常抗拒变化，因此我们说不准新的ERP应用何时能将这些守旧的人灭绝。出于安全和审计理由，财务部门负责定价、折扣和收费管理，该部门并不总是关注客户关系维护，在产品数据和分类总账之间没有联系等缺陷。由于大多数应用使用一个子集（虚线）的主元素（或者其他来源），丰富了我们所面对部门客户的子集观点，这些部门客户只信任他们子集的来源数据，即使最后证明这些数据比其他来源数据更不可靠。欢迎来到现实世界!

数据分阶段区

当你吸收这些源数据的所有数据时，需要完成一些事情:

- 迅速转移（如此简单的提取查询，没有连接，只有输入或附件，请继续）
- 处理一个单独的处理和存储平台以对数据清洗进行复杂的操作，梳理数据使其方便和具有规则型。

目标数据库

我所访问的90%的网站，都使用经典的基于行的关系数据库系统来存储BI的查询数据。另外的10%则使用像Sybase IQ和Red Brick这样的列式数据库，它们就是后来的Informix和DB2。列式数据库在加载、查询和存储空间使用上更为有效。但大多数组织已经有了RDBMS许可证，他们认为建造额外的技术平台对最初的项目而言是一个巨大的额外成本负担。随着数据仓库的增长，查询和磁盘空间问题变得越发明显，组织已越发致力于平台改变过程。由于RDBMS供应商不断地减少BI的技术缺陷，留住了他们的客户。有一些相关数据管理系统（CDBMS）的议论声，但在面向对象的数据管理系统（OODMBS）中，我从未见过一个在数据仓库中起过作用。

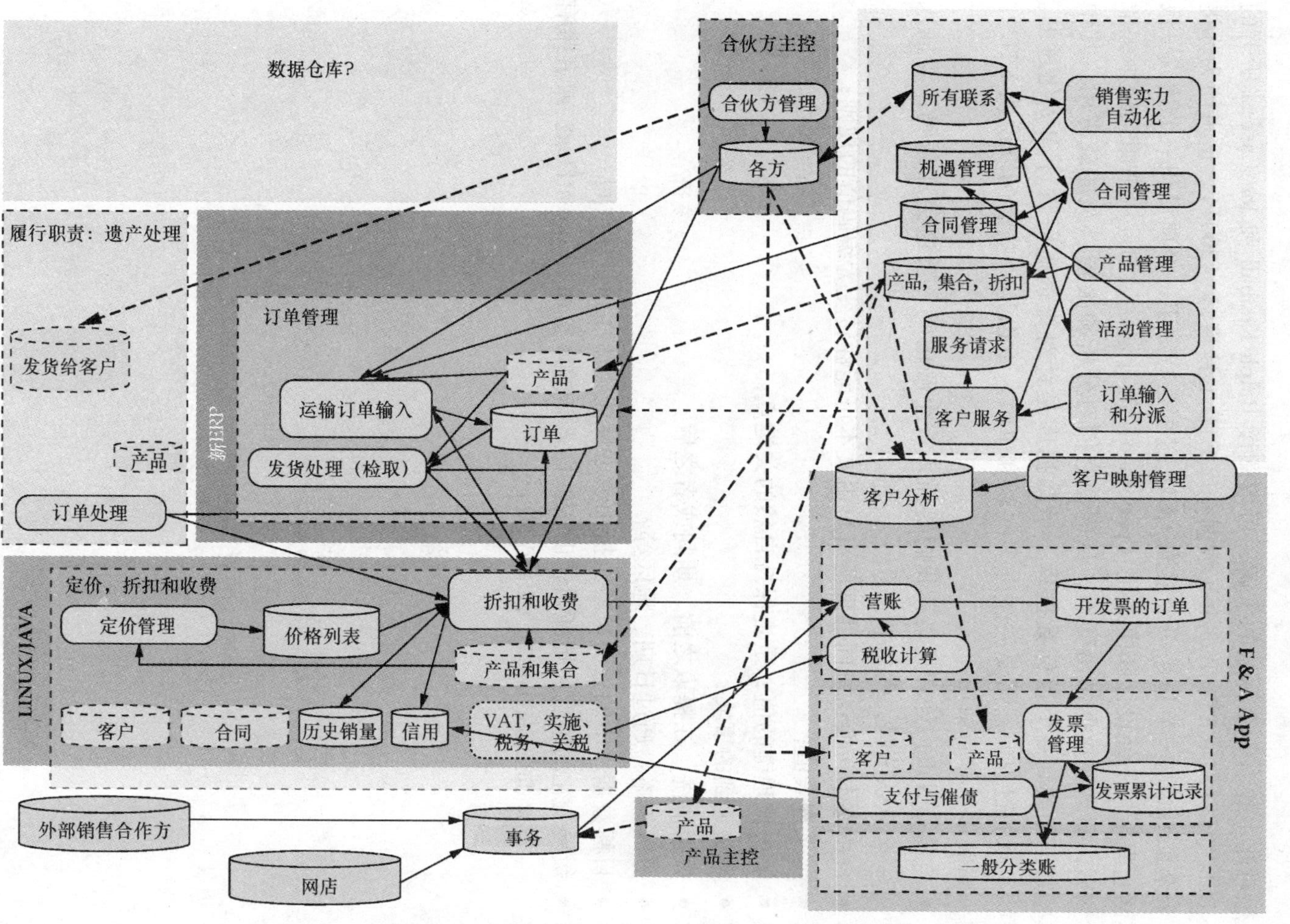

图 C.2　来源系统应用图景的一个实例。虚线表示使用的数据子集，实线表示 100% 数据重用

C.3.2 抽取、转换、加载过程

想对此主题有一个深入的了解，可以阅读 Ralph Kimball 和 Joe Caserta 所著的《The Data Warehouse ETL Toolkit（数据仓库 ETL 工具箱）》（2004）。该书能为你提供一个全景图而这一节只是一个素描。ETL 过程是特定于一个项目和一个达成一致的数据仓库架构的经设计和模式化（patterned）的计划，目的是从来源系统中提取原始数据，对这些数据做出变换，从而使它们对分析和报告以及加载有用，其中将这些数据加载到一个目标数据库，该数据库是针对查询进行设计和优化过的。在开始实际的过程前，需要关注许多问题和事情。下面是一些示例以说明 ETL 并非如公园散步一样简单：

- 空值（Null）处理战略：我们要插入一个哑值吗，要避免加载吗，要插入一个默认值吗，等等？
- 自由文本转换：赞同处理所有自由文本可能性转变为编码值的规则；
- 定义查表值；
- 解决代理键的值，是否保持自然的关键点；
- 解决迟到的事实；
- 数据清洗：在提取之前、期间或者之后？
- 分区策略：通过日期、地区等？
- 目标数据库中的索引策略：折中考虑性能灵活性和磁盘空间；
- 缓慢变化的维度：更新覆盖旧值？插入新的事实和 IsCurrentFlag？或者带有一个 ValidFromDate 和 ValidToDate？

附录 D　一个采购部门的 BI 项目调研

D.1　导论

调查的目标是对 BI 环境有一个快速的印象，这个环境包括了大型购买者用户社区和采购部门的采购经理。调查关注三个商务问题：

- 你了解部门目标吗？
- 你知道你的个人目标吗？
- 对 BI 如何有助于达到这些目标方面，你有自己的观点吗？

问卷在被送往用户社区前，就已经进行了预测。由于没人需要填写名字或部门身份，所以保证了问卷的机密性和匿名性。在调查末尾，要求被调查者指明他们的年龄分类和功能水平，但并不强迫要求他们如此做，缺乏这一信息，问卷也不会被看成是无效的。

D.2　一些忠告

提前想想提高响应率的一些方法：将调查介绍给团队领导，承诺选举产生结果（保证匿名性），或者其他你能想到的创造性想法。承诺为有兴趣的人举办一个反馈会议。他们既可能是你鉴定的盟友也可能是你最凶猛的敌人；去了解他们，给他们机会提出他们的贡献。

D.3　例子

你是否同意下列说法，请在 7 个范围内标明：从 7 到 1，但并不是所有的都给出答案。有些问题会要求你填写评论或建议。请清楚写出。

谢谢你的合作。

	1	2	3	4	5	6	7
1. 我们部门的任务是为全公司提供价值							
a）知情的采购决策							
b）增加公司毛利							
c）加强与我们商业伙伴的关系							
2. 部门任务同样遵循主题，并就其进行沟通：							
a）市场趋势							
b）供应商表现							
c）供应链表现							
d）总生命周期的原材料、成分和已完成商品的成本							

3. 我们部门三个关键成功因素是：

a）__________

b）__________

c）__________

4. 我的三个主要的关键效益指标是：

a）__________

b）__________

c）__________

	1	2	3	4	5	6	7
5. 期望我的报告环境带来更多效率							
6. 我有所有需要的报告							

7. 如果需要更多报告，你会考虑哪个？

a）绝对必需的：__________

b）可选的：__________

c）可有可无：__________

8. 你的评论或建议？

9. 你属于哪个年龄段？

年龄分类	打　勾
18 – 25	
26 – 35	
36 – 45	
46 – 55	
56 – 65	
65 +	

10. 你是哪个职能层面？

层　面	打　勾
职员	
团队领导	
中间管理层	
分析人员	
初级采购员	
采购员	
资深采购员	

请在该日（日期）之前交回此问卷。

参考文献

图书

Alesina, Alberto and Spolaore, Enrico. *The Size of Nations*, Cambridge, MA: MIT Press, 2003.

Arnold, John, Cooper, Cary L., and Robertson, John T.: *Work Psychology, Understanding Human Behaviour in the Workspace*, 3rd edition, Harlow (UK): Pearson Education, 1998.

Barquin, Ramon and Edelstein, Herb (Eds.): *Planning and Designing the Data Warehouse*, Upper Saddle River, NJ: Prentice-Hall, 1997.

Baumol, William. *The Free Market Innovation Machine.*, Princeton, NJ: Princeton University Press, 2004.

Chailland, Gérard: *Anthologie mondiale de la stratégie*, Paris: Robert Laffont, 1990.

Crosby, Philip. *Cutting the Cost of Quality: The Defect Prevention Workbook for Managers.* Original edition Boston 1967 Industrial Education Institute, republished at SQuality College Bookstore, 1990.

Davis, Keith and Newstrom, John W.: *Human Behaviour at Work*, 8th edition, New York: McGraw-Hill, 1989.

English, Larry, *Improving Data Warehouse and Business Information Quality*, New York: John Wiley & Sons, 1999.

Feigenbaum, Armand, V. *Quality Control: Principles, Practice and Administration; An Industrial Management Tool for Improving Product Quality and Design and for Reducing Operating Costs and Losses.* New York: McGraw Hill, 1951.

Gansor, Tom, Totok, Andreas, and Stock, Steffen: *Von der Strategie zum Business Intelligence Compentency Center (BICC), Konzeption – Betrieb – Praxis*, München: SIGS Datacom GmBH – Carl Hanser Verlag, 2010.

Handy, Charles. *Gods of Management*. New York: Oxford University Press, 1978.

Heskett, James L., Sasser, W. Earl Jr., and Schlesinger, Leonard A.: *The Service Profit Chain*, New York: Free Press, 1997.

Hofstede, Geert: *Allemaal Andersdenkenden*. Amsterdam-Antwerp, 1991, Contact Edition (originally published in English: *Culture & Organisation, Software of the Mind*).

Hofstede, Geert; Hofstede Gert-Jan; Pedersen, Paul P. *Werken met Cultuurverschillen.* Amsterdam-Antwerp: Contact Editions, 2004, (originally published in English by Intercultural Press: *Exploring Culture First*).

Hollingshead, A.B., and McGrath, J.E. Computer-assisted groups: A critical review of the empirical research. In Guzzo, R.A., Salas, E., & Associates (Eds.). *Team Effectiveness and Decision Making In Organizations* (pp. 46–78). San Francisco: Pfeiffer, 1995.

Imhoff, Claudia; Inmon, William; and Ryan Sousa. *Corporate Information Factory.* Hoboken, NJ: John Wiley & Sons, 2001.

Inmon, W.H.: *Building the Data Warehouse*, New York: John Wiley & Sons, 1992.

Inmon, W.H., Strauss, D., and Neushloss, G.: *DW2.0 The Architecture for the Next Generation of Data Warehousing*, San Francisco: Morgan Kaufmann, 2008.

Inmon, W.H., Welch, J.D., and Glassey, Katherine L.: *Managing the Data Warehouse*, New York: John Wiley & Sons, 1997.

Inmon, W.H., Zachman, John A., and Geiger, Jonathan G.: *Data Stores, Data Warehousing and the Zachman Framework*, New York: McGraw-Hill, 1997.

Juran, Joseph M. *Juran's Quality Handbook*, (6th Ed.) New York: McGraw Hill, 2010.

Kaplan, Robert S. and Atkinson, Anthony A.: *Advanced Management Accounting*, Englewood Cliffs, NJ: Prentice-Hall, 1989.

Kanter, Rosabeth Moss. *The Change Masters*. New York: Simon & Schuster, 1983.

Kelly, Séan: *Data Warehousing, the Route to Mass Customisation*, Chichester, UK: Wiley & Sons, 1996.

Kennedy, Paul: *The Rise and Fall of the Great Powers: Economic Change and Military Conflict from 1500 to 2000*, New York: Random House, 1987.

Kimball, Ralph: *The Data Warehouse Toolkit*, New York: John Wiley & Sons, 1996.

Kimball, Ralph and Ross, Margy (Eds.): *The Data Warehouse Toolkit: The Complete Guide to Dimensional Modeling*, 2nd edition, New York: John Wiley & Sons, 2002.

Kimball, Ralph, and Merz, Richard: *The Data Webhouse Toolkit*, New York: John Wiley & Sons, 2000.

Kimball, Ralph, Reeves, Laura, Ross, Margy, and Thornthwaithe, Warren: *The Data Warehouse Lifecycle Toolkit*, New York: John Wiley & Sons, 1998.

Kimball, Ralph, and Caserta, Joe. *The Data Warehouse ETL Toolkit*. Indianapolis: Wiley, 2004.

Leliveld, Rob and Vink, Maurits Jan: *Succesvol invoeren van zelfsturende teams*, Baarn, The Netherlands: H. Nelissen, 2000.

Linstedt, Daniel, Graziano, Kent, Hultgren Hans: "The Business of Data Vault Modeling", 2008, via www.lulu.com

McGovern, Ambler, Stevens, Linn, Sharan and Elias: *A Practical Guide to Enterprise Architecture*, Upper Saddle River, NJ: Prentice-Hall Technical Reference, 2004.

Ména, Jesus. *Data Mining Your Website*, Woburn: Butterworth Heinemann, 1999.

Mintzberg, Henry: *Mintzberg on Management*, New York: Free Press, 1989.

Mintzberg, Henry. *The Structuring of Organizations*. Englewood Cliffs, NJ: Prentice-Hall, 1979.

Mintzberg, Henry; Lampel, Joe; Quinn, James B.; and Ghoshal, Sumantra. *The Strategy Process*. New Jersey: Prentice Hall, 1991.

Mintzberg, Henry: *The Rise and Fall of Strategic Planning*. New York: The Free Press, 1994

O'Rourke, Patrick James: *Eat the Rich*, New York: Atlantic Monthly Press, 1998, p.1.

Peppers, Don, and Rogers, Martha. *Enterprise One to One*. New York: Currency, 1997.

Peters, Tom. *The Circle of Innovation*. New York: Knopf/Borzoi, 1997.

Poe, Vidette, Klauer, Patricia, and Brobst, Stephen: *Building a Data Warehouse for Decision Support*, Upper Saddle River, NJ: Prentice-Hall, 1997.

Porter, Michael E.: *Competitive Strategy*, New York: Free Press, 1980.

Power, Daniel J. "A Brief History of Decision Support Systems" 2007, http://dssresources.com/history/dsshistory.html

Redman, Thomas. *Data Quality, the Field Guide*. Woburn: Butterworth Heinemann, 2001.

Robertson, Suzanne and Robertson, James: *Mastering the Requirements Process*, Boston: Addison-Wesley, 2007.

Rummler, Geary A. and Brache, Alan P.: *Improving Performance*, San Francisco: Jossey-Bass, 1985.

Senge, Peter. *The Fifth Discipline: The Art and Practice of the Learning Organization*. New York: Doubleday, 1990.

Smith, Eliot R. and Mackie, Diane M.: *Social Psychology*, 3rd edition. Philadelphia: Psychology Press, 2007.

Thomsen, Erik: *OLAP Solutions*, New York: John Wiley & Sons, 1997.

Tiwana, Amrit: *The Knowledge Management Toolkit*, Upper Saddle River, NJ: Prentice-Hall, 2000.

Van Grembergen, Wim: *Strategies for Information Technology Governance*, Hershey and London: Idea Group Inc., 2004.

Weill, Peter and Ross, Jeanne: *IT Governance, How Top Performers Manage IT Decision Rights for Superior Results*, 2004.

Weill, Peter, and Ross, Jeanne W. *IT Governance: How Top Performers Manage IT Decision Rights for Superior Results*. Boston: Harvard Business School Press, 2004.

Wintzen, Eckart. *Eckart's Notes, (1st. Ed.)*. Rotterdam: Lemniscaat Publishing, 2007.

Zachman, John A.; Inmon, William H.; and Geiger, Jonathan G. *Data Stores, Data Warehousing, and the Zachman Framework Managing Enterprise Knowledge*. New York: McGraw-Hill, 1997.

文章

Aldag, Ramon J. and Fuller, Sally Riggs: Beyond fiasco: A reappraisal of the groupthink phenomenon and a new model of group decision processes, *Psychological Bulletin* 113: 533–552.

Bouquet, Luc: *eNewsletter*, *CIDM* August 4th, 2010, http://www.infomanagementcenter.com/enewsletter/2010/201008/index.htm.

Davenport, Thomas: Competing on analytics, *Harvard Business Review* (January), 2006.

Friedman, Benjamin: Capitalism, economic growth and democracy, *Daedalus* 136(Summer), 2007.

Henderson and Venkatraman: Strategic alignment: Leveraging information technology for transforming organisations, *IBM Systems Journal*, Vol 32, No. 1, 1993.

Kahneman, D. and Frederick, S.: Representativeness revisited: Attribute substitution in intuitive judgment. In T. Gilovich, D. Griffin, and D. Kahneman (Eds.), *Heuristics and Biases*, New York: Cambridge University Press, 2002, pp. 49–81.

Kahneman, D., and Tversky A. Judgment under Uncertainty: Heuristics and Biases. *Science*, New 185, (4157), pp. 1124–1131, Sept. 27, 1974.

Kahneman, D., and Tversky A. Prospect Theory: An Analysis of Decision under Risk, *Econometrica* (pre-1986); pp. 263–291, March 1979.

Kahneman, D. and Tversky, A. The Framing of Decisions and the Psychology of Choice, *Science*, New Series, 211, (4481), pp. 453–458. Jan. 30, 1981.

Kahneman, D. "Maps of Bounded Rationality, a Perspective on Intuitive Judgment and Choice." Nobel Prize Lecture. December 8, 2002.

Lewin, Kurt. Frontiers in Group Dynamics, *Human Relations*, Volume: 1, Issue: 1, Sage Publications, Pages: 5-41, 1947.

Maslow, Abraham H. A Theory of Human Motivation, *Psychological Review*, 50, 370–396, 1943.

Mintzberg, Henry. The Manager's Job: Folklore and Fact, *Harvard Business Review*, March/April, pp. 163–176, 1990.

Moser, Karin S: Wissenskooperation: Die Grundlage der Wissensmanagement-Praxis, *Wissensmanagement – Praxis, Einführung, Handlingsfelder und Fallbeispiele. vdf Hochschulverlag AG an der ETH* Zürich, 2002, pp. 97– 113.

Power, D.J.: A brief history of decision support systems. *DSSResources.COM*, World Wide Web, http://DSSResources.COM/history/dsshistory.html, version 4.0, March 10, 2007.

Romer, Paul: Endogenous technological change, *Journal of Political Economy*, 98(5), Part 2: The Problem of Development: A Conference on the Institute for the Study of Free Enterprise Systems (October), 1990, pp. S71–102.

Schiffauerova, A. and Thomson, V. A review of research on cost of quality models and best practices, *International Journal of Quality and Reliability Management*, Vol. 23, No. 4, 2006.

Waterman, Robert, Jr., Peters, Thomas, and Philips, Julien: Structure is not organisation, *Business Horizons* (June), 1980.

会议论文

Barabba, Vincent P.: The market-based adaptive enterprise: Listening, learning, and leading through systems thinking: An appreciation of Russell L. Ackoff. In *Proceedings of the Russel L. Ackoff and the Advent of Systems Thinking Conference*, Villanova University, Villanova, PA, March 4–6, 1999.

Kahneman, Daniel: Maps of bounded rationality: A perspective on intuitive judgement and choice. Prize Lecture, Princeton University, Department of Psychology, Princeton, NJ, December 8, 2002.

Verlaeten, Marie-Paule: Policy frameworks for the knowledge based economy: ICTs, innovation and human resources. In *An OECD Global Forum Brazil*, September 2002, e-mail: marie-paule.verlaeten@mineco.fgov.be.

网页

Accentures Press release (December 11, 2008) http://newsroom.accenture.com/article_display.cfm?article_id=4777 U.S. Small Business Administration. http://www.sba.gov/content/guide-size-standards

编著图书推荐表

姓　　名：		出生年月：		职称/职务：		专　　业：	
单　　位：				E－mail：			
通讯地址：						邮政编码：	
联系电话：		研究方向及教学科目：					
个人简历（毕业院校、专业、从事过的以及正在从事的项目、发表过的论文）：							
您近期的写作计划有：							
您推荐的国外原版图书有：							
您认为目前市场上最缺乏的图书及类型有：							

地　址：北京市西城区百万庄大街22号　机械工业出版社　电工电子分社
邮　编：100037　网　址：www.cmpbook.com
联系人：张俊红　电　话：13520543780　010－68326336（传真）
E－mail：buptzjh@163.com（可来信索取本表电子版）

图书在版编目（CIP）数据

基于大数据的商务智能分析/（美）布瑞吉斯（Brijs，B.）著；费岚等译. -北京：机械工业出版社，2015. 11

（国际信息工程先进技术译丛）

书名原文：Business Analysis for Business Intelligence

ISBN 978-7-111-52105-1

Ⅰ. ①基…　Ⅱ. ①布…②费…　Ⅲ. ①电子商务-研究　Ⅳ. ①F713. 36

中国版本图书馆 CIP 数据核字（2015）第 270129 号

机械工业出版社（北京市百万庄大街 22 号　邮政编码 100037）

策划编辑：张俊红　责任编辑：吕　潇

版式设计：霍永明　责任校对：肖　琳

封面设计：马精明　责任印制：李　洋

北京振兴源印务有限公司印刷

2016 年 1 月第 1 版第 1 次印刷

169mm×239mm · 17 印张 · 349 千字

标准书号：ISBN 978-7-111-52105-1

定价：78. 00 元

凡购本书，如有缺页、倒页、脱页，由本社发行部调换

电话服务　　网络服务

服务咨询热线：010-88361066　　机 工 官 网：www. cmpbook. com

读者购书热线：010-68326294　　机 工 官 博：weibo. com/cmp1952

010-88379203　　金 书 网：www. golden-book. com

封面无防伪标均为盗版　　教育服务网：www. cmpedu. com